최기선,
인천시대를 열다

최기선, 인천 시대를 열다

최기선 지음

도서출판
다인아트

민주화 투쟁의 영원한 동지

김덕룡(金德龍) 겨레의 숲 공동대표, 전 국회의원

최기선 시장과 나와의 인연은 깊고 사연 또한 너무도 많습니다. 1970년대와 80년대를 거치면서 우리는 민주화를 향한 영원한 동지가 되었습니다.

누구보다 총명하고 기민했던 최기선 시장은 한국 민주화투쟁의 현장 소식을 세계에 알리는 일을 도맡아서 했습니다. 특히 1980년대 김영삼 전 대통령의 무기한 단식투쟁 소식을 국내는 물론 온 세계의 양심적인 세력에 알려 동조와 연대를 이루어내는 데 결정적인 역할을 했습니다.

작년에 김영삼 전 대통령께서 돌아가셨을 때 영정 앞에서 누구보다 서럽게 울던 최기선 시장의 모습이 떠오릅니다. 김영삼 전 대통령께서는 누구보다 최기선 시장을 사랑하고 아끼셨습

니다. 상도동계의 인사들 가운데 유독 최기선 시장 하나를 관선 인천시장으로 보낸 것은 지방자치 실시를 앞둔 실험이요, 포석이었습니다. 과연 최기선 시장은 그 기대에 부응하여 인천을 새롭게 탄생시키는 소임을 훌륭히 수행해 냈습니다.

나는 인천이 서울의 위성도시라는 한계를 벗어나 세계 속의 인천으로 웅비하는 데 최기선 시장의 역할이 결정적이었다고 생각합니다. 김영삼 전 대통령도 든든한 지원을 아끼지 않았습니다. 인천대의 시립화 추진, 굴업도 핵 폐기장 건설 철회, 송도국제도시 추진, 강화도의 인천 편입을 비롯한 지역 확장 등이 모두 최기선 시장과 김영삼 전 대통령의 합작품으로 이루어 낸 업적이라 할 수 있습니다.

지금 대한민국의 관문으로 기능하고 있는 세계 제일의 공항 인천공항의 명칭도 최기선 시장의 노력으로 '인천'이라는 표지를 달 수 있었습니다.

최기선 시장의 건의는 우선적으로 긍정적으로 검토하게 하라는 김영삼 전 대통령의 지시가 이 모든 것을 가능케 한 것이라 알고 있습니다. 그것은 민주화투쟁 시절부터 쌓아온 김영삼 전 대통령과 최시장의 동지적 신뢰가 크게 작용했던 것입니다.

최기선 시장 회고록 『최기선, 인천 시대를 열다』 출간을 진심으로 축하합니다. 이 회고록에는 인천을 너무나 아끼고 사랑하는 최기선 시장의 열정이 담겨 있습니다. 오늘의 인천을 있게 한 '인천 사람 최기선'의 인천사랑과 그동안 그가 바쳐온 땀과 눈물이 배어 있습니다.

최기선 시장과의 지난날이 주마등처럼 떠오릅니다. 젊었을 적 최기선 시장이 보여주었던 호연지기의 풍모가 그립습니다. 최시장은 술을 즐기는 호남아요, 멋을 아는 풍운아입니다. 그러나 이제 최기선 시장도 술을 절제하며 건강을 돌보아야 할 때가 되었습니다.

최시장이 오래오래 건강하시기를 기원합니다. 최기선 시장의 회고록 출간으로 그와의 인연에 대해서, 또 인천에 대해서 되새겨 볼 수 있는 기회를 가지게 된 것을 더없는 기쁨으로 생각합니다.

시대의 흐름, 미래의 가치를 읽었던 혜안의 리더

이길여(李吉女) 가천길재단 회장, 가천대학교 총장, 의학박사

최기선 전 인천시장의 회고록 발간을 진심으로 축하드립니다. 민주투사로서, 정치인으로서, 행정가로서 인천과 우리나라의 발전을 위해 헌신하신 최기전 전 인천시장의 발자취를 다시 들여다볼 수 있는 기회가 주어진 것에 대해 인천 시민의 한 사람으로서 매우 기쁘게 생각합니다.

『최기선, 인천 시대를 열다』는 온갖 어려움에 좌절하지 않고 목표를 향해 나아간 한 사람의 '열정'의 기록입니다. 회고록의 첫 부분인 '동북아 허브 도시의 건설'에서부터 그 열정은 읽는 이에게 뭉클한 감동을 선사할 것입니다.

회고록에서 언급한 것처럼 최기선 전 인천시장이 처음 부임할 당시, 인천은 '환경오염과 교통지옥으로 표상되는 공업도시'에 불과했습니다. 이제 인천은 우리나라는 물론 세계인들이 부

러워하는 경쟁력 있는 도시로 탈바꿈하고 있습니다. 이는 시대의 흐름, 미래의 가치를 읽을 줄 아는 혜안을 가진 지도자가 있었기에 가능했습니다.

모든 일에는 원인과 결과가 있습니다. '송도 신도시 착공', '인천 광역화', '선인학원 시립·공립화' 등 최기선 전 시장의 열정의 기록을 따라가다 보면 인천의 위상이 달라진 원인을 찾게 될 것이라 확신합니다. 그런 점에서 최기선 전 인천시장은 국제도시 인천의 설계자라 할 수 있습니다.

달동네인 동구 수도국산을 방문했을 때 인간이 최소한으로 누려야 할 안전과 주거의 권리마저 지켜지지 않는 현실에 아예 눈을 감아 버린 일 등 이 책에서는 고뇌에 찬 지도자의 인간적인 면모도 엿볼 수 있습니다.

모쪼록 이 책을 관통하는 열정을 보다 많은 인천 시민들이 공유하게 되기를 기원합니다. 그리고 그 열정과 열정이 모여, 인천이 최기선 전 시장이 꿈꾸었던 '일만 개의 나라가 공존하는 도시'를 향해 나아가기를 기대해 봅니다.

다시 한 번 최기선 전 인천시장의 회고록 발간을 축하드립니다.

바다에서 솟아오른 빛나는 도시, 송도 그리고 최기선

스탠리 게일(Stanley C. Gale) 게일인터내셔널 코리아 회장

2001년에 한국 정부로부터 초청 전화를 받았다. 그 무렵 완공된 인천국제공항 인근에 건설할 신도시 프로젝트와 관련해 우리 회사인 게일 인터내셔널(Gale International)을 초청하는 내용이었다. 지금으로부터 15년 전 간척지에 새 도시를 건설하는 것은 과감하지만 위험이 높은 일로 여겨졌다. 나는 이 노력의 대담함과 규모에 매료되었고, 더 많은 것을 알아보기로 결정했다.

그해 한국을 처음 방문해 최기선 인천시장을 만났고, 최시장은 헬리콥터를 이용해 건설이 예정된 송도 신도시 부지를 보여주었다. 헬기가 간척하고 있는 해안선 위를 낮게 비행하면서 최시장은 내게 무엇을 보고 있냐고 물었다. 최시장에게 "나는 상당히 비전이 큰 사람이지만 보이는 것이라곤 물밖에 없다."

Mayor Choi Ki-sun Autobiography

Stanley C. Gale Chairman and CEO, Gale international

In 2001 I received a call from the South Korean governmont inviting our company, Gale international, to design and build a new city adjacent to its recently completed international airport in incheon. Fifteen years ago, building a brand new city on reclaimed land was considerd a bold and risky undertaking. I was fascinated by the audacity and scale of the endeavor, and determined to learn more.

On our first trip to South Korea later that year, the Mayor of Incheon, The Honorable Choi Ki-sun, took me on a helicopter flight over the proposed site, which he called the future New Songdo City. Flying low over the coastline, where machines were in the process of reclaiming land, the Mayor asked me what I saw. Before us, stretching out to the horizon, all that

라고 답했다.

최시장은 그 후 이틀간 인천 지역과 특히 송도에 대한 자신의 비전을 설명했다. 최시장은 송도를 글로벌 아이디어 교류가 이루어질 혁신적인 미래 도시로 묘사했다. 당시 거의 아무것도 지어지지 않은 상태였지만 최시장은 바다에서 솟아 오른 새로운 성장과 번영의 시범지역, 곧 현대의 아틀란티스를 꿈꾸고 있었다.

우리 회사는 인천시가 시행한 장기 지역계획 및 일류 인프라, 한국인의 강력한 실현 의지 때문에 송도에 투자하기로 결정했다.

오늘날 송도는 장기적 안목에 기반한 도시계획의 가치를 보여준다. 우리는 인천시와 최기선 시장을 공공부문 협력자로 하여 길이 없는 곳에서 길을 뚫으며 헤쳐 나왔고, 송도는 바다에서 솟아오른 빛나는 도시가 되었다. 최기선 시장은 최초의 송도의 비전을 실현하는 데 지대한 역할을 했다. 나는 송도 역사에 있어 중요한 시기에 최시장이 보여준 리더십에 항상 감사할 것이다.

could be seen was marshland and the Yellow Sea beyond. I told the mayor, "I'm a pretty big thinker, but all I see is water." He spent the next two days outlining his vision for the greater Incheon area and Songdo in particular. He described Songdo as a future innovative city in which a global exchange of ideas would take place. At that time, although very little had been built, Mayor Choi envisioned a modern day Atlantis, a shining new beacon of growth and prosperity rising from the sea.

Our company decided to invest in Songdo because of the long-term regional planning and first-rate infrastructure implemented by the Incheon government, as well as the strong will of the Korean people to make this city a reality.

Today Songdo is a testament to the lasting value of visionary urban planning. Working together with Incheon City and Mayor Choi Ki-sun as our public sector partner, we blazed a trail where there was no path. Today the shining city that arose from the sea is Songdo.

Mayor Choi Ki-sun had a significant role in bringing the original vision to reality. I was always be thankful for his leadership during a critical time in Songdo's history.

차 례

발간을 축하하며

민주화 투쟁의 영원한 동지 _ 김덕룡 ········· 5

시대의 흐름, 미래의 가치를 읽었던 혜안의 리더 _ 이길여 ··· 8

바다에서 솟아오른 빛나는 도시,
송도 그리고 최기선 _ 스탠리 게일 ········· 10

1부 동북아 허브 도시의 건설

1장 시민의 염원, 송도 신도시 ········· 20

2장 일만 개의 나라가 공존하는 도시 ········· 35

3장 인천의 미래, 트라이포트 전략 ········· 41

4장 어디를 인천으로 품을 것인가 ········· 50

2부 지방자치, 그 첫 걸음의 기록

5장 민선시장이 되어 돌아오다 ········· 66

6장 30대가 기획하고 40대가 실현하는 젊은 도시 ········· 73

7장 송도 신도시를 세일즈하다 ········· 82

8장 IMF 외환위기를 넘어 ········· 88

3부 비즈니스도 정치다

9장 셀링과 세일링(Selling & Sailing) ······················ 98
10장 뉴욕에서 송도 신도시의 미래에 사인하다 ············109
11장 대한민국 최초의 경제자유구역 ························113
12장 송도 신도시는 인천 시민의 땅이다 ·····················125
13장 대중국 교류의 물꼬를 트다 ······························133

4부 인간의 존엄을 위한 시정

14장 누구도 하지 못한 결단, 선인학원 시립화 ············146
15장 사학 혁명, 시민과 민주세력이 이루다·················156
16장 수도국산에서 만난 사람들 ·······························165
17장 시민의 생명을 구하는 일 ·································176
18장 여기 사람이 살고 있다 ····································181

5부 지역의 주인됨을 위하여

19장 인천 소외에 반기를 들다 …………………………192
20장 굴업도 핵폐기장 문제와 신공항 배후 단지 개발 …201
21장 2002 한일월드컵 유치전 …………………………207
22장 항만 건설의 마스터 플랜 …………………………213

6부 인천의 인프라를 확충하다

23장 착공에서 완공까지, 인천지하철 건설 ………………226
24장 인천을 사통팔달의 도시로 …………………………233
25장 잿빛 도시에 숨을 불어넣다 …………………………237

7부 현실에 눈뜨고 혁명을 꿈꾸다

26장 세계의 불평등을 깨닫고 …………………………246
27장 6·3세대의 한일협정 반대 시위 ……………………252
28장 김영삼 총재와의 만남 ………………………………259
29장 민주세력의 입이 되다 ………………………………265

8부 더 나은 민주주의를 위하여

30장 정치 역정의 가장 큰 환희, 민추협 결성 ……………280

31장 시민의 승리, 정치의 실패 ……………287

32장 영광과 질곡의 13대 국회 ……………292

33장 만절필동(萬折必東)의 50년 ……………301

9부 나, 최기선

34장 해방동이와 한국전쟁 ……………308

35장 가난과의 투쟁 ……………315

36장 인천 시민이여! ……………320

부록 기고문 ……………331

연보 ……………362

1부

동북아 허브 도시의 건설

나는 인천을 발전시키고 싶었다.
단순히 계량적인 측면에서의 발전이 아니라
인천 시민들의 인간적인 존엄을 위해서였다.
나는 민주화 투쟁을 해온 민주투사였고
혁명가를 꿈꾸었던 젊은이였다.

1

시민의 염원, 송도 신도시

1994년 9월 10일.

아침부터 비가 오고 있었다. 경사를 부르는 비라고 생각했다. 송도 신도시 조성 기공식이 열리는 날이었다. 인천의 새로운 역사가 열리는 날이고 더 크게는 대한민국의, 더 넓게 보면 동북아시아에 새로운 전망이 탄생하는 날이었다. 행사에 차질은 없나 확인했다. 무엇보다 이 역사적인 기공식의 날, 김영삼(金泳三) 대통령의 참석이 중요했다. 그것은 송도 신도시가 부자들을 위한 아파트단지가 아니라 첨단정보화 기반시설을 갖춘 동북아시아 허브 도시라는 송도 건설의 본질을 보여주는 상징적인 장면이 될 것이기 때문이었다.

당연히 김영삼 대통령의 참석이 예정되어 있었고 차질 없이 진행되고 있었는데 갑자기 못 오신다는 연락이 전해졌다. 무슨 일인가. 서둘러 알아보니 중앙부처 관계자들의 반대가 있었다고 했다. 그들은 그간에도 송도 신도시 착공을 반대해온 사람들이었다. “중앙정부의 사업도 아니고 인천시에서 하는 사업에 굳이 대통령까지 가실 필요는 없다”는 주장이었다.

착공에 이르기까지 수많은 난관을 넘었던 나였지만 실질적인 진행 단계에 이르러서까지 이런 폄하를 듣자니 마음이 좋지 않았다. 그렇지 않아도 중앙의 반대로 무산되었던 계획을 관선 시장 취임 후에 되살려 8월 초가 되어서야 겨우 착공 허가를 받은 상황이었다. 중앙부처들의 반대에도 청와대와 논의하고 설득해 이뤄낸 성과였다. 나는 청와대 비서실로 전화를 걸어 비서실장에게 강하게 이의를 제기했다.

1994년 9월 송도 신도시 기공식. 중앙 정부의 상당수 인사들은 송도 신도시 조성 사업을 반대하거나 의미를 축소하곤 했다. 기공식에 대통령의 참석마저도 반대에 부딪혔으나 정작 대통령은 지원을 아끼지 않았다.

최기선은 1993년 첫 임명제 시장 이후 1995년 첫 민선 시장, 1998년 6월 두 번째 민선시장으로 당선됐다. 1998년 9월, 당시 정국은 이른바 DJP 연합이었고 자민련 후보로 시장에 당선된 최기선 시장이 김종필(JP) 총리에게 송도 신도시 사업에 대한 현장 브리핑을 하고 있다. (1998.9)

"이건 인천이라는 한 도시의 문제가 아니라, 역사적인 대사업입니다. 여의도 면적의 여섯 배가 되는 매립지를 만들어 최첨단 정보통신 도시를 건설하는 일입니다. 한국 최대의 공항과 항만을 거느린 세계 전진기지의 첫 삽을 뜨는 날인데, 대통령이 오시지 않으면 안 됩니다."

그렇게 대통령의 참석이 성사되고 무사히 기공식을 마쳤다. 그곳은 암석과 바다, 갯벌 그리고 황무지만이 있는 허허벌판이었지만 나는 그 공간에 새롭게 탄생할 도시의 모습을 그리고 있었다. 김영삼 대통령에게 그러한 인천의 미래에 대해서 벅찬 가슴으로 설명하자 대통령이 한 말은 이것뿐이었다.

"최기선은 정의로운 사람이고 현명한 사람이다. 당신이 하겠다고 하면 그것은 옳은 일이지."

지금 송도 신도시를 본다면 이 자리가 불과 20년 전만 해도 갯벌과 바다와 암석들로 이루어진 땅이었다는 사실을 믿기는 힘들 것이다. 1611만평(1993년 당시는 535만평) 대지 위에 국제업무단지, 지식정보산업단지, 바이오단지, 정보기술(IT), 바이오기술(BT), 나노기술(NT) 기술융합 분야 산업과 대학, 연구소의 연계를 도모하는 첨단산업 클러스터까지, 지금까지 이룬 것보다 앞으로 이룰 것이 더 많은 송도 신도시의 오늘은 관선시장과 민선시장을 역임하면서 수백 번 꿈꾸고 또 수백 번 좌절을 겪기도 했던 내 지난 시간이 들어간 사업이다. 간척지 위에

밀물 썰물이 오가던 송도 갯벌에 이제 막 물막이 공사와 기반시설 공사가 진행됐다. 2001년 1월 한겨울 송도 신도시를 배경으로 최기선 시장과 신원철 당시 연수구청장(최시장의 오른쪽), 정창섭 당시 인천시 기획관리실장(왼쪽)을 포함한 실·국장들이 기념사진을 찍었다.

세워질 인천의 새로운 미래와, 그곳에서 이루어질 물자와 사람들, 문화와 교육의 교류에 대한 확신은 사업을 추진하는 데 있어 어려움을 넘어 또다시 도전할 수 있는 힘이 되었다. 그 도전의 결과를 지금처럼 생생하게 눈앞에 실재하는 송도 신도시로 확인할 수 있다는 것에 감사한다. 신기루로 사라지지 않고 지금 인천, 더 나아가 동북아시아의 중심지로 비상할 준비를 하고 있는 송도의 오늘을 확인하는 지금을 말이다. 어려운 산을 넘었고 산이 다가올 때마다 '우공이산(愚公移山)'의 마음으로 어려움을 넘겼기에 더욱 그러하다.

행정가로서의 삶을 회고하면서 송도 신도시 조성 기공식을 먼저 떠올린 것은 그것이 지금 현재 진행 중인, 천문학적인 투자와 노력이 들어가는 사업이기 때문이다. 송도 신도시가 왜 시작되었고 어떻게 진행되었는가를 기록으로 남기려는 것은 단순히 나 개인의 인생 역정을 회고하기 위해서가 아니다. 나 최기선은 개인적 존재이기도 하지만 평생을 민주투사로, 정치인으로, 인천 지방정부의 단체장으로 살아온 공적 존재이기도 하다. 송도 신도시가 지금껏 이룬 것이 있다면 이룬 것대로, 이루지 못한 것이 있다면 이루지 못한 것대로 그 성취와 한계를 내보이는 것이 앞으로의 송도 신도시 개발에 있어 중요한 방향타가 되리라 생각한다. 현재의 난맥을 정리하는 데도 그 맥락들의 시원을 살피는 것은 중요하다. 옛것을 살펴 새로운 것을 아는 자의 슬기로움으로 쓰이길 희망한다.

내가 인천시장으로 취임한 것은 1993년 3월 5일이었다. 2월에 김영삼 대통령이 취임하고 그 직전에 아버지가 소천하셨다. 아버지는 오랫동안 위암을 앓고 계셨다. 대선 때문에 정신없이 뛰어다니느라 병문안도 못했던 나는 선거가 끝난 후에야 아버지를 찾아뵙고 용서를 빌 수 있었다. 얼마 지나지 않아 아버지께서는 세상을 떠나셨고, 추운 겨울날 수의 한 장만 입은 채 관에 실려 고향인 김포 선산에 묻혔다.

내가 인천시장 직에 발령을 받자 주변에서는 모두들 뜻밖이라는 반응이었다. 김영삼 대통령의 최측근이니 청와대 정무수석 혹은 민정수석으로 들어가거나 내각에 장관으로 임명될 것이라는 추측이 많았기 때문이었다. 인천시장에 임명되리라고 예상한 사람은 아무도 없었고 사실 나도 의외였다. 나는 인천으로 향하면서 대통령이 인천시장에 임명한 의도에 대해 곰곰이 생각했다. 그 당시 중앙정부에서는 대부분 행정에 능통한 행정관료 출신들을 단체장으로 임명했다. 나 같은 정치인 출신이 시장이나 도지사로 임명된 경우는 처음이었다. 하지만 더 생각하자 의도는 명확해졌다.

2년 뒤인 1995년 지방자치제가 실시되면 시민들은 시장을, 도민들은 도지사를 직접 투표로 뽑게 된다. 그러면 시장이나 도지사는, 중앙정부의 뜻을 지역에 하달하는 관료가 아니라, 지역민의 뜻을 대표하고 대행하는 지방정부의 수장이 되어야 하는 것이다. 나는 행정 경험은 부족했지만 국민과 함께 호흡

최기선 시장의 소외계층에 대한 관심은 유독 남달랐다.
젊은 시절 민주화 운동과 노동운동에 대한 열정은 시장이 된 이후에도
늘 한결같이 그의 의식 저변을 형성하고 있었다. (1994.1)

하고 투쟁해 온 사람이었다. 그러니 그 경험을 토대로 인천에서 민의를 존중하고 정의를 실현하는 풍토를 만들어 낼 수 있다고 다짐했다. 그뿐 아니라 무엇보다 사람을 좋아하고 모든 문제를 직접 사람들과 맞부딪쳐 고민하려고 했던 점, 그것이라면 관료적인 행정의 경직성을 깨트리고 사람들과 터놓고 화합하는 데 도움이 될 수 있을 것 같았다. 그동안 가슴속에만 품어왔던 꿈과 이상을 '인천'이라는 실제적인 공간에서 실현할 수 있다고 생각하자 마음이 설레었다.

물론 나중에 들은 소문 중에는, 김영삼 대통령이 나를 인천으로 보낸 이유가 '무지무지하게' 일이 많은 데 갖다놔야 술을 적게 마실 것이라 생각해서였다는 우스갯소리도 있었다. 대통령의 판단은 반은 맞고 반은 맞지 않았는데, 그 무렵 새로운 전환을 찾아 깨어나던 인천에는 추진해야 할 일들이 산더미처럼 많은 게 사실이었지만 술을 덜 마실 수는 없었다. 단체장으로서 만나야 할 사람, 만나고 싶은 사람, 듣고 싶은 이야기, 나누고 싶은 고민들이 더 많아졌기 때문이었다.

나에게 인천은 전혀 낯선 곳이 아니었다. 한국전쟁의 피난길에 인천까지 내려온 적이 있었고 서울에서 대학을 다니던 시절 본가가 김포에서 인천 가좌동으로 이사와 지내기도 했기 때문이었다. 그때 아버지는 가좌동에 주택 몇 채를 지어 건설업을 시작했는데 당신께서 하셨던 그전의 사업들이 그렇듯 성공하지는 못했다. 그리고 인천은 내가 직장 생활을 시작했던 곳이기도 했다. 외환은행 인천지점에서 행원으로 일했던 나는 노조설립문제로 은행측과 대립하다 퇴직을 선택한 일이 있었다. 그 당시 인천은 환경오염과 교통지옥으로 표상되는 공업도시였다. 다른 도시와 연결되는 도로라고는 겨우 4차선의 경인고속도로밖에 없었고 변변한 공원 하나 없는, 오염물질이 발생하는 공단 한복판에 주거지가 들어서 있는 잿빛의 도시였다. 여기다 수도권 개발을 억제하고 지방의 균형 발전을 꾀한다는 미명 아래 중앙정부의 투자에서 소외된 지역이기도 했다. 고쳐야 할 것이 많았고 만들어야 할 것이 많은 도시였다. 제7대 인천직할시장으로 취임하면서 나는 인천 시민 앞에서 "소수 기득권층이 아닌 다수의 소외계층을 위한 행정을 펼치겠다"라고 공언했다. 그것은 인천 시민과의 약속이기도 했지만 내 스스로 하는 다짐이기도 했다.

시장이 되어 나는 혼자 인천을 돌아보곤 했다. 시청 바로 옆인 구월동의 붉은 고개에는 무허가 판잣집들이 촘촘하게 들어서 있었고 남동공단 단지에는 제대로 된 환경오염 방지 시설이 없었다. 동구의 수도국산을 방문했을 때 나는 차라리 눈을 감고 말았다. 1990년대는 우리나라가 경제적으로나 정치적으로 굉장한 발전을 이룬 시기이지만 그 모든 성취는 그곳에서 비껴나 있는 것 같았다. 피난민들의 정착지이자 어려운 사람들이 산비탈을 따라 집을 지어 살아온 그 달동네에는 인간이 최소한으로 누려야 할 안전과 주거의 권리마저 지켜지지 않는 것처럼

1993년 당시 새얼아침대화. 최기선 시장은 부임 뒤 인천의 유지들을 포함한 일반 시민들과 자주 교류했다. (1993.6)

보였다. 남의 집 안방을 통과해야 겨우 자기 방에 들어갈 수 있는 집이 있는가 하면 아침이면 공동변소 앞에 길게 줄을 서서 발을 동동 굴러야 하는 상황이 벌어졌다. 출근 준비를 하는 젊은 아가씨들의 초조하고 피로한 얼굴, 화재가 일어나도 소방차 한 대 들어갈 수 없는 좁디좁은 골목들이 내 마음을 참담하게 했다.

인천의 시민단체, 원로인사, 젊은 지식인 들이 전해온 그 당시 선인학원의 악행은 불의를 참아 넘기지 못하는 내게 큰 결심을 하게 만들었다. 모두 바꾸리라, 나는 생각했다. 정의가 왜 필요한가. 정치가 정부가 제도가 그리고 시의 행정수장이 왜 필요한가. 해야 할 일이 많았다. 반드시 해야 했다. 내가 1993년 3

월 7대 인천직할시장으로 취임하면서 나는 소수 기득권층이 아니라 다수의 소외계층을 위한 행정을 펴겠다고 밝혔다.

물론 인천이 그러한 비관적인 상황 속에만 머물러 있는 도시는 절대 아니었다. 인천의 시장이 되자 인천은 내게 더 이상 서울과 인접한 주변도시이거나 공업도시이기만 하지 않았다. 주변부에 있을 때 보이지 않던 인천의 잠재력과 가능성 그리고 한국을 위해, 더 나아가 동북아시아를 위해 맡아야 할 역할이 새롭게 그려지기 시작했다. 인천을 대표하는 여러 인사들과 논의하고 교류하면서 그러한 생각들은 더 구체화되기 시작했다. 종교지도자로서는 김병상 신부, 오경환 신부와 최성규 목사, 지용택, 최원식, 장학식, 장석우 교수, 이인석 원장, 심정구, 서정화 국회의원 등 많은 사람들과의 토론과 대화가 인천에 대한 내 생각을 확장시켰다.

행정은 정책의 단순한 실현이 아니라 사상의 구체화다. 행정에 관여하는 지방의 단체장, 공무원들은 수많은 제도와 법령에 연연할 것이 아니라 그것이 무엇을 위해 운영되어야 하는가 하는 근본적인 질문을 잊지 말아야 한다.

나는 인천을 발전시키고 싶었다. 단순히 계량적인 측면에서의 발전이 아니라 인천 시민들의 인간적인 존엄을 위해서였다. 나는 민주화투쟁을 해온 민주투사였고 한때는 혁명가를 꿈꾸었던 젊은이였다. 마르크스와 레닌을 읽으면서 어쩌면 사회주의 혁명이 가진 자나 못 가진 자나 동등하게 살 수 있는 세상을 열어줄 수 있는 것이 아닐까, 고민하기도 했다. 세월이 흐른 뒤 사회주의가 가지고 있는 명백한 한계를 깨달으면서 이런 사상에 대한 일련의 오류는 바로잡혔다. 그럼에도 불구하고 사회주의가 이룩하고자 했던 궁극적 목적, 인간의 존엄을 지켜야 한다는 당위에 일말의 연민이 없는 것도 아니다. 이런 생각은 지금도 여전하다.

1993년 시장으로 부임하자 반드시 해결해야 하는 '3대 건의사항'을 인천의 시민과 공무원들이 전해왔다. 송도 신도시 추진, 인천의 광역화, 선인학원의 시립화였다. 내가 판단하기에도 이러한 3대 건의사항은 바로 지금, 반드시 이루어야 하는 것들이었다. 송도 신도시와 광역화는 인천의 미래발전 전략과 직접적으로 관련된 사안이었고, 선인학원 문제는 조속히 해결해야 할 인천의 오래된 환부(患部)였다. 하지만 결코 쉬운 사안들은 아니었다. 지역의 발전을 위해서 삶을 바칠 준비가 되어 있었지만 바다를 메워 도시를 건설해내는 것, 새로운 지역을 편입해 인천의 광역화를 준비하는 것, 14개의 학교를 한번에 시립화하는 것은 아주 오랜 시간이 걸리고 돌파해야 할 난관도 많은 일이었다.

그 당시 나에 대해서는 기대와 우려가 뒤섞인 분위기였다. 김영삼 대통령의 최측근이니 힘 있는 '실세 시장'이 되리라 기대하기도 했고 바로 그런 이유 때문에 인천시장직에 적합하지 않다고 우려하기도 했다. 정치인이므로 결국에는 잔여임기 2년을 마친 뒤 더 높은 자리로 뜨리라는 시선들이었다.

3대 건의사항을 들으며 고민은 깊어졌지만 이것을 할 것인가, 말 것인가에 관한 것은 아니었다. 명분과 대의가 있는 일을 피해본 적은 없었다. 이 과정에서 내가 맞부딪치게 될 수많은 난관들을 인천시 공무원 그리고 인천의 지역사회 분들과 어떻게 힘을 모아 넘을 것인가에 대한 고민이었다. 뛰어야 했다. 하지만 신중해야 했고 무엇보다 인천 시민과 공무원 들의 마음을 얻어야 가능한 일이었다.

인천시가 오랫동안 가지고 있던 송도 신도시 계획을 살펴보았다. 송도 신도시는 1980년대부터 여러 형태로 논의되다가 무산되곤 했는데 포화 상태인 남동공단을 대체한다는 목적으로 거론되기도 했다. 그러다 1987년 노태우 대통령의 대선공약에서 처음으로 공론화되었다. 송도 인근 바다를 매립하여 집 없는 서민들을 위해 아파트 200만호를 짓는 일환으로 사용하겠다는 내용이었다. 그러나 이 공약은 수도권 인구 과밀을 억제하는 정책에 가로막혀 백지화가 되었다. 수도권으로의 집중을 막는다는 명분 자체는 옳았지만 인천 시민들의 입장에서는 받아들이기 힘든 결정이었다. 바다를 매립해서 새로운 인천의 땅을 갖게 되는 것, 그리고 거기에 삶의 질을 높일 수 있는 주거단지가 만들어지는 것은 인천 시민에게 새로운 희망을 불어넣었기 때문이다.

그렇다면 무엇이 개발을 필요로 하고 무엇이 개발을 가로막고 있는가. 단순히 건물 몇 채를 새로 짓거나 하는 것이 아니라 자연에 인위적으로 개입해 존재하지 않던 땅을 만들어내야 하는 과정이므로 신중해야 한다고 생각했다. 추진해야 한다면 그렇게 해야 할 대의와 명분이 반드시 있어야 한다고 결심했다.

그런 점에서 송도에 아파트를 지어 베드타운을 건설하는 것은 그다지 좋은 생각 같지는 않았다. 당시 수도권에는 일산, 분당, 산본, 평촌, 중동 등 5개 신도시가 건설되고 있었는데, 수도권 집중을 막는다면서 이렇게 마구잡이로 수도권에 베드타운을 만드는 것은 서울로의 인구 집중만 막을 뿐이지 수도권으로의 집중을 막는 것은 아니었다. 하지만 그렇다고 인천 발전의 새로운 전기가 될 수 있는 송도 신도시 개발을 그대로 묵혀둘 수는 없었다. 어떻게 해야 할까.

어떤 문제에 대한 해답은 늘 기본으로 돌아가 사고하는 과정에서 발견된다. 송도 신도시를 왜 만들어야 하는가에 관한 해답은 인천 시민들의 인간적인 행복을 위해서다. 그렇다면 인천의 시민들은 언제 행복해지는가. 만약 신도시가 부유한 일부 사람들에게 쾌적한 주거환경을 제공하는 데 그 목적이 있다면 인천시가 그러한 대규모 개발을 추진할 이유가 없었다. 이것은 천문학적인 예산이 들어가는 사업이었고 이 예산은 인천의 일부 단체나 계층을 위한 것이 아닌 인천 시민 모두를 위해 쓰여야 하는 돈이었다.

그러자 생각은 그렇다면 도시는 어떤 기능을 담당해야 하는가 하는 문제로 넘어갔다. 우리는 도시에서 살고 일하고 교류하며 살아간다. 어떤 도시가 죽은 도시가 아니라 항상성을 유지하며 늘 살아있는 상태로 존재하기 위해서는 그 삶과 노동 그리고 다방면의 교류들이 전제되어야 한다. 그렇게 해서 도시는 갱신되고 활기를 얻는다. 아파트 위주의 개발 계획은 그런 측면에서 본다면 한계가 명백했다.

지역사회 사람들과 단체들 그리고 인천 각 분야의 전문가들을 만나면서 이제 생각은 일반적인 '도시'가 아니라 '인천의 도시'는 어떠해야 하는가로 발전했다. 인천의 지정학적 위치, 역사적 특수성들에 눈이 열리면서 나는 비로소 모든 것들을 현실화할 수 있으리라는 확신이 들었다.

2

일만 개의 나라가 공존하는 도시

동북아 시대가 열리고 세계가 국경선을 지우며 급속도로 넘나드는 상황에서, 인천은 동북아의 중심도시, 세계의 중심도시로 도약해야 했다. 그뿐 아니라 한 발 앞서 통일시대를 바라보고 준비해야 했다. '한국'이 아니라 '한반도'를 놓고 사고해야 하는 것이다. 냉전체제와 분단 현실이 인천을 고립시켰지만 이제는 상황이 달랐다. 인천과 맞닿아있는 중국이 깨어나고 있었고 남과 북은 화해와 협력과 상생의 길로 나아가야 했다. '한반도'라는 지정학적 잠재력을 엄청난 발전과 도약의 발판으로 삼아야 하는 것이다.

이 마을과 저 마을을 이어주는 다리를 한 번 생각해 보라. 두 마을이 싸움을 벌이면 다리는 싸움터가 되고 폭발의 장소가 되고 폐허가 된다. 하지만 두 마을이 평화롭게 지낸다면 다리는 두 마을을 잇는 유일한 통로가 되고 만물이 모이는 장터가 되고 놀이터가 되어 가장 많은 사람들이 지나다니는 금싸라기 땅이 되는 것이다.

세계의 역사 또한 거대한 힘과 힘이 팽팽하게 맞설 때, 그 힘의 관계와 흐름을 잘 통제할 수 있는 지정학적 요충지는 반드시 세계의 센터가 된다는 것을 증명하고 있다. 나폴리, 홍콩 등은 비록 작지만 그 지정학적 위치의 중요성으로 인해 세계적인 도시로 발전하지 않았는가.

1990년대 초, 세계는 이미 아시아의 힘에 주목하고 있었고 홍콩이 아닌 동북아의 새로운 허브 도시를 찾고 있었다. 이런 차원에서 중국은 상하이(上海)를 그렇게 만들기 위해 오래전부터 투자를 하고 공을 들여왔지만 상하이가 세계의 수도가 되는 것은 미국과 유럽, 일본이 원하지 않았다. 일본은 또 일본대로 오사카(大阪)나 나리타(成田) 등을 그렇게 만들고 싶어 했지만 그것 역시 미국이나 유럽, 중국이 허용하지 않았다. 이미 세계시장에서 지나치게 그 세력이 비대해진 중국과 일본에 자본의 허브 도시가 생기는 것을 바라지 않았기 때문이다.

그 대안으로 가장 유력하게 떠오른 도시가 한반도의 인천이었다. 한반도의 배꼽인 인천은, 최단거리로 중국 대륙과 연결되는 서해, 러시아를 거쳐 유럽까지 이어지는 대륙 간 육로, 일본 및 환태평양 지역과 연결될 수 있는 해로 등을 통해, 동북아의 배꼽이 될 수 있으며 나아가 세계의 배꼽이 될 수 있는 도시였다.

물론 그런 길로 가는 것이 그렇게 간단할 리는 없었다. 1883년, 인천이 부산과 원산에 이어 세 번째로 개항된 건 잘 아는 역사적 사실이다. 그 위치로 볼 때 원래 인천은 세 번째로 개항될 곳이 아니었다. 거듭되는 이양선의 출몰과 인천 앞바다를 피로 물들인 병인, 신미양요를 거치면서 조선은 마침내 더 이상 버티지 못하고 강화도조약을 계기로 본격적으로 근대 자본주의 체제에 문호를 개방하기 시작했다. 일본을 비롯한 열강들은 조선이 인천을 가장 먼저 열어줄 것을 원했다. 하지만 당시 조선은 인천 주변에 수비를 강화하며 끝까지 인천의 개항을 거부했는데 여기에서도 인천이라는 지역의 중요성은 여실히 드러난다. 제국주의 열강들이 인천의 개항을 제일 먼저 요구한 것도, 조선이 인천을 끝까지 지키려 한 것도, 인천이 가진 지리적 요충의 이점을 잘 알았기 때문이었다.

근대의 입구에서 인천만큼 거센 시련과 격동을 겪은 도시는 없다. 개항 후 인천은 제국주의 열강들에게 수탈당하는 식민기지이자 근대 자본주의 발전의 전초기지라는 이중적인 역할을 떠맡았다. 일본, 청나라, 미국, 영국, 독일, 러시아 등 각국열강들의 조계가 앞 다투어 설치되었는데, 그것은 그 모든 나라들이 인천이 동북아시아의 거점도시가 될 수 있다고 생각했기 때문이다. 인천 시민이라면 누구나 한번은 가보는 중구의 자유공원에 그 역사가 남아 있다. 자유공원의 전신인 만국공원은 여러 나라가 공동으로 설계하고 투자해서 만든 공원이었다.

이처럼 백 년 전 세계열강들은 동북아 사업의 중심센터로 인천을 선택했다. 그때 우리가 세계사적인 흐름을 꿰뚫어보는 혜안을 가져 각국 열강들의 세력을 잘 견제하고 통제할 수 있었더라면, '만국공원'이라는 명칭이 상징하는 그대로, 일만 개의 국가들이 공존하고 협력하면서 번영하는 동북아시아 중심의 평화시대를 열었을 수도 있는 것이다. 하지만 그때 우리는 평화를 조성하고 번영을 일궈낼 힘과 지혜가 부족했기 때문에 실패했다.

그 당시 조선에서는 10년 단위로 세계사적인 큰 전쟁이 두 번 벌어졌는데, 1894년의 청일전쟁과 1904년의 러일전쟁이다. 그때마다 인천은 전란의 한가운데 있었고 인천의 운명은 곧 조선의 운명과 일치했다. 해양세력이 대륙으로 진출하기 위해서나, 대륙세력이 해양으로 진출하기 위해서, 그 경계에 있는 한반도의 지정학적 위치는 그토록 긴요했던 것이다. 한반도를 차지하는 자가 동북아의 중심이 되는 것이 진리였고 그 한반도의 중심이 바로 인천이었다. 현대가 아무리 유동과 변화의 시대일지라도 단 한 가지 바꿀 수 없는 것은 거대한 대륙과 해양의 지리적 배치다.

내가 인천시장으로 부임한 1993년은, 국내에서는 '민주화'가 진행되고, 국외로는 '세계화'가 진행되던 시기였다. 직접적인 무력충돌이나 전쟁을 통해 지배권을 확보하는 대신, 자본과 금

1990년 대 초중반은 국내적으로는 민주화, 국제적으로는 세계화가 진행되던 시점이었다. 최기선 시장은 서해를 중심에 놓고 세계를 인천으로 끌어당기는 전략을 세우기 시작했다. 1999년 일본의 자매도시인 기타큐슈(北九州)에서 인천을 홍보하고 있다.

융을 통해 지배권을 확보하는 쪽으로 세계 선진국들의 전략이 바뀌던 때였다. 문민정부도 이에 발맞추어 세계화전략을 적극적으로 추진하는 중이었고, 냉전적으로 대치하고 있던 중국과도 수교가 이루어졌다.

미국과 일본에 이어, 잠에서 깨어나 발흥하기 시작한 중국, 이런 강대국들의 틈바구니에서 우리가 살아남을 수 있는 길은, 바로 그 '틈바구니'의 위험성을 역이용하는 데 있었다. 그러자 내가 인천을 배경으로 해야 할 일이 무엇인지 선명히 떠올랐다. 100년 전처럼 자본 강국들에 의해 희생되고 지배당하기보다, 그들의 자본을 끌어들여 자유롭게 활동할 수 있는 자본의 허브를 제공한다면, 그렇게 해서 새로운 자유공원 같은 공간, 소위 세계 자본의 놀이터 같은 곳을 만든다고 할 때 그곳이 과연 어디여야 할까. 바로 한반도의 배꼽이라 불리는 인천이었다. 육지로, 바다로, 하늘로, 육해공의 탯줄이 모두 모이는 인천은 바로 그러한 한반도 발전의 중심지에 있는 도시였던 것이다.

백 년 전 조선은 두 갈래 길에서 실패의 길을 걸었고 인천도 그와 운명을 같이하게 되었지만, 이제 한반도는 다른 길을 가야 했다. 더 많은 생각을 하고 철저한 준비를 해야 했다. 시대에 앞서가는 전략을 세워 세계인들이 전쟁을 벌이기 위해서가 아니라 자본을 싸들고 투자를 위해서 몰려오도록 만들어야 했다. 세계 자본의 허브라는 새로운 인천의 정체성은, 우리의 미래와 안전을 지키기 위한 전략일 뿐만 아니라, 동북아시아와 전 세계의 미래와 평화를 지키기 위한 전략이기도 한 것이다.

3
인천의 미래, 트라이포트 전략

근본적인 명분과 대의가 서자 마음은 더 이상 흔들리지 않았다. 과정에서의 어려움도 그리 중요하지 않았다. 나는 정치인 출신 시장이었고 그동안 쌓아온 역량은 준비되어 있었다. 더 좋은 전망, 더 옳은 목표를 위해 사람들과 연대해 싸워나가는 것은 언제나 내가 선택하던 길이었다. 1993년 나는 '인천시 종합개발사업 기획단'을 꾸리고 능력 있는 직원들을 발탁했다. 인천 시대의 개막을 위해 첫발을 내딛는 순간이었다.

일단 인천을 동북아 중심도시, 나아가 세계의 중심도시로 만들기 위한 기반을 구축하기 위해 준비해 나갔다. 그런 중요한 일을 하기 위해서는 시장만이 아니라 우수한 인력들이 함께 뛰어주어야 했다. 나는 인천시 공무원들을 풀가동시켜 능력 있는 사람들이 적재적소에서 일할 수 있게 배치했고, 외부에 있는

최시장은 일단 원칙을 세우고 일이 진행되면 철저히 믿고 맡기는 스타일이었다.
설사 일이 잘못되더라도 일일이 채근하지 않았다.
그의 이런 지휘 스타일은 실무 공직자들의 책임감을 북돋웠다.

여러 분야의 전문적 인재들도 초빙했다.

관선 지방자치시대는 권위주의적 사고가 잔존하던 시기였다. 관선시장에 상위급 공무원들이 임명되면 그보다 하위직인 공무원들은 시장의 지시에 따라 움직이는 것이 관행이었다. 이러한 권위주의적 관행에 젖어 있는 공무원 사회와 시민사회를 바꾸어야 한다고 생각했다. 나는 다른 지역의 관선 시도지사와는 달리 민주화 투쟁을 해왔고 민선선출직인 국회의원을 역임한 시장이었기 때문이다.

예를 들어 내가 처음 관선시장으로 부임했을 때 부시장을 비롯한 국장과 과장 같은 간부들은 매번 "시장님, 결심(決心)을 말씀해주십시오"라는 말로 허락을 구했는데, 결심이라는 표현은 바로 윗선인 시장의 지시가 있어야 움직이고 업무를 진행하겠다는 뜻이었다. 시청에 차량들을 드나들게 하는가 하는 비교적 사소한 일에서부터 이전 시장의 추진사업까지 시장의 결심은 거의 모든 영역에 필요했다. 나는 그런 시장의 '결심 권한'부터 부시장, 국장, 과장 등 밑으로 이양해야 한다고 생각했다. '위임전결' 규정을 대폭 개정해 하위직에게 권한을 위임했고 인사권만은 내가 그대로 보유하겠다고 했다.

나는 공무원들이 검증되고 능력 있는 사람들이며 당시 직무에 대한 자부심을 가지고 있다고 생각했다. 그래서 젊고 유능하지만 한직에 있는 이들을 능력에 맞는 자리에 부르고, 경력은 오래되었지만 업무에 성실하지 않는 사람들은 요직에서 재

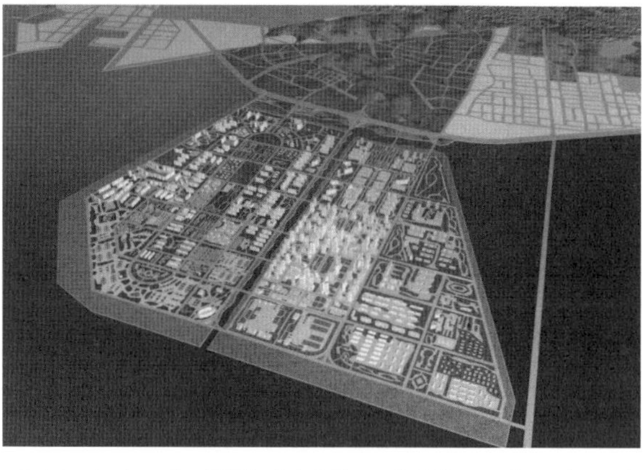

(위에서부터) 수도권 신공항 기본계획도, 인천대교 조감도, 송도 신도시 조감도.
1990년대 초반 인천의 지도에는 없던 그림 속의 미래 청사진이었다.
시민들은 이런 일들이 과연 현실이 될 수 있을지 의구심이 적지 않았다.

배치했다. 그러자 시청의 분위기가 바뀌기 시작했다. 나는 규정에 따라 5시 정시에 퇴근해서 시민단체들과 만나는 등 다른 일들을 봤지만 공무원들 특히 간부 공무원들은 자정까지 불을 밝히고, 자기 업무에 몰두했다. 그런 공무원들의 모습을 배우기 위해 서울, 부산, 광주 등지에서 지방공무원들이 올라오기도 했다. 윗선의 눈치를 보는 지난날의 타성에서 벗어나 자기 자신의 책임과 권한을 다하는 공직자로 새롭게 태어난 것이다. 인천의 비전을 위해, 그리고 시민을 위해 노력하는 유능하고 힘 있는 공직 사회, 그것이 내가 아직까지 기억하는 시청 직원들의 모습이다. 오늘날 인천이 국제적으로 크게 주목받고 동북아시아의 중심 도시로 부상하고 있는 것은 이러한 공무원들의 획기적인 태도의 전환 덕분이라고 확신한다.

우리는 인천을 동북아 중심도시로 만들기 위한 길을 찾기 시작했다. 그렇게 탄생한 것이 바로 '트라이포트(tri-port) 발전전략'이다. 트라이포트 발전전략은 아시아의 중심 공항(air-port), 황해의 중심 항만(sea-port), 텔레포트(tele-port)를 세 개의 축으로 한 중차대한 인천의 발전상이었다

그 당시 중앙정부에서는 인천 영종도에 대륙 간을 오갈 수 있는 거대한 규모의 에어포트를 건설하고 있었다. 국제공항을 건설한다는 건 지방자치단체로서는 꿈도 꿀 수 없는 일인데 우리 인천에서는 이미 현실화되고 있었다. 여기다 인천은 오랫동안 항만, 곧 씨포트(sea-port)의 기능을 해온 도시였다. 그러한

항만의 기능은 시대가 바뀌면서 한반도의 운명을 좌우할 정도로 커지고 있었다. 예전에는 미국이나 일본이 주요 교역대상이었으므로 부산 등지의 남해 벨트 항만이 중심이었지만, 시대가 바뀌고 교역의 대상이 바뀌면서 인천으로 그 중심이 옮겨올 수밖에 없었다.

인천은 모든 중국 연안항구와 근접거리에 있었고, 중국과의 교역이 늘면서 물동량도 급격히 늘어났다. 이러한 황해의 패권을 유지하고 더 폭넓게 장악하기 위해서는 중심항만을 건설하는 일이 절실했다.

마지막으로, 하늘길과 바닷길을 뚫는 것보다 더 중요한 일은

중앙정부는 인천의 구상을 경청하지 않았다. 인천이 갖고 있는 지역의 한계였는지 모른다. 트라이포트 전략을 앞세운 최시장은 직접 대통령을 설득해 인천의 미래 구상을 실천해 나갔다. 1996년 1월 인천시 대상황실에서 열린 도시기본계획 설명회 자리에서 트라이포트 전략이라는 인천의 미래 청사진을 제시하고 있다. (1996.1)

국제금융, 국제무역, 정보통신 등 첨단기능을 담당할 국제적인 정보업무 센터, 즉 텔레포트를 건설하는 것이었다. 그렇다면 인천 어디에 그런 최첨단 도시를 건설할 것인가. 바로 송도였다. 송도 신도시의 핵심개념을 바꾸니, 수도권 인구집중을 발생시키지 않으면서 인천의 세계화 전략은 완벽해졌다.

이렇게 첨단정보화 기반시설의 중심지로 신도시 개념이 변화하면서 송도는 '베드타운'에서 더 나아가는 더 큰 명분을 갖게 됐다. 서울로 출퇴근하는 사람들이 잠만 자는 아파트촌 도시에서, 첨단정보화 기반시설을 갖춘 허브 도시가 된다면 인천으로서는 반드시 추진해야 하는 사업이 되는 것이었다. 이렇게 송도 신도시가 트라이포트 전략의 가장 핵심적인 빈 곳을 메워주는 포트가 되면서 동북아 중심도시, 나아가 세계 중심도시로의 도약이라는 인천의 비전은 더욱 선명해졌다.

이때만큼 마음을 쓰고 많은 사람들을 만나고 움직인 적도 없었다. 그리고 이때만큼 신이 나고 기운이 넘치고 활기찼던 적도 없었다. 밤늦게까지 회의하고 파김치가 되어 관사로 돌아가면 아침 일찍 다시 모여 인천의 거대한 전환을 가져올 계획에 대해 이야기했다. 우리 계획은 나날이 새로워지고 나날이 현실화되고 있었다. 이렇게 신나게 일을 하려고 그동안 긴 세월 민주화운동을 하며 쫓기고 잡히고 싸우며 살아왔던 것이구나 하고 생각했다. 유필우 정무부시장, 남기명 행정부시장, 윤석윤 도시계획국장, 이정호 경제청 기획과장, 정창섭, 박연수 기획관리실장, 신문식 건축과장 등이 송도 신도시 건설을 위해 오랫동안 나와 함께 뛰어준 사람들이다.

트라이포트 전략을 바탕으로 송도 신도시 개발 계획을 가져가자 건설교통부와 재정경제부 등 중앙부처들은 기다렸다는 듯이 반대했다. 기존의 신도시 개념과 다르다고 설득했지만 그 분명한 차이를 이해하지 못했다. 인구 집중을 유발하지 않는다는 설명도 믿지 않았다. 나는 이들을 설득하기 위해 발이 닳도록 부처 간을 오가며 뛰었다. 쉽지는 않았지만 명분과 대의가 있는 일이므로 물러설 생각은 없었다. 나중에는 '실세'임을 무기로 청와대로 들어가 김영삼 대통령에게 인천의 발전전략을 상세히 브리핑했다. 대통령은 설명을 신중히 들었다. 그리고 예견되는 문제들에 대해서도 되물었다.

"다른 신도시처럼 아파트를 지어 팔아 땅값 남기자고 꼼수를 쓰는 게 절대 아닙니다. 이건 차원이 다른 문제입니다. 바다 공유수면을 매립해 민간 건설업자에게 나눠주려는 것이 아니라, 인천의 세계화전략을 위해 인천시가 공적으로 사용하려는 것입니다. 송도 신도시는 지금 건설 중인 국제공항과 새로 건설될 신항만에 연계된 첨단정보 도시로 건설될 것입니다. 그렇게만 된다면 장차 아시아 금융의 중심, 나아가 세계 금융의 허브가 될 수 있습니다. 대통령께서도 각 광역시가 세계화 경쟁력을 갖춰야 한다고 누누이 강조하시지 않았습니까? 인천은 지금 그 경쟁력을 높이기 위해 노력하고 있습니다."

김영삼 대통령이 송도 신도시 문제를 긍정적으로 검토하라는 지시를 내리자 중앙부처는 마지못해 8월 초 착공허가를 내주었다. 그 후로 일은 빠르게 진행되었다. 한진건설, 성지건설, 현대산업개발, 대림건설 등 4개 건설회사가 사업자로 선정되었고 9월부터 본격적인 착공에 들어가게 되었다. 그렇게 해서 착공에 들어가던 날을 나는 내 인생에서 가장 가슴이 벅찬 시간으로 간직하고 있다. 송도 신도시가 그에 걸맞은 목적을 찾아가고 그것이 중앙정부의 협조 아래 현실화되기까지 얼마나 많은 밤을 새우고 관련된 사람들을 설득시키기 위해 애썼는지 모른다. 하지만 여기까지는 시작이었을 뿐이었다.

4

어디를 인천으로 품을 것인가

— 행정구역 개편

송도 신도시 문제와 맞물려 추진해야 할 과제가 바로 행정구역개편이었다. 그 당시 문민정부는 대대적인 행정체계개편에 착수하고 있었는데, 1995년에 서울, 인천, 부산, 대구, 광주 등 대도시들을 광역화하여 세계적인 도시들과 경쟁력을 갖추도록 하자는 취지에서였다. 우리 인천도 중앙정부에서 추진하는 광역화 사업에 적극적으로 참여하고 개입하기로 했다.

그 당시 인천은 광주, 대구, 대전, 부산 같은 다른 직할시 중에서 가장 땅이 좁은 도시였다. 서울은 점점 거대하고 화려해지는데, 인천은 어떻게든 기반을 쌓아 서울로 진출하기 위한 과정에서 잠시 머물다 가는 정거장 같은 도시였다. 지정학적으로 대단히 중요한 위치에 있고 역사도 깊으며 인구가 많음에도 불구하고, 도시브랜드 가치는 강원도 원주나 충청도 청주보다 못한 상태였다. 우리는 인천의 세계화전략을 수립함에 있어서 우선 인천의 면적을 넓히고 힘을 강화시켜야 한다는 데 초점을 모았다.

인천광역화를 검토한 시청 담당자들은 내게 이번 기회에 부천시, 시흥시, 안산시, 그리고 김포군, 강화군, 옹진군 등 6개 시군을 인천에 통합했으면 좋겠다고 건의했다. 좀 과하다 싶은 소망이었다. 내가 '실세 시장'이니 인천과 인접한 시와 군들을 모두 끌어왔으면 하는 것 같았다. 하지만 그런 마구잡이식의 통합을 추진해서는 곤란했다.

행정구역개편은 한쪽에서 일방적으로 통합하자고 해서 되

지금은 완벽한 신도시가 되어 있는 계산동 일대가 90년대 초반에는 허허벌판이었다. 적지 않은 인천의 주택건설업체들이 이 지역에서의 아파트 사업을 통해 일어섰고 공영개발로 추진된 이 사업의 결과가 송도 국제도시의 밑거름이 되었다. (1993년 인천 계산지구 택지개발사업 기공식)

는 게 아니라, 소속 도지사와 지방의회와 주민들의 동의를 얻어야 하는 일이다. 해당 지역들을 통합해서 인천의 일원으로 함께 가려면 그렇게 해서 함께 얻을 수 있는 청사진이 반드시 있어야 했다. 행정구역을 조정할 때 우리가 알아야 할 원칙은 광역화를 한다고 해서 면적만 부풀리는 게 능사는 아니라는 점이다. 각각의 시와 도의 발전전략에 따라 꼭 필요한 지역을 통합해야 한다. 경우에 따라서는 덩치를 줄여 강력한 응집력으로 대응해 나갈 수도 있다.

인천의 미래는 '동북아 중심도시'였다. 그렇다면 어느 지역이 필요한가. 나는 숙고했다. 인접한 시군을 상당수 통합하겠다고 나섰다가 경기도와 갈등만 커지면 아무 성과도 내지 못할 수가 있었다. 아니나 다를까, 이미 다른 지역에서는 이런 갈등과 분열이 드러나고 있었다. 대구시에서 경상북도의 많은 시군들을 통합하겠다고 나서자, 경상북도에서 분개하여 오히려 대구시 자체를 경상북도가 통합해버리겠다고 엄포를 놓았다. 부산시와 경상남도도 김해를 놓고 감정싸움을 했고 광주시와 전라남도도 마찬가지였다.

행정구역개편은 시장과 도지사가 합의한 뒤 지방의회의 동의를 거쳐 국회를 통과해야 되는 일이고, 필요하다면 주민투표도 거쳐야 했다. 그런데 막무가내의 땅따먹기 싸움으로 번지면서 지방의회나 주민투표 같은 것은 생각도 할 수 없는 지경이 되고 있었다.

1993년 6월 아직은 인천직할시 시대. 최기선 시장과 인천시 실·국장 간부공무원들의 원탁회의 모습이다. 인천을 한 번 제대로 만들어보자는 시장의 주도 아래 공무원들도 웃통을 벗어 젖혔다.

나는 '부천, 시흥, 안산, 김포, 강화, 옹진' 등의 6개 시군을 다 통합하겠다고 건의한 시청의 담당자들에게 다시 검토해보자고 제안했다.

"이런 방식의 통합은 어렵겠습니다. 일단 경기도에서 받아들이기 힘들 것입니다. 우리도 그렇게 덩치를 키울 필요가 없습니다. 꼭 통합해야 할 시군과 그렇지 않은 시군을, 인천의 발전전략과 연계해 다시 고민해 주십시오."

부천은 인구가 많긴 하지만 어떤 새로운 전략을 펼칠 수 있는 지역은 아니었다. 내가 국회의원을 역임한 지역이니 잘 알았다. 시흥도 땅은 넓지만 거의 다 그린벨트였다. 내게는 국회의원을 할 때 부천과 시흥을 통합시키려다가 실패한 경험이 있었다. 인구가 많은 부천과 땅이 넓은 시흥이 통합하면 서로 시너지 효과를 낼 수 있으리라는 판단에서였는데 시흥시 의회에서 반대했다. 그들은 내 지구당 사무실까지 찾아와 부천에서 시흥시를 뺏어가려 한다고 시위를 했고 나는 더 이상 추진하지 않았다. 부천과 시흥을 합치는 것도 그렇게 이해가 갈려 어려운데, 두 시를 모두 인천에 통합하는 것은 오죽하겠는가. 그런 논란을 일으키면서까지 인천이 그 도시들에서 얻을 수 있는 것이 없었다. 안산시의 경우는 경기도에서 아예 못 주겠다고 못을 박고 나섰고, 안산시도 인천과의 통합을 원하지 않았다.

만약 부천, 시흥, 안산시가 인천의 트라이포트 전략에 꼭 필요한 지역이었다면 총력을 다해 주민들을 설득하고 경기도 지사와 담판을 지었을 것이다. 하지만 3개 시는 인천에 통합되면 좋지만, 지정학적으로 꼭 그래야만 할 필요가 없는 지역이었다. 그런 지역을 걸고 괜히 경기도와 갈등을 빚을 필요는 없었다.

이윽고 숙고의 시간을 지나 우리는 부천, 시흥, 안산 3개 시는 빼고 강화, 옹진, 김포 3개 군만 통합하기로 내부결정을 봤다. 일반적인 시각에서 보면 다소 맥 빠진 통합이라고 평가할 수도 있을 결론이었다. 대부분의 시와 도가 핏대를 올리며 서로 차지하겠다고 싸우는 지역은 인구와 세수가 많은 지역이었다. 그런 시각에서 보면 3개 군보다는 3개 시가 더 통합하기 좋은 지역임에는 분명했다.

인천시에서 경기도 측에 3개 군 통합에만 합의해 달라고 요구하자 경기도에서는 의외라고 여기면서도 속으로는 반색을 했다. 강화, 옹진, 김포처럼 낙후된 지역을 통합하겠다고 나서 다니 인천시에서 뭘 모르고 어리석은 결정을 내렸다는 말까지 들렸다. 그래서 우리의 행정구역개편 과정은 아주 순조로웠다. 사실 강화, 옹진, 김포는 경기도로서는 귀찮은 존재이기도 했다. 인구도 많지 않고 지방세도 별로 나오지 않는데, 도로나 상수도, 가스 등 편의시설을 해달라는 요구는 끊이지 않았기 때문이다. 그렇게 해서 경기도와의 합의가 이루어지자 나는 비로소 동북아 중심도시를 위한 중요한 틀이 완성되었다는 생각에 안심했다.

강화, 옹진, 김포를 통합하려고 한 것은 인천의 발전전략상 바다를 장악하는 일이 대단히 중요했기 때문이었다. 역사적으

지금의 계양 지역은 1994년 당시 행정구역 개편으로 김포시 지역의 일부가 인천으로 편입된 지역이다. 1995년 계양구 상야동 일대 침수지역을 최시장이 방문하고 있다.(1995.8)

로 볼 때 바다를 장악한 자가 세계를 장악하지 않는가. 강화군은 인구가 많아봐야 6만 명 정도였고, 옹진군은 1만 4000명에 불과했지만 강화군은 땅이 넓고, 미래에 남북관계가 정상화되면 교통과 교역의 중심지가 될 수 있는 지역이었다.

옹진군은 100여 개의 섬으로 이루어졌는데, 북으로는 백령도부터 남으로는 울도까지 이어져 서해바다 대부분을 차지하고 있었다. 북한과의 NLL도 옹진군에 속했다. NLL은 평양 코앞까지 펼쳐져 있어 언제나 북한과의 갈등상황에 놓이는 지역이기도 했다. 서해로 나오려면 북쪽까지 올라갔다가 되돌아 내려와야 해서 북한에게는 눈엣가시 같은 지역이었다. 그만큼 옹진군은 안보상으로도 중요한 지역이었다. 이후 내 재임기간에 겪어야 했던 1999년과 2002년 두 번의 연평해전은 옹진군 지역이 한반도 평화와 대립 사이에서 얼마나 중요한 위치에 놓여 있는지 다시 한번 보여주는 비극적 사건이었다. 이러한 안보적인 측면 못지않게 옹진군을 통합하면 북쪽 NLL에서 충남에 이르는 넓은 바다를 인천이 장악하게 된다는 점도 아주 중요했다.

그 당시 행정구역개편은 내무부가 주관했고 내무장관은 최형우 장관이었다. 행정체계를 개편하는 문제가 워낙 복잡하고 거센 반발을 일으키기 쉬운 일이라, 김영삼 대통령은 뚝심과 추진력이 있는 최형우 씨를 내무장관으로 기용해 행정구역개편의 사령탑으로 삼았다. 행정구역개편의 취지는 서울을 비롯한 거점 도시들의 경쟁력을 키워 세계적인 도시들과 상대할 수 있는 힘을 갖추자는 데 있었는데 대구, 부산, 광주 등의 시와 경상북도, 경상남도, 전라남도 등의 도의 진흙탕 싸움은 계속됐다.

그러자 강골인 최형우 장관마저 기가 질려 행정구역개편을 신중하게 검토하겠다는 긴급발표까지 하기에 이르렀다. 당분간 행정구역개편 논의를 하지 않겠다는 말이었고 그러면 인천과 경기도처럼 원만하게 합의를 마친 지역도 개편을 하지 못하게 되는 것이었다. 코앞의 이익만 중시하는 시장과 도지사들의 근시안적인 욕심 때문에 중대한 국가적 사업이 틀어지게 생겼으니 안타깝고 개탄스러웠다.

나는 급히 달려가 최형우 장관을 만났다. 우리는 민주화운동 시절부터 기질이 통해 형, 동생 하는 사이였다. 최장관은 유신체제에서 투쟁하다 잡혀 들어가 고문도 심하게 당했지만 변함없이 꿋꿋하게 버티면서 투쟁을 이어왔다. 나는 그런 면을 믿었다.

"천하의 최형우가 이런 중요한 문제에서 물러서시면 됩니까?"

내가 말하자 최장관도 울분을 터뜨렸다.

"가슴이 답답해서 죽겠다. 이 나라가 어떻게 되려고 이러는가. 싸움이 끝이 안 나니 당분간의 추진은 안 되겠다."

"나라가 잘되자고 벌인 일 아닙니까? 세계경쟁체제에서 살아남으려면 지금 이대로의 행정체계로는 안됩니다. 국가 장래를 위해서 행정구역개편을 하겠다고 선언했으면 하늘이 두 쪽

강골인 최형우 내무부장관마저 기가 질려 행정구역개편에 신중한 입장을 표명하는 등 오락가락했고 최시장은 장관 설득에 나섰다. 상도동계의 만형 격인 최형우 장관이 인천을 방문해 최시장과 시 관계자를 격려하고 있다.(1994.4 숭의가든)

이 나도 끝까지 밀어붙여야지요. 지역 이기주의에 휘말려서 일을 보류하면 우리는 나중에 역사에 뭐라고 남겠습니까? 이보다 힘든 일이 얼마나 많았습니까? 어떻게든 다시 추진해봅시다."

최 장관과 나는 그 뒤 지역의 통합문제를 상세히 논의했고 합리적인 방식으로 설득하여 통합을 유도하기로 했다. 여기에는 마구잡이식으로 자기 지역 땅만 불리겠다는 식의 진흙탕 싸움에는 다소 거칠게 대응한다는 원칙도 있었다. 그렇게 잠시 숙고의 시간을 거쳐 최 장관은 다시 행정구역개편을 추진하기 시작했다. 시장과 도지사들은 정부의 강경한 모습에 태도를 바꾸기 시작했다. 많은 시군을 통합하려던 광역시장들은 합리적인 선에서 요구를 축소했고, 하나의 시군도 내줄 수 없다고 버티던 도지사들도 나름대로 최대한 양보하는 선에서 합의가 이루어졌다.

인천과 경기도는 이미 합의가 다 이루어진 상태였으므로 지방의회 통과를 위한 설득 작업에 나섰다. 원래 합의대로 진행되었다면 강화, 옹진, 김포 3군의 전 지역이 인천에 통합되어야 마땅했겠지만, 돌연한 사건이 일어나는 바람에 김포군에서 검단면만 인천에 통합되고 말았다. 그 당시 김포군 국회의원이었던 한 사람이 통합을 반대하고 나섰기 때문이었다.

그는 여덟 번을 출마했다가 낙선하고 아홉 번째 겨우 당선되어 국회의원 배지를 단 사람이었는데, 김포군이 인천시에 통합되면 김포군을 대표하는 국회의원으로 자기 위상이 떨어진다고 생각했는지 매일 군 의원들을 모아 여기에 반대하는 데모를 했다. 그 당시 행정구역개편이 무산될 뻔했다 다시 추진되면서, 최 장관과 지역 시장 및 도지사들이 합의한 대원칙은, 통합을 원하지 않는 지역은 억지로 통합하지 않는다는 것이었다. 김포지역 국회의원이 군 의원들을 모아 국회의사당까지 진출하여 반대시위를 벌이자 겉으로 보기에는 김포지역민 대부분이 반대하는 것처럼 보였다.

비록 김포가 내 고향이긴 하지만 그렇게 지역 국회의원이 나서서 반대를 하니 어쩔 수 없었다. 그래서 김포는 빼고 강화, 옹진만 통합하려고 하는데, 오히려 김포에서 제일 큰 검단면 주민들은 인천시에 통합되기를 원했다. 주민투표를 실시해서 통합에 찬성하는 주민들이 많아 김포군 중에서 검단면만 인천에 통합되었다.

이런 어려움 끝에 행정구역이 개편되어 95년 3월 1일부로 강화군, 옹진군 전역과 김포군 검단면이 인천시에 편입되어 현재의 인천광역시가 형성되었다. 1994년 9월 내 뒤를 이어 관선시장으로 취임한 이영래 시장이 이러한 행정구역 개편 과정을 마무리해주었다. 이로써 인천은, 이전 면적에서 3배 가까이 늘어나 광역시 가운데 가장 넓은 면적을 보유하게 되었다. 뭍으로는 수도권 전 지역으로 통하고, 해양으로는 중국을 비롯한 동남아시아 전체로 통하며, 하늘로는 전 대륙과 연결되는 세계적 도시의 면모를 갖춘 것이다.

행정구역개편의 의도는 인접한 다른 시나 도들과 경쟁하라는 것이 아니라, 각 도시의 특성을 살려 홍콩이나 싱가포르, 상하이 등 아시아의 도시들, 나아가 뉴욕, 런던, 암스테르담 등 세계도시들과 경쟁하자는 것이었다. 이러한 의도에 부합되는 행정구역개편은 그 당시 인천이 유일했다. 행정구역개편은 사적으로 자기 세력을 확장하는 일이 아님에도 불구하고, 대부분의 시도지사들은 근처의 땅과 인구를 흡수해 세금을 많이 걷고 재정적 부를 창출하겠다는 생각으로 임했다. 원래 정부에서 개편을 실시한 의도와는 전혀 들어맞지 않는 행동이었다.

행정구역개편이 끝난 후 인천에서 강화와 옹진의 지역적 가치를 높이는 전략을 발표할 때마다 놀라는 사람이 적지 않았다. 강화나 옹진은 바닷길을 내는 데 유리한 지정학적 장점 외에 관광지로서의 가치도 아주 높았다. 강화는 유서 깊은 역사 관광지로, 옹진은 해양 관광지로 개발할 여지가 많았다. 그런 개발의 밑그림들이 발표되자, 강화와 옹진은 세금 잡아먹는 골칫덩어리에서 황금알을 낳는 노다지 땅임이 증명되었다.

하지만 개편 이후에도 소란은 있었다. 강화에서 정체불명의 '반환추진 위원회'가 생기고 경기도에 다시 반환하라는 현수막이 걸린 것이다. 이미 도의회와 국회까지 통과해 법률적으로 인천에 통합되었는데 경기도에 다시 반환하라니 말이 안 되는 주장이었다.

인천이 공항과 항만을 갖춘 세계자본의 허브 도시로 부상하기 위해서 강화는 대단히 중요한 지역이었다. 옹진군 역시 난개발이 되지 않아 자연환경이 잘 보존되어 있는 천혜의 섬들이었다. 그와 같은 섬들은, 인천이 동북아 중심도시가 됨에 따라 금융, 무역 등 경제적인 중심뿐 아니라 관광과 여가 등 세계적인 레저관광의 중심이 될 가능성을 점칠 수 있는 장소들이었다. 그렇게 다양한 기능이 극대화 될 수 있는 지역을 미리 확보해 놓는다는 것은 인천으로서 매우 중요한 일이었다. 우리가 부천, 안산, 시흥 등 세수가 많은 지역의 달콤한 유혹도 뿌리치고 양보를 한 데는 이유가 있었던 것이다.

뒤늦게 강화와 옹진의 가치를 깨달은 경기도에서는 후회했다. 행정구역개편 이후 경기도는 바다로 진출할 통로가 안산 쪽에 약간 열려 있는 것만 빼면 꽉 막혔으니 더욱 그럴 것이었다. 나는 사태가 이렇게 되었으니 경기도로서는 내륙 쪽으로 뻗어나갈 비전을 마련하는 것이 더 옳다고 생각했다. 강화를 돌려달라고 뒤에서 부추기는 대신, 통일시대를 대비한 도로나 철도 건설을 통해, 북한뿐만 아니라 러시아, 중국을 거쳐 유럽에 이르는 육로를 개척하는 원대한 전략 같은 것 말이다. 아무튼 이렇게 하여 인천의 광역화 문제는 큰 매듭이 지어졌다. 우리로서는 하나도 잃지 않고 모두를 얻은 상황이었다. 트라이포트 전략을 실현해나가는 데 굉장한 추진력을 얻게 되었다.

행정구역개편에서 알 수 있듯 전략이라는 것은 결코 탁상공론의 결과가 아니다. 목표를 향해 한발 한발 나아갈 수 있게 해주는 가장 정확하고 효율적인 지도다. 만일 동북아 중심도시라는 비전이 없었다면, 인천이 행정구역개편에서 어떤 태도로 임했을까? 다른 시도들처럼 인구가 많고 세수가 큰 지역만을 탐하느라 3개 시를 놓고 경기도와 무리한 싸움을 벌였을 것이고, 강화나 옹진 같은 지역은 편입할 생각조차 하지 않았을 것이다. 송도 신도시 문제도 다르지 않았다. 동북아 중심도시, 세계자본의 허브 도시라는 미래의 전략이 없었다면 아마 송도 신도시 문제는 어떤 진척도 없이 그대로 폐기되고 말았을 터이지만, 우리에게는 전략이 있었고 실행할 수 있는 조직력이 있었기에 꿋꿋이 추진해 나갈 수 있었던 것이다.

2부

지방자치, 그 첫 걸음의 기록

인천시장으로 부임했을 때
나는 관료가 아니라 정치인으로서 왔다.
정해진 자리에서 주어진 업무만 충실히 한다면
그것은 행정 관료로서는 옳은 태도일지 모르나
정치인으로서는 옳지 않은 태도다,

최기선 시장 캠프의 주역들.
왼쪽이 최창렬 보좌관, 오른쪽이 변호득 비서관.
이들을 포함한 측근 동지들은 변함 없이 최기선 시장을 보좌해
그의 인천시장 10년을 지탱하게 한 원동력이었다.

5

민선시장이 되어 돌아오다

송도 신도시 조성 기공식을 하기 전인 1994년 9월 5일 인천에 작은 사건이 일어났다. 북구청의 여직원이 세무영수증을 위조해 세금을 횡령하다 적발된 사건이었는데 겉으로는 사소한 비리사건으로 보였지만 파헤쳐보니 그렇지 않았다. 북구청 세무담당 공무원들은 조직적으로 직원들과 공모하여 수납도장을 위조하는 등의 과감한 수법으로 거액의 세금을 횡령해왔던 것이었다.

기공식을 성공적으로 마치고 이틀 뒤 나는 사건의 전모를 알게 되었다. 언론에서는 이 사건에 대해 연일 보도했고 인천 시민뿐 아니라 온국민이 충격에 빠졌다. 하다못해 공무원들이 뇌물을 먹고 세금을 좀 깎아준 것도 아니고, 아예 수십억원의 혈세를 통째로 빼돌려 나눠 먹으면서 그 돈으로 땅도 사고 집도 사고 축재를 했다니. 물론 그런 비리들은 과거의 부패한 독재 정권시절에 그 뿌리를 두고 있는 것이었고 출범한 지 얼마 되지 않는 문민정부가 전적으로 책임질 일은 아니었다. 나는 북구청 세무사건의 검찰수사와는 별도로 인천시에서도 세무 전 분야에 대한 집중감사를 한 점의 의혹도 없이 철저히 실시하라고 지시했다.

하지만 관련 세무직원들만 구속하고 끝내기에는 충분하지 않았다. 국가적인 차원에서 정부가 국민들에게 사과하고 차후에 이런 비리가 발생하지 않도록 정치적인 책임을 져야 한다는 의견이 대두되었다. 나는 그 의견이 옳다고 생각했고 그 책임을 바로 내가 져야 한다고 생각했다.

인천시장으로 부임했을 때 나는 관료가 아니라 정치인으로서 왔다. 정해진 자리에서 주어진 업무만 충실히 한다면 그것은 행정 관료로서는 옳은 태도일지 모르나 정치인으로서는 옳지 않은 태도다. 정치인은 자신과 연루되지 않은 일이라 할지라도 도의적인 책임을 질 줄 알아야 했다. 북구청 세금비리 사건은 대통령이 나서서 책임 질 일도 아니고 국무총리가 나서서 사과할 일이 아니었다. 인천시장인 내가 책임 지고 물러나야 하는 일이었다. 그래서 당시 대통령 비서실장이었던 박관용 비서실장을 서울에서 만났다. 그 사건으로 대통령도 크게 분노하고 있으며 박관용 비서실장도 걱정하고 있었다고 말했다. 나는 세무 비리를 저지른 지방직 간부 및 공무원들만 처벌하는 것으

1994년 9월 19일, 임명제 시장직을 수행하던 최기선 시장은 북구청 세무비리 사건에 대한 정치적 책임을 지고 사퇴했다. 최시장을 믿고 목소리를 내보려던 인천시 공무원들은 이임행사에서 박수를 치긴 했으나 아쉬움에 눈물로 그를 보냈다. (1994.9)

로 끝날 것이 아니라 정부가 정치적 도의적인 책임을 져야 한다고 말했다. 정부의 대표는 대통령, 국무총리 그리고 지방의 시·도지사이며 물론 재임시도 아니고 행정적 법적 관계가 전혀 없지만 국민에 대한 정치적·도의적 책임을 지고 물러나겠다고 박관용 비서실장에게 말했다.

1994년 9월 19일, 송도 신도시 조성 기공식을 거행한 지 딱 일주일 만에 퇴임식을 했다. 퇴임연설을 하면서 나와 법적·행정적으로 무관하지만 도의적으로 책임을 지겠다고 말했다. 정치인과 공직자의 책임과 윤리에 대해 얘기했다. 그저 일반적인 얘기를 했을 뿐인데도 퇴임식장은 온통 울음바다가 되었고 나는 내가 인천에서 이루고자 했던 많은 일들은 생각하며 침통해졌다. 시청 앞에서부터 도로까지 나와 전송하던 공무원들을 지금도 잊지 못한다. 나는 인천시 공무원들을 지금도 정의롭고 용기 있고 신념을 존중하는 공직 사회 일원이라고 생각한다. 그리고 그러한 이들이 앞으로 인천의 동북아 시대를 이끌 것이다.

인천시장직에서 물러난 뒤 김영삼 대통령은 내게 경기도지사 자리를 권했다. 그 당시나 지금이나 경기도는 대권주자로 급부상할 수 있는, 정치인으로서는 아주 상징적인 자리였다. 하지만 나는 사양했다. 인천으로 돌아가야 했기 때문이었다. 트라이포트 전략을 중심으로 겨우 기틀을 잡아놓은 송도 신도시 건설 문제는 누구도 아닌 바로 내가 해야 하는 일이었다.

결국 경기도지사 후보에는 이인제 의원이 내정되었고 당선되었다. 이런 나의 선택에 대해 아쉬움을 표하는 사람들도 있지만 나는 단 한번도 후회한 적이 없다. 나의 목표는 정치인으로서 더 많은 권력을 갖겠다는 것이 아니라 내가 옳다고 하는 것을 지키고 그것이 실현되는 가운데 느끼는 보람과 자부심에 있기 때문이었다. 인천으로 가야 한다. 나는 민선 지방자치 시대가 열리는 때를 기다리며 겨울을 견뎠다.

우리나라 최초의 지방자치선거를 앞두고 있던 1995년 봄. 박창화 교수를 비롯한 여러 인천의 학자들이 내 선거를 돕기 위해 합류해주었다. 이미 관선시장을 하면서 인천이 추진해야 할 사업들에 대해서 선명히 인식하고 있던 터라 선거공약을 준비하는 데는 아무런 어려움이 없었다.

1995년 첫 민선시장 선거에서 최기선은 퇴임 열달 만에 인천시장으로 복귀했다. 당시 김영삼 대통령 차기 대권후보로 꼽힐 수 있는 경기도지사 자리를 권했으나 인천에 대한 확신과 애정으로 제안을 거절했다. 그해 7월 1일 인천종합문예회관에서 첫 민선시장의 취임식이 열렸다.

우리 공약의 가장 큰 기준은 실현할 수 있어야 한다는 것이었다. 말만 하고 행하지 않는 것은 내 자신이 허락할 수 없는 일이었다. 우리는 향후 20년 동안 유효한 공약을 만들기로 했고 아무리 오래 걸려도 임기 말까지 시작은 할 수 있는 공약을 만들기로 했다. 그리고 공약을 설명할 때는 그것에 투입되는 20억 원 이상의 재원은 반드시 공개하기로 했다. 시장은 시민이 선출하지만 사실 시민이 행정의 속속들이를 그 짧은 선거운동 기간에 파악하기란 쉽지 않다. 그래서 선거전략을 짜는 사람들 중에는 실체 없이 과장만 되어있는, 단지 당선을 위한 공약을 내세우기도 한다. 선정적인 이슈들이 난무하고 지킬 수 없는 약속들이 축포처럼 여기저기서 터져 나온다.

나는 그런 것들이 싫었다. 야당에서는 경인전철과 수인선 지하화를 들고 나왔지만 그 당시로서는 실현 가능하지 않다고 보았기에 공약에 넣지 않았다. 그렇게 142개의 공약이 탄생했고 그 공약들은 모두 실현되었다. 당선이 된 뒤 내 공약들은 시청 직원들에게 전달되었고 직원들은 고맙게도 그것을 실현해주기 위해 뛰었다. 공약과 관련 있는 사업이 있으면 '시장님 공약 사항'이라는 라벨을 달아 특별히 관리했다는 말이 들렸다. 그런 도움이 없었다면 공약을 모두 실현하기란 쉽지 않았을 것이다.

41퍼센트의 지지를 얻어 민선 1기 시장으로 인천에 돌아왔을 때의 감격을 잊지 못한다. 그 사이 나는 아내의 죽음이라는 개인적인 불행을 겪었고 사실 그 고통에서 채 벗어나지 못한 상황이었다. 중구의 시장 관사(2000년에 시민에게 환원)로 돌아와 민선시장으로서의 내일을 준비하던 밤들은 내 앞길에 놓인 일들은 반드시 이루겠다는 결심과 그 무거운 책임감에서 오는 고독이 공존하는 시간들이었다. 낮에는 시청으로, 국회로, 청와대로, 다시 시민의 곁으로 돌아오다가도 밤이 되면 적막한 관사로 돌아와 문득 멈춰져버린 듯한 시간 속에서 하루를 돌아보곤 했다. 모든 일이 순리대로 되고 있는가 자문했다. 정의롭게 하고 있는가. 인간의 존엄함을 위해 일하고 있는가.

그렇게 혼자서 자문하며 보낸 시간들이 아니라면 현실의 차가운 세파 속에서 강직함을 지키기란 쉽지 않았을 것이다. 1990년대 한국은 아주 드라마틱한 역사적 전환을 맞고 있었다. 그 시기는 우리나라에서 지방자치가 처음으로 시작되고 세계화의 물결이 밀려올 때였다. 낡은 것이 가고 새로운 것이 오기 시작했으며 재건과 해체가 동시에 이루어져야 하는 시기였다.

우리는 선인학원의 사학재단을 해체해 시립화해야 했고 인천의 미래를 위한 새로운 영토를 마련하고 제 기능을 하지 못하는 구도심 곳곳을 재건해야 했다. 그러한 1990년대의 상황은 내 개인사와도 맥락을 같이하고 있었다. 그러므로 그렇게 사력을 다해 일할 수 있었다. 추진사업들이 한 고비를 넘으면 그 힘으로 내 인생에도 더 큰 동력을 불어넣을 수 있었다. 어쩌면 그 시기는 내게도 재건과 해체가 필요한 시기였는지도 모른다.

6

30대가 기획하고 40대가 실현하는 젊은 도시

1995년 7월 인천민선시장으로 취임하면서 인천이 가장 역점을 두고 있는 송도 정보화 신도시, 항만의 확충, 국제공항 같은 트라이포트 전략을 제대로 추진하기 위해서는 새로운 조직이 필요하다고 판단했다. 공항은 중앙정부가, 항만은 해양수산부가, 송도 신도시는 인천시가 주관 부서를 맡고 있는 상황은 이러한 거대한 사업에 있어서는 전혀 도움이 되지 않았다. 전체적인 시각으로 점검하고 조화를 이끌어낼 수 있는 조직과 인력이 요구되었던 것이다. 그리고 그러한 시스템은 중앙정부가 아니라 바로 인천시 내부에서 키우고 갖춰야 했다. 앞에서도 말했듯 중앙정부 내에서는 이 사업을 반대하는 부처들이 많았으므로 자연스러운 협조를 기대하는 것도 어려웠다.

관계 부처 장관 중 건설교통부의 오명 장관은 그래도 인천의

민선시장이 되자 책임감과 사명감은 더해졌다. 최시장은 힘과 활기가 넘쳤다. 그것은 시민들의 꿈과 열정으로부터 비롯된 것이었다. 최시장과 초대 민선 군수· 구청장들이 함께 모여 인천시청 현관 계단에서 기념 촬영을 했다.(1995. 7)

미래에 대한 나의 구상에 많은 관심을 보여준 사람이었다. 오명 장관은 인천시의 구상과 송도 신도시의 위상에 대한 이야기를 듣고 나서 인천국제공항 쪽에 홍콩 같은 자유도시를 만들어서 세계화기지로 삼으면 어떻겠느냐는 의견을 피력하기도 했다. 하지만 건설교통부 장관이 그런 의견을 피력해도 다른 부처나 학계에서 제동을 걸기 일쑤였다.

사업을 추진할 때 어떤 문제제기가 나오는 것은 당연하고 필요한 일이다. 하지만 그러한 문제제기가 토론을 거쳐 합리적인 방안의 도출로 나오기보다는 앞장선 누군가의 발목을 잡는 식의 방해가 되는 경우가 많은데, 그 당시 우리 인천시에서 추진하는 사업들이 그런 상황에 놓이곤 했다. 할 수 없이 오명 장관은 민선시장으로 부임한 나에게 책임을 맡겼다.

"최시장이 앞장서서 강력하게 밀고 나가시오. 내가 뒤에서 힘닿는 대로 밀어주겠소."

관선시장으로 일을 추진할 때보다 민선시장의 입장이 되자 책임감과 사명감은 더해졌다. 시장 선거를 하면서 만났던 인천 시민들의 열망과 꿈에 전염된 힘과 활기가 내게는 있었다. 시민의 선택을 받았다는 것은 내가 그려가고 싶은 인천의 미래에 대한 동의를 얻었다는 것이었다. 그런 동의를 얻은 이상 반드시 실현해야 했다. 그리고 그러한 실현을 위해 함께 뛸 사람들

1995년 6월 선거로 당선된 첫 민선 시·도지사들이 청와대에서 모여 김영삼 대통령과 기념촬영을 했다. YS 좌우측으로 조순 전 서울시장과 문정수 부산시장이 있고 뒷줄 좌우측으로 최시장과 이인제 전 경기지사가 서 있다.

최시장이 덕적도 자월도를 방문해서 섬주민과 이야기를 나누고 있다. 경기만 전체를 인천 앞바다로 끌어들여야 인천이 산다고 주장했던 최시장이었기에 섬과 바다 사랑은 각별했다.(1997.3)

을 모아 그들이 자신의 능력을 펼칠 수 있도록 판을 만들어주어야 했다.

원래 각 시도에는 내무부, 재정경제부(현 기획재정부), 건설부, 환경부 등과 연계되는 기본적인 기구들이 조직되어 있다. 그러나 이런 기본 기구만으로 일을 해나가는 데는 한계가 있었다. 인원도 인원이지만, 그 업무나 조직이 틀에 박혀 있어, 새롭고 창의적인 사업을 추진하기에 적합하지 않기 때문이다. 그래서 새로운 전략사업을 추진할 태스크포스 팀을 만들기 위해, 유사한 부서들을 통폐합하여 여유 직제를 만든 다음 그 자리에 '종합개발사업 기획단'을 창설했다. '국'도 아니고 '부'도 아니고, 굳이 '기획단'이라 하고 그 책임자를 '단장'이라 명명한 까닭은 그 막대한 책임과 중요성을 부각시키기 위해서였다.

종합개발사업 기획단은 네 개의 '부'로 나누어, 제1부는 송도 신도시 개발을, 제2부는 영종, 용유도 사업을, 제3부는 서북부 지역인 청라, 검단 사업을, 제4부는 앞의 세 부를 종합적으로 지원하는 업무를 담당하도록 했다. 예를 들어 당시 중앙정부에서 건설 중이던 신공항과 관련된 문제가 발생하면 영종도에 건설 중인 신공항 관련 제반 업무와 용유도 관광개발사업을 담당하는 제2부가 나서서 일을 해결하는 식이었다.

송도 신도시 건설을 맡은 종합개발사업 기획단 제1부 공무원들은 3~40대 젊은 엘리트들이었다. 그때 나도 40대 후반의 시장으로 젊다면 젊은 나이였다. 시의 국장 중에는 나보다 열 살 이상 많은 사람들이 있을 정도였다. 그래서 그 무렵 인천을 두고 30대가 기획하고 40대 시장이 실현해가는 젊은 도시라고들 일컫기도 했다. 나이가 많은 분들은 오랜 행정경험을 활용하라는 뜻에서 대민 접촉이 잦은 부서나 구청 등의 자리로 보내고 발 빠르게 전략적 사업을 추진해야 하는 종합개발사업 기획단의 핵심적인 자리에는 자타가 공인하는 젊은 실력자들을 배치했다. 적재적소, 조직의 수장으로서 인사를 할 때 이것만큼 명확한 기준은 없다. 각 인재들을 자기 역량에 맞는 자리에 둘 때 모든 조직의 효율성은 배가된다.

이렇게 팀을 꾸려서 일을 추진하니, 힘들어도 젊은 공무원들은 종합개발사업 기획단으로 오기를 원했다. 내가 퇴근한 후에도 시청의 송도 팀은 밤 12시까지 남아 일하고, 그것도 모자라 일거리를 집에 가져가서 하지 않으면 안 되는 상황이었다. 당시 기획관이었던 모과장은 나중에 나를 만난 자리에서 그 당시 5일간 잠을 못자고 일한 적도 있다며 고백하기도 했다. 나는 그런 직원들의 노고가 안타까우면서도 하나씩 완성되어 올라오는 계획안들을 보고는 한없이 고맙고 자랑스러웠다.

송도 신도시를 어떻게 만들 것인가. 기본 설계는 어떻게 하고, 어떤 기업을 끌어들일 것인가. 첨단 기능도시가 되려면 어떤 점을 중점적으로 추진해야 하는가. 그것은 이미 국내에 존재하는 어떤 도시가 아니라 새롭게 발견되어야 하는 도시였다.

최시장이 1997년 3월 송도 신도시 물막이 공사를 완공하면서 MBC 정연국기자와 인터뷰하고 있다. 송도 신도시 추진사업 등은 30대 공무원들이 기획하고 40대 시장이 실현해가는 일이라고들 했다. 그만큼 인천은 젊은 도시였다. (1997.3)

당연히 더 선진화된 국가로 내보내 보고 느끼게 해주어야 했다. 이를 위해 단장과 부장 그리고 담당자들은 싱가포르, 뉴욕, 암스테르담 등 세계적인 허브 도시들을 방문하여, 도시의 설계부터 환경문제에 이르기까지 선진국의 노하우를 배웠다. 이러한 팀제로 운영한 '종합개발사업 기획단'의 효과는 커서 우리와 접촉해본 국내외 기업인들은 다들 놀랐다. 공무원이 아니라 비즈니스맨 같다는 얘기였다.

이런 칭찬들은 기존의 공직사회에 대한 비판이자 변화에 대한 격려이기도 했다. 종합개발사업 기획단 운영에서 중요한 것은 논쟁과 토론이었다. 경직된 공무원 사회에서 논쟁과 토론이 주요 운영 원리로 적용된 것은 거의 최초의 사례일 것이었다. 합리적인 결과를 도출하기 위해서라면 토론의 대상은 시장을 포함한 나나, 외부의 기관들 그리고 중앙 정부까지 한계가 없었다. 젊은 인재들이었고 진취적인 자세를 띠고 있었으며 변화를 열망했다. 특히 그 당시 공영개발사업단과 벌였던 논쟁은 송도 신도시의 목표와 성격을 더 세밀하게 다듬을 수 있는, 역사적 논쟁이었다.

공영개발사업은 새로운 부지에 주택지와 상업지를 만들어 매각하는 수익사업이었다. 그 당시 인천시는 계산택지개발을 비롯하여 대대적인 공영개발사업을 벌이고 있었고 상당히 거대하고 광범위한 규모였다. 이 공영개발사업단과 종합개발사업기획단이 송도 신도시 문제를 놓고 일대 논쟁을 벌이게 되었다. 공영개발사업단에서는 신도시 건설이 어디까지나 수익사업이니 고밀화, 또는 가급적이면 땅값이 많이 나가는 계획을 세워야 한다고 주장했다.

하지만 종합개발사업기획단은 거시적인 관점에서 송도 신도시를 분당이나 일산처럼 아파트를 짓기 위해 건설업자에게 땅을 비싸게 파는 것이 아니라, 땅값으로 돈을 벌지 말고, 세계적인 첨단기업이 들어오도록 하기 위해서 땅을 저렴하게 제공하되 거기에 들어오는 국제무역, 통신, 금융, 정보 등의 고기능 산업을 유치해 장기적으로 돈을 벌게 하는 전략으로 대처하자는 의견을 제시했다. 같은 수익사업을 벌이는 일에도 각 팀에서는 저마다의 명분을 걸고 치열하게 논쟁하고 토론했다. 그러한 과정에서 계획은 더 발전하고 생산성을 갖춰 갔다.

나는 이러한 논쟁을 장려했다. 자신의 신념을 위해 일상의 아주 작은 단위에서 공적인 영역까지 무언가를 지키기 위해 열정적으로 싸워나가는 사람을 지켜보는 것은 언제나 내가 보고 싶은 장면이었다. 그렇게 해서 내 생각과 사상이 틀이 깨어져 나가는 것, 또는 비판에 대처해나가면서 더더욱 굳건해 나가는 과정을 나는 오랫동안 학습해왔다. 행정가가 되어서도 그러한 현장에 놓여 있는 것은 더할 나위 없이 기쁜 일이었다.

나는 개인의 힘을 믿고 조직의 힘을 믿으며 그것이 공동체의 변화를 이끌어낸다는 것을 정치인생뿐 아니라 행정 현장에서도 확인한 아주 행복한 사람이었다. 왜냐면 민주화 투쟁의 경험과 행정가로서의 신념이 상충되지 않고 서로 맞물려들어가면서 최대의 성과를 얻게 되는 과정을 경험할 수 있었기 때문이었다.

이렇게 인천시에서 단련한 젊은 인력들은 나중에 요직에 발탁되어 중앙정부까지 진출했다. 그 무렵 중앙정부에서도 인천시 공무원들을 배워야 한다는 소리가 심심치 않게 나올 정도였으니 당연한 결과였다.

그런 노력의 결실이 하나하나 훌륭한 기획안이나 보고서로 차곡차곡 축적되어, 신도시의 기본계획과 구체적인 건설 방안, 마스터플랜 등이 탄생했다. 송도 신도시 건설의 상세한 계획이나 절차 등은 그때 열정적으로 일해주었던 시청의 공무원들에게서 나온 것이다. 그때의 종합개발사업 기획단의 제1부, 제2부, 제3부가 지금의 '경제자유구역청'이 되어있다. 그러니까 결국 우리가 처음 창설한 본부의 형태가 중앙정부의 경제자유구역 승인을 받아, 지금까지 중단 없이 트라이포트 전략사업을 추진하고 있는 것이다.

기획안이 만들어져 보고가 올라오면, 나는 그 안건에 대해 질문하고 담당자의 답변을 듣고 같이 머리를 맞대고 토론했다. 내가 시장이라고 해서 절대 지시자의 입장에 서지 않았다. 시장인 내가 '결심'을 하는 방식이 아니라, 그 안건을 입안한 담당자가 최종적으로 결심을 하고 자신의 책임 하에 일을 추진해나가는 방식으로 모든 사업이 진행되었다.

7

송도 신도시를 세일즈하다

정치가와 행정가 중에서 어떤 삶이 중요했느냐는 질문을 받을 때가 있다. 물론 정치와 행정, 그 둘은 분리될 수 있는 것이 전혀 아니다. 행정가에게도 정치적 능력이 필요하며 정치가도 행정을 모르고는 정치적 역량을 발휘할 수가 없기 때문이다.

행정은 넓은 의미의 정치과정이다. 행정조직의 상부로 올라갈수록 행정은 정치와의 관계가 더욱 가까워져 결국 정치와 같은 맥락으로 전개된다. 나는 시장직을 맡아 해나가면서 정치인으로서의 행정가의 역할을 충실히 해나갔다. 그 당시 인천의 상황이 그러한 능력을 요구하고 있었다. 김영삼 대통령의 최측근 정치인이었던 내가 인천시장이 된 데에는 인천 시민들의 그런 열망이 반영되어 있었다.

송도 신도시를 건설하기 위해서는 막대한 자금이 필요했다.

그동안 인천시가 택지개발사업을 통해 축적해놓은 3천억 원의 예산이 있었지만, 송도와 같은 큰 사업을 진행하기에는 역부족이었다. 매립건설을 해나갈수록 돈이 턱없이 모자랐다. 그래서 매립을 담당한 4개 건설사들에도 공사대금을 반은 땅으로 주고 반은 돈으로 주는 조건으로 계약을 체결했다. 아울러 땅을 매립하는 공사와 땅에 대한 분양을 동시에 진행했다. 그렇게라도 해서 기업의 투자를 유치하지 않으면, 정부 지원도 없이 인천시의 예산만으로는 그 거대한 사업을 계속해 나갈 수 없었다.

1단계에서는 '테크노파크'를 분양했다. 주로 IT나 바이오 같은 첨단산업 시설과 연구시설들을 유치하기 위한 분양이었다. 트라이포트 전략의 핵심이 텔레포트이므로, 분양 대상 기업들도 건설업체나 굴뚝산업은 들어올 수 없도록 못박았다. 대신 인천시가 땅을 조성해서 조성원가의 70%에 분양하겠다고 선언했다. 매립과 도로, 상하수도 시설 등을 포함하여 조성원가가 70만 원 정도 들었는데, 49만원에 준다는 좋은 조건이었다. 당시 수도권에 49만원짜리 땅은 어디에도 없었다.

여기다 외국의 첨단기업은 무상으로 입주할 수 있도록 했다. 바다를 매립하기 때문에 땅은 모두 인천시 소유였다. 무상으로 줄 수도 있고 저렴하게 줄 수도 있었다. 대신 기업이 들어오면 사람들이 들어오고 세수가 늘며 그 일자리는 인천의 모든 시민들이 나누게 될 것이었다.

그렇게 해서 처음에 나를 찾아왔던 사람이 셀트리온의 서정

미국 투자회사 게일의 송도 투자 유치는 IMF 극복에 필요한 대규모 외국자본이 유입된다는 측면에서 한국의 국가 신용도를 높이는 데도 기여해 한국의 중앙 정부도 깜짝 놀란 사건이었다. 최시장이 미국 투자회사 게일사 관계자들과 송도 개발에 대해 논의를 하고 있다.(2002.5)

진 회장이었다. 서정진 회장이 찾아와 첨단산업인 바이오업체를 만들겠다고 했을 때 그는 이제 막 회사를 시작하기 위해 바쁘게 뛰고 있었다. 미국의 투자를 받을 예정이고 회사를 송도에 세우고 싶다고 해서 외국인 투자가 가능하면 땅을 무상으로 사용할 수 있다고 알려주었다. 3만평에 달하는 땅이었다. 회사를 창업하느라 만만치 않은 자금을 모아야 했던 서정진 회장으로서는 아주 단비 같은 소식이었을 것이다. 하지만 서정진 회장은 송도 땅을 구입하겠다고 나섰다. 내가 그 이유에 대해서 묻자 이렇게 답했다.

"땅을 무상으로 받아서 하면 혜택을 보지만 소유권이 없지 않습니까. 하지만 송도의 가치는 앞으로도 높아질 것이니 지금 돈이 들더라도 당연히 사야지요."

그렇게 해서 셀트리온은 송도에 바이오공장을 세웠고 회사는 지금 제약업계 주식가치 1위에 달할 정도로 엄청나게 큰 회사가 되어있다. 이후로도 셀트리온은 송도에 공장 부지를 늘려가 지금은 5만여 평에 이르는 땅을 소유하고 있다. 송도 발전에 대한 혜안을 가진 이들이 지금처럼 성장해 세계적인 회사를 한국에, 우리 인천에 세워놓은 것은 언제나 보람 있는 일이다. 그렇게 송도에서 시작해 송도에서 발전한 회사들은 송도 신도시에 대한 그 당시 우리 인천의 선택이 옳았다는 것을 보여주는 증거다.

하지만 당시에 삼성이나 현대와 같은 대기업들은 송도를 거들떠보지 않았다. 우리의 계획처럼 첨단도시가 될지 그 가능성이 불투명하다는 이유에서였다. 사실 대기업들은 인천시에서 추진하는 사업에 대체로 관심이 없었다. 서울 땅 아니면 눈도 돌리려 하지 않는 우리 기업들의 근시안적인 태도가 안타까울 수밖에 없었다. 그러나 인천의 중소기업들은 대거 분양을 신청해왔고 인천시에서는 학자와 전문가들로 심사위원회를 꾸려 공정히 심사했다. 첨단업종에다 발전 가능성이 있는 업체들로 선정하여 1차 분양을 마쳤다.

2000년에 진행된 2단계 분양은 조성원가 100%인 70만원 전액을 받고 분양했다. 특혜는 한번으로 충분했기 때문이었다.

중소 첨단업체들과 '생물산업기술실용화센터' 같은 산업자원부 산하의 중앙부처 연구소들이 입주를 시작하면서, 송도 신도시는 대기업들이 참여하지 않아도 테크노파크가 형성될 수 있다는 가능성을 보여준 최초의 도시가 되었다.

이런 분양과는 별개로, 1996년 즈음에, 송도 신도시에 미국의 실리콘밸리와 흡사한 미디어밸리 건설을 추진하려는 시도가 있었다. 정보와 IT계열의 벤처기업들로 이루어진 미디어단지 추진위원회가 송도 신도시에 첨단산업단지를 만들고 싶다 해서 많은 기업들이 동참했다. 그런데 개중에 토지 개발권을 획득해서 부동산 개발을 하려는 의도를 가진 사람들이 있었던 게 문제였다. 나중에 불신이 생겨 내분이 일어나면서 미디어밸리 사업은 무산됐다. 나는 이것을 참으로 안타깝게 생각했다.

미디어밸리사업은 인천뿐만 아니라 국가의 경제발전을 위해 대단히 중요한 사업이었다. 미국이 80~90년대 초의 불황에서 벗어난 것이 실리콘밸리의 힘이었듯이, 미디어밸리 역시 부가가치가 높고 국가경제에 미치는 파급효과가 대단히 큰 사업이었다. 소프트웨어를 개발해서 모든 분야의 정보화를 통하여 경쟁력을 급속히 강화하고 첨단기술을 신속히 이전시킬 수 있는 미래산업이었던 것이다.

세계의 허브 도시를 건설한다는 데도, 베드타운을 짓는 것으로 오인하고 덤벼드는 투기꾼들 때문에 중요한 사업이 수포로 돌아갔다. 아무리 예산이 부족하더라도 송도 신도시는 이런 목적의 개발업자들을 철저히 배제해야 했고 내 재임기간 동안에는 그렇게 하려고 노력했지만 완벽하지는 못했기에 미디어밸리는 미완의 계획으로 남았다.

8

IMF 외환위기를 넘어

순조롭게 진행되던 송도 신도시의 매립과 분양에 제동이 걸린 것은 IMF 외환위기가 닥쳐오면서부터였다. 원래 들어오겠다고 했던 기업들이 자금난으로 땅값을 내지 못해 입주를 못하는 경우도 많았고, 투자하겠다던 기업들이 투자를 철회하는 일도 속출했다. 매립공사를 진행하던 건설사들도 인천시로 달려와 아우성을 쳤다.

"자금이 돌지 않습니다. 건설비 명목으로 준 땅을 돌려줄 테니 제발 돈으로 계산해주십시오."

사정은 딱하지만 인천시도 그럴 만한 돈이 없었다. 돈줄이 막혀 모두들 동동거리며 자금을 구하러 뛰던 숨 막히는 시절이었다. 그러나 송도 신도시 건설 사업에 가장 큰 타격이 된 사건은, 인천 경제를 뒷받침하고 있던 대우그룹의 몰락이었다. 국내 대기업들이 송도를 거들떠보지 않을 때에도 대우는 예외였다. 대우자동차 본사가 인천에 있기도 했지만, 김우중 회장은 원래 송도 신도시 계획단계부터 각별한 관심을 보였다. 김우중 회장과 나는, 인천시장으로 오기 전인 국회의원 시절부터 친분이 있었고 의기투합하는 면도 많았다.

민선시장이 되어 송도 신도시 건설에 매진하던 1995년 이후, 나는 김우중 회장과 자주 만나 인천 발전에 대한 많은 이야기를 나누었다. 나도 세계화를 주장하고 트라이포트 전략을 세웠지만, 김우중 회장도 일찍부터 세계화에 눈을 떠 세계 각지를 누비고 다니며 엄청난 규모의 사업을 추진하던 사람이었다. 내가 송도에 투자하라고 제안하면 김우중 회장은 송도 앞바다를 가리키며 "뭐가 있어야 투자를 하지. 이 바닷물에 투자하란 말이냐?" 하며 농으로 받기도 했다. 당시 송도 신도시는 개념상으로만 신도시였지 드넓은 바다나 마찬가지였으니 그 말이 맞기도 했다.

대우에서는 이미 그때 송도에 80만 평 정도의 땅을 소유하고 있었다. 예전에 유원지로 매립한 땅이었는데, 소유자인 한독이 부도가 나면서 대우로 넘어간 땅이었다. 어느 날 김우중 회장이 그 땅에 102층짜리 세계무역센터를 짓겠다고 폭탄선언을 했다. 나는 송도에 그렇게 어마어마한 투자를 하겠다니 고마울 따름이었지만, 기존의 땅은 유원지 용도이므로 새로 매립되는 땅을 분양받아 건설하는 게 좋지 않겠느냐고 제안했다.

하지만 대우 측에서는, 매립이 안 된 땅은 나중 얘기이고, 일단 소유하고 있는 80만 평 중 일부에 한시바삐 건물을 올리는 것이 좋겠다는 입장이었다. 유원지 용도로 된 땅에 상업시설인 무역센터를 지을 수는 없었다. 나는 대우 소유의 땅에는 놀이공원이나 테마파크 같은 시설을 지으면 좋겠다고 생각했다.

하지만 대우의 프로젝트는 엄청난 내용이었다. '세계경영'의 교두보로서 인천이라는 도시를 선택하고 송도에 102층 초고층 타워를 건립해 그룹의 본사를 인천으로 아주 옮겨온다는 계획이었다. 또 국제무역센터를 세운 후에는 IT산업단지, 전시장, 호텔과 위락시설을 포함한 대규모 복합레저단지도 건설할 계

세계경영의 교두보로서 인천이라는 도시를 선택하고 송도에 102층 초고층 타워를 건립해 그룹의 본사를 인천으로 아예 옮겨온다는 계획, 그것이 대우의 야심 찬 프로젝트였다. 대우그룹 김우중 회장과 부평 대우자동차 공장에서 어린이날 행사에 참석해 이야기를 나누고 있다.(1994. 5)

획이라고 했다. 당시 인천시가 자체 조사한 바에 따르면 대우의 본사 이전이 인천에 미치는 고용효과와 경제적 이익은 막대했다. 그러니 인천의 미래를 봐서라도 투자를 받아들이지 않을 수 없었다. 인천시에서는 도시계획을 변경해, 대우가 소유한 매립지의 일부를 용도 변경하는 작업에 들어갔다.

그런 작업이 진행되는 와중에 IMF 외환위기가 터졌다. IMF 이전 시절에는 오히려 삼성이 어렵고 대우는 잘 나갈 것이라는 의견이 대세였다. 기업발전 예측에서도 삼성이 위태로울 것이라는 의견이 조심스럽게 제기되고 있었고, 대우는 동유럽 시장을 적극적으로 개척하는 데 성공하여 동유럽 국가에서 가장 환영받은 한국기업이었다. 그런데 IMF 이후로 의욕적으로 벌이던 사업들이 무산되면서 대우는 심각한 자금난에 봉착했고, 마침내 그룹이 해체되었다.

물론 대우그룹이 지나치게 공격적으로 사업을 펼치면서 위기 대처를 제대로 하지 못해 그렇게 된 면이 있다. 하지만 당시 김대중 정부가 IMF위기를 맞아 자금난을 겪는 기업에 대해 선별적인 지원을 했는데, 그 지원 대상에서 대우를 철저히 배제한 것도 사실이다. 대우보다 더 열악한 악성부채를 가진 기업의 계열사들도 정부 지원으로 살아난 경우가 많았다. 한동안 정부측 심사가 공정하지 못했으며 대우의 몰락에는 모종의 정치논리가 작용했다는 얘기도 파다했지만, 나로서는 자세한 것을 알지 못한다. 다만 대우그룹의 해체가 인천 경제를 그야말

대우 본사를 인천으로 옮겨오는 일은 대우그룹 해체로 물거품이 되었다. 그런데 엎친 데 덮친 격으로 인천과 경기 지역의 중소기업 자금줄을 떠받치고 있던 경기은행마저 금융권 구조조정으로 퇴출됐다. 최시장을 포함한 인천지역 각급 기관장들이 부평에서 열린 대우자동차 살리기 범시민대회 거리 행진에 참석하고 있다.(2000.6)

로 암흑으로 몰아놓은 과정만을 시정의 책임자로서 뼈저리게 느끼고 겪었을 뿐이다.

대우 본사를 인천으로 옮겨오는 일은 대우그룹 해체로 물거품이 되었다. 그런데 엎친 데 덮친 격으로 인천과 경기 지역의 중소기업 자금줄을 떠받치고 있던 경기은행이 부도가 났다. 인천에 본사를 둔 많은 건설사의 부도 사태가 확산되었고 인천경제는 위기에 봉착했다. 그리고 나 개인적으로도 두 사건에 휘말려 수사를 받고 구속이 되는 어려움도 겪었다. 인천으로서도, 나로서도 아주 힘든 시기가 찾아왔다.

1998년 정부에서 부실은행을 퇴출시키면서 경기은행에 대해서도 퇴출 결정을 내렸다. 그런데 그 과정에서 경기은행장이 유력인사들의 청탁으로 부실기업에 대해 대출을 해주었다고 진술하면서, 대대적인 로비의혹이 수사대상에 올랐다. 이로 인해 당시 경기도 지사 부부가 소환되었고, 인천시장인 나, 그리고 지역구 국회의원 등이 줄줄이 소환되었다. 경기도 지사는 구속되었고, 나는 불구속으로 풀려났지만 이후 재판과정에서 정치자금법을 위반했다는 혐의를 놓고 검찰 측과 긴 공방을 벌여야 했다. 정식 후원회를 통해 정치자금을 모금한 것이었지만, 당시 정치자금법은 국회의원 선거에만 그것을 인정하고 지자체 단체장들에게는 불법으로 금지했다.

나는 그러한 정치자금법이 형평성에 어긋난다고 헌법소원을 제기하는 동시에, 혐의에 대한 결백을 입증하기 위해 노력했다. 결국 최종심에서 무혐의로 판정이 났지만, '뇌물을 받고 은행장에게 대출 압력을 넣었다'는 줄기찬 언론보도로 인해 내가 입은 정신적 피해는 그 어떤 것으로도 회복할 수 없었다.

이후의 일이지만 여기서 우선 언급한다면, 2002년 나는 대우 땅에 대한 용도변경 특혜로 한차례 더 구속되었다. 앞에서도 말했듯 대우가 송도에 소유한 땅은 유원지 용도였다. 그런데 대우의 본사 이전과 연계하여 인천시에서는 그 땅의 용도변경을 추진한 바 있다. 그 과정에서 특혜시비가 일지 않도록 시민공청회를 열어 지역여론을 충분히 수렴하는 과정을 거쳤다. 인천 YMCA에서 설문조사를 한 결과, 인천 시민의 대다수가 대우의 본사이전을 환영했고, 또 많은 사람들이 용도변경을 해서라도 대우가 인천으로 들어올 수 있게 해야 한다고 응답했다. 합법적이고 공개적으로 용지의 용도변경이 이루어졌는데 수사관들이 흘리고 언론에서 받아 적은 당시의 시나리오 내용은 참으로 어이가 없었다. 사실이 아니었다.

인천 발전의 핵심사안인 송도 신도시 건설과 관련해서, 대우 본사의 이전과 투자가 절실했다. 그것은 지금에 와서 돌이켜봐도 선택의 여지가 없는 상황이었고, 철회할 수 없는 결정이었다. 인천 시민들은 이런 나의 결백을 믿었고 내가 구속, 기소되자 90여 개의 시민 단체들이 시민들의 서명을 받아 법원에 선처를 호소하는 탄원서를 제출하기도 했다.

결국 나는 재판을 통해 무죄 판결을 받았지만 완전히 회복할 수는 없었다. '3억을 받고 대우에게 용도변경 특혜를 줬다'는 언론보도로 인해 내가 입은 도덕적 타격과 명예의 실추는 그야말로 뼈아픈 것이었다. 정치라는 건 때로 흙탕물에서 뒹구는 일이기도 하다는 것을 알았기에 나는 의연했지만 때로 고통스러웠다. 그러한 분노와 슬픔을 지나고 나온 지금에는 나는 그 고통에 지나치게 연연해하고 싶지는 않다. 나는 인천의 시장으로서 인천의 미래를 위해 선택했고 추진했으며 어려움이 생겼을 때는 최선을 다해 넘었다. 그때나 지금이나 내가 말할 수 있는 진실은 그것뿐이다.

3부

비즈니스도 정치다

나는 비즈니스도 사람과 사람이 만나 하는 일이라는 점을 믿었다.
소수점 이하의 이윤까지 계산하는 로봇들이 만나는 게 아니라
열정과 진정성을 가진 인간들이 만나 부딪치는 과정인 것이다.

부산에서 열린 환황해권도시 시장회의에서 중국 보시라이 대련시장과 함께했다. 최 시장은 당시 떠오르기 시작한 중국의 지도자들과 깊은 교분을 나누었다. 태자당 출신으로 알려진 보시라이도 랴오닝성장, 국무원 상무부장, 충칭시장 등을 거치며 중국의 차세대리더로 손꼽혔으나 권력투쟁에서 밀려났다.

9

셀링과 세일링
(Selling & Sailing)

1998년 들어선 김대중 정부에 주어진 가장 큰 임무는 IMF 외환위기 극복이었다. 김대중 대통령은 인천에서 추진하는 해외투자유치 노력들에 대해 매우 호의적인 관심을 보였다. 인천시로서는 당시 국내기업들로부터 투자를 받기는 힘든 상황이라, 외자를 유치하느냐 마느냐 하는 데 목숨을 걸고 있었다. 김대중 대통령은 1970년대 민주화 시절부터 나를 잘 알고 있는 분이었다. 인천시에서 추진하는 일도 적극적으로 밀어주려고 했다. 청와대 비서관들도 대부분 내 정치적인 동료이거나 후배들, 민주화 동지들이었다. 정권이 바뀌었다고 해서 어려울 것은 없었다.

다만 조심해야 한다고는 판단했다. 인천이 너무 돌출되어 부각되는 인상을 주어서는 안 됐다. 송도 신도시에 관한 실질

DJP 연합 정권 아래 시장이었던 최기선 시장은 어쨌든 집권 여당의 인천시장이었다. 그의 정치적 행보는 일부 비난을 사기도 했으나 결국은 인천을 위한 셈이 됐다. (2000년 11월 김대중대통령이 인천시를 방문할 당시 시청 1층 현관에서 대통령을 영접하고 있다.)

적인 일을 추진해나가면서도 나는 눈에 띄지 않게 은밀히 추진하라고 직원들에게 당부했다.

당시 김대중 정부와 사이가 좋지 않았던 조선일보를 비롯한 일부 언론에서는, 1998년부터 인천의 사업과 전략에 대해 급격하게 비판적인 논조의 기사를 쓰기 시작했다. 타당성은 따져보지 않고 경제 위기에 일을 벌인다, 송도는 돈만 잡아먹는 죽은 땅이다, 인천의 빚이 늘어나고 있다, 이렇게 연일 비판적인 기사를 쏟아냈다.

송도 신도시뿐 아니라 인천의 모든 사업을 나는 비밀리에 진행했다. 무슨 일이든 언론에서 떠들기 시작하면 한 번씩 사달

이 나고 중앙정부의 개입이나 간섭이 심해졌다. 중앙정부 장관이나 청와대 수석 들과 다투고 논쟁할 때도 개인적으로 진행하고 끝내야 했다. 만약 그 과정과 결과를 언론에 발표라도 하면 지자체 단체장들이 구름떼처럼 몰려와 인천시와 반대편에 있는 중앙정부 장관의 역성을 들 게 뻔했다. 중요한 사업일수록 매듭이 단단히 지어질 때까지는 대외비로 하는 것. 이것은 지방자지단체장이나 정치인이나 사업가들이나 반드시 명심해야 할 부분이다.

때로 사람들은 나의 이러한 행정수완에 대해 신기하다고 말하기도 한다. 내 평소 성격으로 봐서는 속도감 있고 과감하게 추진할 것 같은데 끝까지 비밀을 지킨다는 말이다. 역설적이게도 내가 이런 수완을 몸에 익힌 것은 군사독재 덕분이었다. 그러한 시기에 우리 같은 민주화 투쟁가들은 약자이므로 의도를 노출시켜선 안 됐다. 은밀하게 진행해서 결정적인 순간에 터뜨려야 했다.

주변에 보면 자기 업적을 과장하고 홍보하기 좋아하는 지방단체장들도 있다. 그렇게 전략이 부재한 사람들은 중앙정부와의 줄다리기에서 승리할 수 없고, 지방의 행정책임자로서도 큰 성과를 거두기가 힘들다. 중앙정부와 큰 싸움을 하려면 약자인 우리는 전략을 감추고, 협상도 하고, 포기한 척도 하고, 동의도 해가면서 일을 진행해야 한다.

나는 송도 신도시 진척상황을 언론에 바로 공개하지 않았다. 일이 다 확정된 후에 발표해야지 중간에 경과를 발표하면 도중에 잡음이 많이 껴서 될 일도 안 되었기 때문이다. 조용히 해외 투자유치에만 전심전력을 다했고, 마침내 그 결실이 눈앞에 보이기 시작했다.

송도 신도시에 해외 투자를 유치하는 일은 절박했다. IMF가 터진 후에는 송도 신도시 흥망의 열쇠가 투자 유치에 성공하느냐 실패하느냐에 달려 있었다. 세계 각지를 돌아다니면서 인천을 홍보하고 외자를 끌어오는 일에 매진했다. 국내 대기업들이 송도를 외면하니 다른 방법이 없었다. IMF 이후 국내의 외환보유고 상황이 문제가 되면서 해외투자를 통해 달러를 들여오는 일이 절실했다. 중앙정부든 지방정부든, 경제 위기를 맞아 기업들하고 한몸이 돼서 세계를 돌아다니며 투자를 유치해야 하는 때였다. 땅값도 저렴하게 제공하고, 인센티브도 부여하고, 한국에 투자하면 장기적으로 이익이 될 수 있다는 믿음을 주어야 했다. 영호남 지자체들의 대결이나, 수도권, 비수도권 간의 갈등을 피하기 위해 국내에서는 은밀하게 일을 진행했지만, 해외로 나가서는 최선을 다해 적극적으로 홍보했다.

외자 유치에 관한 한, 그 당시 중국대륙은 시기상조였다. 오히려 그쪽에서 우리의 투자를 원하는 실정이었다. 미국, 일본, 유럽 등지를 대상으로 삼았다. 워싱턴, 뉴욕, 보스턴, 필라델피아, 시카고, LA, 플로리다, 영국의 런던, 프랑스의 파리, 네덜란

"본래 섬이었던 맨해튼을 매립하고 보스턴과 필라델피아 같은 인근 도시와 경쟁한 끝에 오늘날 세계 중심의 뉴욕이 탄생했다는 얘기는 내게 인천과 송도가 어떻게 가야 되는지를 설명해 주는 대목이었다."

드의 암스테르담, 이탈리아의 로마 등 미국과 유럽을 순회하고, 일본은 출근하다시피 드나들었다. 그것은 인천을 세계에 파는 일(selling)이자, 세계를 두루 항해하는 일(sailing)이기도 했다.

그중 미국의 세계무역센터 스카이라운지에서 뉴욕상공회의소 명예회장을 만난 일은 잊을 수 없다. 그는 지금의 뉴욕을 만들기 위해 자신뿐 아니라 자신의 부친과 할아버지, 증조할아버지 대부터 노력과 투쟁이 있어왔다고 말했다. 본래 섬이었던 맨해튼을 매립하고 보스턴과 필라델피아 같은 인근 도시와 경쟁한 끝에 오늘의 세계 중심의 뉴욕이 탄생했다는 것이다. 그는 인천이 송도를 키워내는 과정이 이와 같다고 말해 나를 감격시켰다. 나는 송도가 한국의 맨해튼, 동아시아의 맨해튼이 되리라고 힘을 주어 화답했다.

1998년 9월에는 '투자유치 로드쇼'라는 선명한 기획 아래 미국와 이스라엘을 방문했다. LA의 레디슨윌셔프라자호텔에서 열린 투자설명회에는 무려 200여 명의 기관투자가와 개인사업자들이 참석해 발 디딜 틈이 없었다. 우리는 겨우 12명의 투자유치단이 갔을 뿐이라서 그런 호응에 대응하느라 눈코 뜰 새 없는 일정을 소화해야 했다.

이스라엘에는 텔아비브시와의 자매결연을 위해 방문했는데 여기서도 이스라엘의 최대 재벌인 댄크너 그룹 등 18개 기업을 대상으로 송도 투자유치 활동을 펼쳤다. 세계경제를 좌우하는 유태계 자본을 끌어들이자는 전략이었다. 동북아시아에 새로운 허브 도시가 필요하고 그것이 인천이 될 수 있다는 확신을 얻은 건 이렇듯 외국에서의 뜨거운 관심이었다. 국내언론들의 무관심에 비해 외국언론들은 우리의 트라이포트 전략을 적극적으로 홍보해주었고 높은 관심을 끌어냈다. 내가 늘 주장했던 동북아 시대의 개막과 인천의 트라이포트 전략, 송도 신도시 건설 등이 외신 등에 보도되는 것을 보며 나는 힘을 얻었다.

새천년이 시작되던 2000년, 반가운 손님이 나를 찾아왔다. 제이 킴(Jay Kim) 박사였다. 그는 50년 전 미국에 유학을 떠나 웨스팅하우스의 지원을 받아서 공부한 한국계 미국인 박사였다. 웨스팅하우스란, 첨단 원자력 기술을 보유한 세계적인 건설업체였고 이후 제이 킴 박사는 박정희 대통령과 손잡고 한국에 원자력 발전을 끌어옴으로써 한국의 전력 확보에 막대한 공헌을 했다. 현재 우리나라가 원자력 발전소를 해외에 수출하게 된 것도 그의 공로와 노하우가 기초가 되었기 때문이다.

그 당시 제이 킴 박사는 일흔이 넘어 은퇴한 상태로 조국을 방문한 길이었다. 인천시가 세계를 돌면서 부지런히 홍보한 덕분인지, 킴 박사는 한국을 방문하기 전부터 이미 트라이포트 전략에 대해서 알고 있었다. 직접 인천국제공항 건설현장에 가보더니 그 규모에 놀랐고 텔레포트 선정지인 송도에 매립 공사가 진행 중인 것을 보고 감명을 받았다. 그 당시 종합개발사업기획단의 투자유치 팀장이 나와의 만남을 주선했는데 인천의 변화를 아주 높이 평가했다. 나는 고구려의 역사, 장보고를 이

광개토대왕 시절 고구려의 영토, 해상왕 장보고의 바다는 최시장이 늘 마음 속에 담고 있던 화두였다. 그에게 인천의 미래는 같은 연장선상에 있었다. 인천종합문화예술회관에서 개막한 '아! 고구려 전시회'는 "우리의 기상을 눈 여겨 보라"는 차원에서 중국인들과의 비즈니스를 위해 최시장이 제안해서 이루어졌다.(1994. 5)

야기하며 우리 민족의 핏속에 대륙으로, 해양으로 진출하려는 도전정신이 흐르고 있다고 강조했다. 그리고 21세기에는 동북아가 세계의 중심이 될 것이며 인천이 지정학적·국제정치적 상황 속에서 그 중심역할을 맡으리라고 말했다.

"비록 내가 사업체에서는 은퇴했지만, 남은 날들을 조국을 위해 일하고 싶었소. 송도가 그런 기회를 줄 것 같습니다."

이후 제이 킴 박사는 송도의 해외투자 유치에 발 벗고 나섰다. 보스턴과 뉴욕에 있는 지인들과의 만남을 주선했고 미국 하원의원을 비롯한 정치인들이 인천을 방문했다. 다음에는 경제인들이 찾아왔고 그중에 게일사의 경영자인 스탠리 게일

(Stanley C. Gale)과 존 하인즈(John B. Hynse) 사장이 있었다. 그러한 방문은 외국의 인사들에게 직접 송도 신도시의 건설현황을 보여줄 수 있어 효과도 높았다.

나는 외국의 인사들을 만날 때마다 적극적으로 우리의 문화, 역사를 소개했다. 사람들 중에는 유럽이나 미국 같은 선진국의 인사들을 만나서 지나치게 겸손해하며 그들의 이야기를 주로 듣는 사람들도 있는데 나는 필요 이상의 소극적인 자세라고 생각했다. 서로 다른 문화의 사람들이 만나는 것은 차이와 특수성을 확인하고 싶은 기대를 불러일으키는 일이다. 그리고 그러한 기대는 자신을 적극적으로 드러내는 데서 충족된다.

상대에게 배울 것은 배우되, 우리가 가르칠 수 있는 건 가르쳐야 한다. 그것이 진정한 상호교류이기 때문이다. 상대방 문화만 인정하고 우리 문화에 대해서는 함구하는 태도는 상대로부터도 좋은 인상을 얻어낼 수 없다. 그들도 우리를 알고 싶어 그 자리에 있는 것이기 때문이다.

인천을 방문한 정치인과 기업인 들에게 나는 한국의 역사에 대해 설명했다. 광개토대왕 시절에 고구려의 영토가 얼마나 넓었는지를 말하고, 아시아의 포세이돈인 장보고에 대해서도 마음껏 자랑했다. 근대 이후 한국이 겪은 비극과 시련, 민주화를 거쳐 경제발전을 이루기까지의 험난한 과정도 빠지지 않는 화제다. 그리고 동북아 중심도시로 떠오를 인천의 미래에 대해서도 최대한 열정적으로 설명했다. 공식만찬주로 이른바 '폭탄주'

도 돌렸다. 제조법을 궁금해 하는 사람들에게는 만드는 방법도 상세히 알려주었다.

우리나라 정치인들은 대부분 술 마신 얘기는 잘 하지 않지만 나는 그런 위선적인 엄숙주의는 별로 좋아하지 않는다. 미국식 비즈니스라고 해서, 정장을 입고 꼿꼿하게 앉아 냉정한 얼굴로 브리핑을 하고, 계산기를 두드리고 사인을 하는, 그런 식의 비즈니스는 하지 않았다. 나는 비즈니스도 사람과 사람이 만나 하는 일이라는 점을 믿었다. 소수점 이하의 이윤까지 계산하는 로봇들이 만나는 게 아니라 열정과 진정성을 가진 인간들이 만나 부딪치는 과정인 것이다.

게일사는 미국의 유명한 부동산개발기업으로 송도 신도시 개발에 대해 기대와 관심을 가지고 있었다. 스탠리 게일 회장은 젊었고 패기가 넘쳐 보였다. 송도라는 거대한 빈 공간에 도시를 탄생시키는 사업이라 더 관심을 보이는 것 같았다. 나는 축하주를 주고받은 뒤에 "우리는 사나이가 아닌가" 하고 말했다.

"웨스턴 사나이와 오리엔탈 사나이가 손잡고 역사를 만듭시다."

게일은 이번 사업에 의지를 보였지만 그때까지도 나는 얼마만큼의 투자를 할지는 알지 못했다. 다만 이 사업이 단순히 인천이라는 도시에 개발을 진행하는 것이 아니라 동북아시아의 미래를 준비한다는 의미를 가지고 있음을 강조했다. 역사를 만든다는 것은 그저 분위기에 취해서 했던 말이 아니었다. 만남

이후 양측 실무자들이 구체적인 계약 조정 과정을 거쳤다. 그리고 최종적으로 스탠리 게일이 보내 온 사업계획서를 받았다. 총 127억 달러, 그 당시 우리 돈으로 16조원의 투자 계획이었다.

10

뉴욕에서 송도 신도시의 미래에 사인하다

예상보다 엄청난 금액이었다. 나는 게일사에서 5만 평에서 10만 평 정도의 매립지에 빌딩을 몇 개 지으려 한다고 생각했다. 첫 투자를 했던 셀트리온사 수준으로 생각했던 것이다. 그런데 사업계획서에는 땅이 무려 167만 평이나 필요하다고 적혀 있었다. 양쪽이 협상을 하여 땅값은 평당 110만원으로 정했다. 인천으로서도 넉넉한 값을 받는 셈이었다. 게일사도 나름대로 큰 비전을 갖고 송도에 입성하는 차원이라 그 정도 가격은 충분히 부담할 자세가 되어 있었다.

게일사는 포스코 E&C와 합작해 127억 달러를 투자하겠다고 했다. 게일이 70% 지분으로, 포스코가 30% 지분으로 참여하는 형태였다. 상상을 뛰어넘는 투자였다. 하지만 계약과정에서 기뻐하는 기색을 드러내지는 않았다. "매우 적당하다. 합의하겠다."라고만 간단히 의견을 냈지만 가슴은 터질 것처럼 뛰고 있었다. 최종적인 사인은 2002년 3월 20일에 뉴욕에서 하기로 약속이 이루어졌다. 그동안 인천시는 송도에 관련된 사업들을 국내에서는 대외비로 추진했지만 엄청난 계약을 앞둔 시점에서는 청와대와 중앙정부에 알려야 했다. 내가 청와대로 가서 브리핑을 하기 전까지 김대중 대통령은 이런 사실을 까맣게 모르고 있었다.

"인천시가 꽤 큰 계약 건을 성사시키려는 중이라 대통령님께 보고 드리러 왔습니다."

김대중 대통령이 어떤 계약인지 한 번 얘기를 해보라고 했다. 나는 그동안 인천시에서 추진한 투자유치 사업과 경과를 말씀드리고 게일과 포스코 합작 투자 건을 보고했다.

"일이 어떻게 될지 몰라 사전 보고 없이 추진해 왔습니다. 게일사에서는 송도에 여의도 두 배 면적인 167만 평을 구입해 포스코와 함께 127억 달러의 투자를 하겠다고 합니다. 게일사의 사업계획은 동북아시아의 국제 업무 중심도시를 지향하는 송도 신도시의 비전과도 일치합니다. 3월 20일에 계약서에 사인을 하기 위해 미국에 가려고 합니다."

내가 대통령께 보고를 드릴 때 그 자리에는 내무부, 건설부, 재경부 장관 등도 참관하고 있었다. 그런데 그들 중 아무도 내 말을 믿는 것 같지 않았다. 그때까지 IMF의 여파가 가시지 않아서 중앙정부에서조차 1억 달러의 외자도 유치하기 힘든 상황이었다. 그런데 어떻게 지방자치단체인 인천시가 127억 달러를 유치한단 말인가. 그들은 모두 그렇게 생각하고 있었다. 각료들은 물론이고 김대중 대통령마저 반신반의했는지 내가 브리핑을 마치고 나온 후에 이런 지시까지 내렸다.

"최기선 시장은 똑똑하고 용기 있지만 혹시 사기를 당한 것일지도 모른다. 사기를 당해도 크게 당하는 게 아닌가. 염려가 돼서 그러니 한 번 자세히 조사해봐라."

중앙정부 차원에서 검증 작업이 들어갔다. 온갖 정보기관과 외교 채널을 통해서였다. 하지만 사실이었으므로 당연히 정확한 사실로 밝혀졌다. 미국의 유수한 투자회사인 게일사가 투자를 하고, 그 중간에서 한국에 원자력 발전을 들여왔던 제이 킴 박사가 중개했으며, 한국에서는 포스코가 30% 지분으로 참여하기로 되어 있었다. 그 사실이 알려지자 대한민국이 모두 놀랐다.

2002년 3월 20일, 뉴욕 유엔 본부 앞의 밀레니엄 유엔 플라자 호텔 2층에서 송도 국제 비즈니스센터 조성 투자유치 서명식이 있었다. 한국 측에서는 나와 진념 부총리 겸 재정경제부 장관을 비롯해 고학봉 포스코건설 사장, 이수영 인천 상공회의소 회장, 이필원 인천국제공항공사 부사장 등이 참석했다. 미국측에서는 스탠리 게일 사장을 비롯해 블룸버그 뉴욕시장, 에반스 상무장관, 깅그리치 전 하원의장, 토마스 오닐 FH/GPC회장, 존 부저 모건스탠리 부사장 등이 함께했다.

게일사의 회장 스탠리 게일(최시장의 오른쪽)과 투자유치 협약식을 마쳤다. 2002년 3월, 비로소 송도 개발이 눈에 보이는 방식으로 본격화 된 시점이었다. 오랜 물밑 작업 끝이었지만 송도의 핵심은 바로 그 기초에 있다고 해도 과언이 아니다.(2002.3)

진념 부총리는 서명식이 끝난 뒤 김대중 대통령에게 게일사의 투자 유치에 대한 외국의 반응과 그 의미에 대해 보고했고 열흘이 못 되어 중앙정부에서 송도 신도시를 경제자유구역으로 지정한다는 발표가 나왔다. 게일과 포스코가 합작하여 국제업무단지 167만 평을 개발하겠다는 계약을 체결한 것과 송도가 경제자유구역으로 지정된 것. 이 두 가지 사건은 송도 신도시 건설에 획을 그은 역사적인 사건이다. 내가 퇴임하기 두 달 전에 결정된 일이었다.

11

대한민국 최초의 경제자유구역

송도가 경제자유구역으로 지정되기까지 난관들이 많았다. 우선 그 난맥들을 정리하기 위해서는 시장의 결단이 필요했고 중앙정부와의 협상이 필요했다. 인천의 개발전략에서 걸림돌은, 인천이 '수도권 과밀억제권역'으로 묶여있다는 점이었다. 특히 송도 신도시 개발에 치명적인 장애물이었다. 과밀억제권역으로 지정되어 있으면, 개발이나 기업 유치가 가능하지 않다. 제약이 많아서 제대로 된 사업을 벌일 수가 없는 것이다. 바다를 매립해 송도 신도시를 만들어봤자 과밀억제권역으로 묶여 있으면 소용없는 일이었다. 그렇다면 중앙정부와 어떻게 협의를 해야 하는가 고민하고 있을 때 1996년 인천국제공항 고속도로 건설 문제로 중앙정부에서 인천시에 행정 승인을 받아야 할 일이 생겼다.

중앙정부에서 공항 고속도로를 건설하려는 곳은 쓰레기 매립지였다. 법규상 쓰레기 매립지 위에는 고속도로를 건설할 수 없으므로 승인 권한을 가진 구청의 환경국에서는 불허 결정을 내렸다. 중앙정부는 곤란에 빠졌다. 고속도로를 우회하자니 설계 변경부터 시공까지 비용이 엄청나게 증가했다.

이런 문제를 지역 시청과 구청의 승인을 얻으려면 오랜 시간이 필요했다. 중앙정부 입장에서는 시간도 시간이지만 '단군 이래 최대의 역사'라 불리는 엄청난 공사를 벌이는 와중에 지역 구청을 방문해 사무관이나 하급 공무원에게 사안을 설명하고 승인 허가를 요청했다 거절당하는 절차를 밟는 게 번거롭고 한스러웠다. 그러자 '공항건설 촉진법'을 만들어 지방 시청이나 구청의 승인 없이 직접 일을 추진하려 했다.

하지만 그 촉진법을 만들기 위해서도, 건교부 장관의 승인뿐 아니라 관할시 시장이나 해당 구청장의 승인을 받아야 했다. 그런 목적으로 건설교통부 담당자들이 승인을 부탁하러 찾아왔을 때 나는 거부했다.

"공항건설이 얼마나 중요한지는 잘 알고 인천시에서도 최대한 도우려 합니다. 하지만 공항을 짓는 곳도 인천이고, 공항도로가 경유하는 곳도 인천인데, 인천시의 승인이나 허가를 받는 최소한의 절차도 없이 건교부 마음대로 하겠다면 인천시로서는 불안하지 않겠습니까? 인천시의 기본권을 지키기 위해서라도 이 법에 동의하기가 어렵습니다."

인천광역시 지하철 1호선 차량기지 건설기공식이 계양구 귤현동 현지에서 국회의원, 시의회 의원, 각급 기관장 및 지역 주민 등 5백여명이 참석한 가운데 열렸다.(1996.2)

그랬더니 건교부 장차관부터 국회의원까지 동원되어 로비가 들어왔다. 나는 이때가 기회라고 생각했다. 이제껏 건교부는, 인천시에서 허가나 승인을 받으려 하면 으레 반대해 왔고, 트라이포트 전략에도 관심이 없었다. 송도 신도시 건설에 절대 불가라는 방침을 내리고 송도 착공식 때도 일개 지방도시의 하찮은 사업에 김영삼 대통령이 갈 필요가 없다며 훼방을 놓았던 부서였다. 다음에서 얘기하겠지만 인천공항 명칭 문제로도 우리와 한바탕 일전을 치르기도 했다. 그러니 지금이 건교부와 중요한 빅딜을 하고 관계를 개선시킬 수 있는 절호의 기회였다.

일단 공항 고속도로 건설문제를 놓고 대국적으로 모이자고 제안했다. 양측의 책임자와 실무자를 비롯해 관련부처 사람들이 모였고 토론을 벌였다. 나는 이렇게 주장했다.

"우리는 너나없이 나라를 위해 일하는 공직자들입니다. 그런데 큰일을 추진하다 보면 너무 많은 규제의 벽에 부딪치게 됩니다. 각 관계기관과 부처 들이 서로 협력할 생각은 하지 않고 원리원칙만 내세운다면 무슨 일이 제대로 이뤄지겠습니까? 큰 사업일수록 서로 마음을 터놓고 조화롭게 힘을 합쳐 추진해 나가야 합니다. 공항 건설을 촉진하기 위해 민선시장의 권한이나 민선구청장의 권한을 해제하려는 뜻은 잘 알겠습니다. 저는 얼마든지 토론과 합의를 거쳐 인천시가 가진 규제권한을 해제해드릴 생각이 있습니다. 그런데 중앙정부는 어떠합니까? 건교부에서 인천에 규제하는 사항이 얼마나 많습니까? 인천의 발전을 위해 송도 신도시 건설은 인천공항 건설만큼이나 중요한 사업인데, 건교부에서는 과밀억제권역이다 뭐다 해서 손발을 다 꽁꽁 묶어놓지 않았습니까? 이래 가지고선 세계의 다른 도시에 승리할 수 없습니다. 민선시장과 구청장의 권한을 해제해드릴 테니, 건교부에서도 송도 신도시의 과밀억제권역을 성장관리권역으로 바꿔 주십시오."

빅딜은 성공적이었다. 건교부가 추진 중인 수도권신공항건설촉진법 개정안에 반대하지 않는 대신 정부는 '인천국제공항주변지역종합개발 특별법'을 제정하기로 잠정 합의했다. 이 특별법은 인천국제공항 배후지역의 효율적인 개발을 보장하는 차원에서 수도권 정비계획법, 공업배치법, 외자도입법 등을 적용하지 않는다는 내용이었다. 모든 책임자와 실무자들이 참석한 그 자리에서 이 협의에 대한 가조인이 이루어졌다. 이렇게 송도 신도시가 성장관리권역으로 변경되면, 대학과 첨단 공장들의 이전이 가능하고 세제감면혜택이 주어지는 등 투자에 한층 유리한 환경이 조성되는 것이었다.

그 후 인천시에서는, 인천국제공항 건설을 위해 시의 예산을 내어 쓰레기를 타지역에 매립하고 공항공단에 고속도로를 낼 수 있도록 승인했다. 건교부는 감사 메시지를 보내왔고, 인천도 역시 호의적인 답변으로 응했다. 이렇게 해서 사사건건 부딪치기만 했던 건교부와 인천시의 종합개발사업 기획단은 서로 돕고 협력하는 관계로 거듭났다.

성장관리권역으로 지정되어 송도 신도시를 자유롭게 개발할 수 있게 된 것은 다행이었지만, 한 단계 더 도약하기 위해서는 경제자유구역으로 지정되는 것이 반드시 필요했다. 송도의 사활이 걸린 문제였다. 나는 재임 기간 내내 송도의 경제자유구역 지정을 위해 총력을 다했고 마침내 송도 신도시는 경제자유구역으로 지정되었다.

앞에서도 말했지만 송도 신도시 건설의 핵심은 게일과 포스코의 합작 투자와, 투자 직후 이루어진 경제자유구역 지정이다. 경제자유구역청은 내가 인천시장에서 물러난 다음 해인 2003년에 출범했지만, 경제자유구역 지정은 이미 내 재임기간에 이루어졌다. 미리 지정되었더라면 투자유치 면에서 엄청난 효과를 발휘했을 테지만 일의 진행 과정은 정확히 그 반대였다. 즉 엄청난 투자가 유치되고 나서야 경제자유구역 지정이 내려진 것이다.

인천이 경제자유구역으로 지정되었으면 하는 소망은 어디에 내놓고 얘기하기 어려울 정도로 쉽지 않은 추진사업이었다. 중앙부처는 물론이고 전라도, 경상도 등 지방자치단체들이 찬성하지 않을 것이기 때문이었다. 수도권에서 좋은 것은 다 한다, 영호남은 뭘 먹고 사느냐, 영호남 지자체의 논리는 항상 이런 식이었다. 그것이 우리 나라 지방자치단체장들의 한계이자 현실이었다.

송도 신도시 문제는 그런 경쟁 구도로 봐야 할 것이 아님에도 불구하고, 지자체들은 그렇게 국내적 경쟁심에 사로잡혀, 인천이나 경기 등 수도권 얘기만 나오면 아우성을 치고 국회의원들을 부추겨서 유리한 지정을 못하게 막았다. 당시 우리나라에는 경제자유구역이라는 것 자체가 없었다. 더구나 경제자유구역을 수도권에 만든다는 것은 정서상으로 있을 수 없는 일이었다. 수도권에 밀집한 산업시설을 지방으로 내려 보내야 할 판에, 인천에 경제자유구역을 만들어 달라는 얘기를 꺼냈다가는 경상도, 전라도뿐 아니라, 충청도, 강원도, 제주도에서도 들고 일어날 일이었다.

하지만 게일사로부터 엄청난 투자를 받는 과정에서 경제자

미국으로의 투자유치 여정은 멀고도 험난했다. 아시아의 작은 나라 한국, 그것도 휴전선과 맞닿아 있는 인천이라는 도시의 시장은 참으로 보잘 것 없었다. 2016년 미국 공화당 대통령 후보로 나선 도널드 트럼프를 1998년 만났다. 트럼프는 그 당시 한국의 인천을 어떻게 생각했을까.

유구역 지정은 그쪽에서 필수적으로 요구한 사항이었고 결국 정부도 움직였다. 게일사와 포스코사의 7 대 3의 지분으로 송도 신도시에 거액을 투자한다는 계약이 조인된 후 열흘도 못 되어, 중앙정부로부터 송도 신도시를 경제자유구역으로 지정한다는 발표가 났던 것이 그 과정을 잘 보여준다. 경제자유구역 발표에 모두들 놀라움을 금치 못했다. 그런 결단이 내려진 데에는 김대중 대통령의 지시가 있었다. 김대중 대통령은 인천시가 이루어낸 투자유치에 상당한 인상을 받았고 때론 인천의 예를 들어, 중앙의 장관들은 무엇을 하느냐고 질책하기도 했다고 들었다.

경제자유구역 지정 차원에서 사업들을 조사해보니 인천시의 종합개발사업 기획단사업이 송도(1부)와 영종, 용유도(2부), 청라 검단(3부)에 이르기까지 폭넓게 진행되고 있다는 사실이 알려졌다. 이 세 지역을 모두 특구로 지정하자는 의견이 나왔고 마침내 2003년 8월에 종합개발사업 기획단의 세 부가 경제자유구역청으로 변신했다. 이렇게 되자 연일 비판적인 기사만 쏟아내던 언론들도, '송도의 장밋빛 미래' 운운하는 기획기사를 실었다. 우리나라에서 경제자유구역 지정은 인천이 처음이었다. 시장에 취임해 개항시기를 떠올리며 만국의 사람들이 자유로이 오가고 물자와 문화가 교류되는 인천을 꿈꾼 지 십여 년이 지나 비로소 이루어낸 성과였다.

인천이 최초로 경제자유구역에 선정되자 경상도, 전라도에서 아우성치는 것은 뻔한 일이었다. 그것을 무마시키기 위해 노무현 정부 들어, 부산, 광양 등도 순차적으로 경제자유구역으로 지정되었다. 그리고 지방의 반발과 형평성의 원칙이라는 이유에서, 김대중 정부가 약속했던 인천항 관세자유구역 지정은 철회되었다. 아쉬운 대목이다. 인천은 원칙적으로, 부산, 광양 등의 도시와 경쟁하려는 게 아니라 상하이, 홍콩, 싱가포르 등과 경쟁하려는 전략을 갖고 있었는데 수도권 억제니, 낙후된 지역의 발전이니 하는 협소한 관점에서 다루다 보니까, 경제자유구역 지정도 남발이 된 것이다. 대구, 군산 등 많은 도시들이 그렇게 추가적으로 지정되었다.

원칙적으로 중앙정부는 엄격한 심사를 통해 세계와의 경쟁이 가능한 지역을 경제자유구역으로 지정해야 한다. 그리고 일단 지정을 하면 외국인들이 들어가 자유롭게 경제활동을 할 수 있도록 규제를 대폭 풀어줘야 하고 그런 활동이 가능하도록 집중적인 투자를 해야 한다. 그런데 경제자유구역 지정만 남발하고 기반시설 투자나 규제 완화는 하지 않으니, 말만 경제자유구역일 뿐 실속 없는 지역이 대부분이다.

사실 경제자유구역 지정은 양날의 검이라고 할 수 있다. 경제자유구역으로 지정되면 외국자본을 유인하기 위해 행정을 간소화하고 세제상의 혜택을 주는 것은 물론, 노동시장을 유연화해야 한다. 노동시장의 유연화란, 기업에는 유리하지만 노동자에게는 불리하기 때문에, 무조건적으로 경제자유구역을 늘리는 것은, 국내법에 따르는 노동자들의 권리가 보장되지 않는 위험한 노동시장을 넓히는 결과를 초래할 수 있다.

더구나 경제자유구역에서는, 의료, 교육, 환경, 문화 등을 비롯한 모든 여건들을 외국인 투자자들의 구미에 맞게 개방해야 하기 때문에, 우리 국내법의 적용을 받지 않는 의료체계나 교육체계, 사회체계가 생겨나고, 따라서 한국사회와는 전혀 다른 외국인들을 위한 특별행정구역이 생겨난다. 그러므로 경제자유구역은 세계적인 허브 도시로 발전할 수 있는 가능성이 있는 지역에 한정적으로 지정하여, 엄중한 정책적 관점에서 운영해야 한다.

기업은 결코 땅값이 싸다고 해서 험한 산맥이나 광활한 사막으로 들어가지 않는다. 그래서 지정학적인 위치가 중요하다. 하늘길, 바닷길, 땅길이 만나고, 인력과 기술의 인프라가 구축되어 천지인의 조화가 이루어진 곳이어야 경제의 중심지가 될 수 있다. 일례로, 뉴욕의 땅값은 상상을 초월하지만 세계적인 기업들은 그곳에 터전을 마련하기 위해 엄청난 돈을 지불한다. 미국이 땅이 모자라서 뉴욕에 초고층 빌딩을 올리고 뉴욕 앞바다를 매립해 땅을 넓혔을까. 미국 중부 사막지역에 있는 넓은 땅을 공짜로 준다한들 어느 기업이 들어가겠는가. 뉴욕은 바다와 접해 있고, 고급 인력과 정보를 갖춘 첨단도시다. 홍콩이나 싱가포르도 마찬가지다. 인천에 국제적인 공항과 신항만이 들어선 것도, 그 어렵다던 시절에 송도에 해외투자가 유치된 것도, 그래서 결국 국내 최초로 경제자유구역으로 지정된 것도 결국 인천이 보석처럼 지니고 있는 지정학적 위치 그곳에 힘이 있는 것이다.

물론 송도는 아직 국제적인 업무시설이나 첨단 인프라들이 완벽하게 구비되어 있지 않다. 하지만 인천공항이 세계 제일의 공항으로 운영되고 있고 거대한 규모의 송도 신항만은 거의 건설이 완료되었지 않은가. 인천의 텔레포트인 송도 역시 본연의 모습을 갖추고 세계적인 허브 도시로 떠오르게 될 것이다. 자본이 집약되고 물류가 집중되면, 송도의 땅값이 아무리 비싸다고 할지라도 기업들은 몰려들 수밖에 없고, 그것이 인천과 한반도의 미래를 결정 짓게 된다.

나는 인천의 미래가 결코 어둡지 않다고 생각한다. 세계 역사를 살펴보면 힘은 언제나 이동한다. 천년 전에는 지중해가 세계의 중심이었고 그리스와 로마가 중심지로서 역할을 했다. 로마가 힘의 중심인 팍스 로마나 시대에는 로마뿐 아니라 포르투갈, 에스파니아도 아프리카나 중남미까지 지배력을 넓혔다. 그러나 로마제국이 쇠퇴하면서 힘의 중심은 지중해를 빠져 나와 대서양에 있는 영국 런던에 상륙했다. 18, 19세기 팍스 브리타니카 시대가 열리면서 영국은 인도와 아프리카, 아시아 일부 등 세계의 절반을 지배하는 강대국이 되었다.

그러나 영국의 지배도 영원하지는 않았다. 태양은 다시 저물어 힘의 중심은 대서양을 건너 아메리카 대륙에 상륙했다. 미국이 지배하는 팍스 아메리카나 시대가 20세기를 열었다. 미국은 초강대국으로 1차 세계대전, 2차 세계대전을 승리로 이끌면서 세계의 전면부에 등장했지만 20세기 말부터 21세기 초에 걸쳐 힘의 중심은 태평양을 건너 동북아시아로 건너오고 있는 중이다. 이러한 흐름을 팍스 노스이스트 아시아나(Pax NorthEast Asiana)라고 부를 수 있다. 세계 경제가 침체에 이르는 가운데에서도 중국은 계속 경제성장중이니 괄목할 만한 일이었다.

지난 역사와 오늘의 상황을 관찰하고 예견하는 것은 중요하다. 그렇다면 팍스 노스이스트 아시아나 시대에는 어떤 도시가 그 역할을 해야 하는가. 그리고 그 역할을 한다면 이전 시대에 그랬듯 확장과 진출이라는 제국주의의 형태가 될 것인가.

지난날 세계 힘의 중심은 한 나라가 패권을 장악하고 있었기 때문에 그 나라의 중심도시가 세계의 중심도시가 되었다. 로마와 런던, 뉴욕이 그러했다. 하지만 동북아시아 시대에는 미국, 중국, 일본, 러시아 같은 세계 4강이 포진 · 연결되어, 어느 한 나라가 패권을 장악할 수 없으며 상호 견제하고 협력하면서 공존하는 시대가 될 수밖에 없다.

두 번의 세계대전을 거치면서 우리는 인간이 인간을 살육하는 참혹한 비극을 눈앞에서 확인했고 각 나라들이 핵무기를 소유함으로써 강력한 핵 억제력을 지니게 되었다. 미국, 중국, 일본, 러시아는 세계 4대 강국으로서 지난날 전쟁을 치른, 협력 속에서도 라이벌 관계인 나라들이다. 그러니 이들 국가 중 어느 도시가 중심도시가 될 수는 없다. 그렇다면 어디이어야 하는가? 바로 인천이다.

동북아 시대가 세계 힘의 중심으로 완전히 정착하면 세계인들이 모여 함께 정치, 경제, 외교, 문화 등 각 분야를 논의하고 조정, 협력해 나가는 중심부와 중심기능을 하는 도시가 필요한데 바로 인천이 그러한 역할을 맡아야 할 터이다.

12

송도 신도시는 인천 시민의 땅이다

송도 신도시 건설을 추진한 사람으로서 간절히 남기고 싶은 말이 있다. 우리가 송도를 매립할 때의 취지를 절대 잊어서는 안 된다는 것이다. 지금 고층의 건물들이 밀집한 송도 신도시는 바로 공유수면을 매립해서 만든 땅이다. 공유수면, 그 바다는 누구의 사적 소유가 아니라 바로 인천이 소유하고 있는 바다였다. 바다는 백년이 지나고 천년이 지나도 특정 누군가의 소유가 되지 않는다. 바다를 메워서 만든 땅도 마찬가지다. 그렇다면 이 화려한 신도시의 주인은 누구인가? 인천의 시민이다.

나는 개발론자가 아니다. 송도 신도시를 비롯한 대규모 개발사업들을 계획하면서 그를 통해 누군가가 사적으로 얻게 될 이득에 대해서는 관심 둔 적이 없다. 나는 이 도시가 인천을 위해 필요하다고 생각했으며 그렇기에 그때 내가 가동할 수 있는

학익동 동양화학(지금의 OCI) 부지는 개성 상인 출신의 창업주 이회림 회장이 직접 매립하여 만든 땅이다. 이 회장은 송도 매립에 대해 늘 깊은 관심을 가져 주었다. 훗날 자신이 평생 모은 예술품들이 담긴 송암미술관(송암은 이회림 회장의 아호)을 통째로 인천시에 기증했다. 동양화학 이회림 회장과 송암미술관에서 차를 나누고 있다(1995.10)

모든 정치적, 행정적 역량을 동원해 어려움을 돌파했다.

물론 아쉬움이 없는 것은 아니다. IMF위기가 닥쳤을 때 땅을 돌려줄 테니 매립 건설 비용을 현금으로 돌려달라고 읍소하던 건설사들은 송도가 발전하면서 언제 그런 말을 했냐는 듯 시치미를 뗐다. 자금순환의 급한 불을 끄고 나자 송도가 얼마나 소중한 땅인지를 깨달았던 것이다. 송도의 땅을 보유하고 있던 건설사 중에는 그것으로 엄청난 개발이익을 얻은 업체가 많다. 그 대목에 대해서는 두고 두고 아쉬워진다. 송도를 개발할 당시 인천시가 돈이 없어 건설비의 반을 땅으로 내어줄 수밖에 없었으니 처음의 의도와 달리 인천의 땅이 누군가의 사적 소유가 된 것이다. 만일 정부의 지원이 있었다던가, 대기업의 투자가 있었다면, 그 땅은 지금보다 훨씬 더 소중한 용도로 쓰일 수 있었을 것이다.

송도 신도시가 건설되고 지금과 같은 대도시가 되는 동안 나는 십년간의 시장직에서 물러나 인천의 평범한 시민이 되었고 건강을 잃기도 했다. 외부에서 바라본다면 발전이랄 게 없다고 할 수도 있는 시간들이었지만 나는 그렇게 생각하지 않는다. 나는 그때 이후 인천을 떠나지 않고 여기서 지켜보았으며 특히 내 모든 열정이 투여된 송도 신도시와 관련한 일이라면 언제나 좋은 방식으로 발전을 도모하기 위해 애썼다.

2014년 GCF(Green Climate Fund), 즉 녹색기후기금 세계 본부 유치전에서 나는 송영길 시장과 함께 '사무국 유치를 위한 범

시민 지원위원회' 공동대표를 맡아 일했다. 세계적인 도시들 간의 유치 경쟁에서 송도 신도시로 입주가 결정되었을 때의 감격을 잊지 못한다.

20세기에는 지구상에서 인류의 삶을 위협하는 요소가 전쟁(1차 세계대전, 2차 세계대전)이었기 때문에 전쟁으로부터 인류의 생명과 삶을 보호하기 위해 UN이 창설되었고 그 본부가 미국의 뉴욕에 들어섰다. 그런데 21세기에는 세계전쟁이 아니라 지구의 온난화 현상 및 환경파괴가 인류의 생명과 삶을 위협하기 때문에 이로부터 인류를 보호하기 위해 2020년까지 매년 1000억달러씩 기후기금을 적립하며 환경 파괴로부터 인류를 보호한다는 전략 아래 GCF가 창설되었다. 그런데 그 본부가 인천

이른바 운동권 출신이었던 최시장은 노동조합과의 대화를 피하지 않았다. 대우자동차 노조는 금속노조 선봉에 서 있던 강성 노조의 대명사였다. IMF 극복과 대우차를 살리기 위해서는 노사정 모두가 힘을 합쳐야 된다고 역설했다. (2000.11)

에 들어선 것이다.

나는 송도 신도시를 건설할 때부터 꿈꿨다. 동북아 시대가 세계 힘의 중심으로 완전히 정착하면 세계인들이 모여 함께 정치, 경제, 외교, 문화 등 각 분야를 논의하고 조정 협력해 나가는 인천의 모습을. 인천이 그렇게 할 수 있는 것은 송도 신도시에 마천루나 값비싼 아파트들이 들어서 있기 때문이 아니라 인천이 인천이기 때문이다. 누가 돈을 벌려고 인천을 지금의 위치에 갖다놓은 것이 아니고 인천의 역사적 역량이 하루 아침에 생겨난 것도 아니다. 오래전부터 인천은 이 나라와 민족을 발전시키고 부흥시킬 수 있는 기회의 땅이었다. 송도 신도시가 동북아 중심 허브로 기능할 수 있으려면 이 도시 하나로만 가능한 것이 아니라, 인천의 도시 전체의 역량이 그와 함께 발전해야 한다고 생각했다. 그렇게 인천의 발전과 그 성과가 도시 전체에 공유되어야 하는 것이다.

다시 말해 송도 신도시는 공유수면을 매립하여 조성한 공공의 땅이다. 동북아의 허브 도시를 위해 터전을 가꾸는 땅이다. 투기를 해서 누군가 돈을 벌라고 매립하는 땅이 아니다. 하지만 내가 시장에서 물러난 뒤 송도 신도시 개발은 아파트 중심으로 흘러간 경향이 있다. 아파트 건설로 시세 차익을 남기는 것이 신도시 개발의 핵심인 듯 인식한 안타까운 결과다. 이렇게 하면 송도 신도시 개발의 본질이 흐려지는 것이다.

그나마 현재 송도 신도시에서 건물을 지을 때 주거시설과 상업시설을 일대일로 짓도록 묶어 놓았는데 이는 매우 다행이라고 생각한다. 하지만 상업시설이나 교육시설을 유인하기 위해 땅의 개발권을 마구잡이로 허용하는 것은 통탄할 일이다. 인천시에서 자꾸 그렇게 유인책을 쓰니까 외부에서도 송도문제를 더 불안하게 보는 것이다.

앞에서도 말했지만 내가 시장으로 있을 때는 테크노파크를 분양시에 엄격한 심사를 해서 업종을 선정했다. 탈락한 업체가 부지기수였다. 그런데 이 귀한 공유지를 아무 기업이나 아무 학교나 들어오는 식으로 낭비를 하니 내 살점을 내주는 듯 가슴이 아프다. 송도는 그렇게 쉽게 할 수 있는 땅이 아니다. 조개를 캐는 어민들의 눈물과, 갯벌을 훼손한다는 환경단체의 맵짜한 비판 속에서도, 인천의 미래를 위해 어렵사리 결정해 매립을 추진해가고 있는 한 평, 한 평이 금쪽같은 땅이다.

하지만 송도 신도시 건설은 현재진행 중인 사업이고, 신도시의 개념과 기본 틀은 탄탄하게 서 있다. 중간에 잠시 흔들릴 수 있고 일부가 변경될 수는 있지만 동북아의 허브 도시라는 전체적인 비전은 바뀔 수 없다. 테크노파크에는 IT산업이나 바이오산업 같은 하이테크 산업들이 입주해 성과를 올리고 있다. 매립지의 수백만 평이 남항 배후단지와 신항만 배후단지로 조성되고 있다. 금융이나 업무단지도 순차적으로 들어설 것이다. 그런 것들이 완전히 조화롭게 기능하려면 시간이 걸리는 법이다. 조바심 낼 필요 없이 인내심과 추진력을 갖고 일관되게 사업을 진행해 나가야 한다.

1994년 착공부터 지금까지 20년 넘는 세월이 흘렀다. 중간에 IMF와 금융위기 같은 큰 고난도 있었다. 앞으로도 많은 도전과 역경이 남아 있을 것이다. 중앙정부의 간섭이나 다른 지자체의 견제도 있을 것이다. 하지만 송도는 어차피 세계와 경쟁하는 도시로 커나갈 운명이다. 뉴욕이라는 도시도 처음에는 5천 명으로 시작했고, 그것이 어느 정도 형태를 갖춘 기능도시로 발전하는 데는 50년이 걸리지 않았는가.

송도처럼 큰 사업은 제대로 진행되지 않으면, 인천시만이 아

김포 농촌 출신의 최시장은 땅의 소중함에 대해 누구보다 잘 알고 있었다. 국내 대개의 매립지는 농사 지을 땅이 필요해서였다. 인천과 송도 매립지의 효용가치는 달라야 했다. 그게 최시장의 의중이었다. 남동구 장수동 만의골에서 벼베기 일손돕기에 나섰다.(1995.10)

니라 국가적으로 엄청난 손실이 될 수 있다. 시간이 오래 걸린다고 포기할 일이 아니다. 거듭 말하지만 지정학적인 위치는 결코 살 수도 팔수도 없는 인천의 자산이다. 그렇다면 동북아의 허브 도시라는 비전은 오직 인천만이 추구할 수 있는 목표가 아닌가. 다른 도시는 백 년이 걸려도 안 된다. 그런 신념과 철학을 가지고 송도사업을 추진해나가기를 인천시 공무원들과 시민들에게 당부한다.

그리고 인천 시민들에게 간곡히 말하고 싶다. 송도 신도시라는 인천 시민의 땅을 투기꾼, 건설업자, 브로커 들로부터 반드시 지켜내야 한다. 지금까지 나는 그것을 막기 위해 힘썼지만 언젠가는 나도 역사 속으로 사라질 것이다. 그렇다면 인천의 젊은 세대들이 대신해서 그런 감시자의 역할을 해주어야 한다. 그것은 원래 인천의 것이었던 땅을 지키는 정당한 요구이며 더 나아가 송도의 운명, 인천의 운명, 나아가 한반도의 운명을 결정짓는 중요한 갈림길이 될 것이다.

13

대중국 교류의 물꼬를 트다

인천시가 추진하던 미래전략 가운데, 트라이포트 전략이 무엇보다 핵심적인 위치를 차지했지만, '인타이드 구상'도 상당히 중요했다. 'IN-TI-DE'는 황해를 둘러싼 세 도시인, 인천(Incheon)의 IN, 톈진(Tianjin)의 TI, 다롄(Dairen)의 DE를 합쳐 만든 합성어다. 또한 'intide'라는 영어 단어의 뜻 그대로 '밀려드는 조류를 안으로 끌어들여 그 흐름을 탄다'는 의미도 들어있다. 인타이드 구상의 핵심은, 인천의 기술과 톈진의 노동력, 다롄의 자원을 하나의 고리로 묶어 동북아의 중심벨트를 형성해 세계화의 흐름을 우리 것으로 하자는 데 있었다.

1990년대 초반만 해도 중국경제가 이렇게 빨리 성장하리라고 예상한 사람은 아무도 없었다. 세계의 유수한 연구소들도, 막 잠에서 깨어난 거대한 대륙에 대해, 장점도 많지만 걸림돌

"내가 중국의 중요성을 새롭게 인식하게 된 계기는, 1989년에 있었던 중국 방문 덕분이었다. 당시 나는 초선 국회의원이었는데, 중국의 사회과학원 초청으로 거물급 인사들과 함께 방중할 기회를 얻었다."

도 많은 나라라고 조심스런 평가들을 내리고 있었다.

하지만 나는 중국의 비약적인 발전가능성에 좀 더 무게를 두었다. 조만간 동북아 시대가 올 것이며, 그때가 되면 우리 입장에서 미국과 일본과의 관계도 중요하지만 중국과의 관계가 이에 못지않게 더 중요해질 것이었다.

내가 중국의 중요성을 새롭게 인식하게 된 계기는, 1989년에 있었던 중국 방문 덕분이었다. 당시 나는 국회의원이었는데, 중국의 사회과학원 초청으로 거물급 인사들과 함께 방중할 기회를 얻었다. 당시는 한중 국교가 수립되기 전이라 아직 냉랭한 기류가 흐르고 있었지만, 탈냉전과 개방화 시대를 맞아 중국이 서서히 꿈틀거리며 일어나고 있다는 증거가 곳곳에서 감지되었다. 중국은 역사적으로 수천 년 동안 한국과 가장 가까이 지내온 나라였고, 중국의 근대화 과정 또한 한국의 근대화 과정만큼이나 좌절과 실패와 식민의 역사로 얼룩져 있었다. 한중 두 나라는 서로 배울 것도 많고 도울 것도 많은 관계였다. 그리고 그럴 때에만 두 나라 모두 상생의 길로 나아갈 수 있을 것이었다.

1992년, 적대적으로 대치하고 있던 한국과 중국은 반세기 만에 수교를 맺었다. 그 다음해 인천시장으로 부임한 뒤 나는 대중관계 강화를 목표로 삼고 중국과의 교류를 확대하기 위한 온갖 방안을 탐색하기 시작했다. 중앙정부에서 이루어지는 대중국 외교와는 별도로, 한중을 잇는 최단 거리의 요충지에 있는 인천이 큰 역할을 할 수 있고, 해야 한다고 생각했기 때문이다.

일단 황해를 감싸고 있는 중국의 연안도시들과 자매결연을 맺는 일부터 시작했다. 중국 쪽에서는 예상했던 것보다 훨씬 더 적극적인 태도를 보이며 인천과의 자매결연을 희망해 왔다. 중국 대부분의 연안도시들, 아래로는 칭다오로부터, 톈진, 다롄, 웨이하이, 옌타이-단둥, 선양(옛 심양) 등 7개 도시에서 신청이 들어온 것이다. 대부분의 도시들이 인구가 700만에서 1000만 가까이 되고, 땅 덩어리도 우리나라 도의 크기에 해당하는 도시들이었다. 우리로서는 기쁜 마음으로 신청을 받아들여 7개 도시와 모두 자매결연을 맺으려 했다.

하지만 중국 중앙정부 측에서는 한 도시를 선택해 달라고 부탁했다. 중국 정부가 개입해 중국처럼 큰 나라의 여러 도시가 한국처럼 작은 나라의 한 도시 인천과 한꺼번에 자매결연을 맺어서는 안된다고 제동했던 것이다. 인천시가 용역을 맡겨서 검토한 결과, 7개 시 중 톈진시가 인천시와 유사한 밀접성을 가지고 있다는 결과가 나왔다. 중국의 네 개의 직할시 가운데 톈진은 직할시로서 인구도 많고 규모도 크고, 바로 뒤에 중국의 수도 베이징이 받치고 있었다. 베이징의 육해공 관문인 톈진은 인천과 여러 모로 조건이 비슷했고 동북아의 중심 벨트 형성을 함께 도모할 만했다.

톈진과 자매결연을 맺기로 결정하자, 나머지 도시들에서 안타까움과 불만의 목소리가 터져 나왔고 인천시는 그 도시들에 이런 제안을 했다.

"중국정부에서 자매도시라는 명칭으로는 한 도시와만 결연하라고 하여 부득이 이런 결정을 내렸지만, 우리가 서로 교류하는데 명칭이 무슨 의미가 있겠습니까? 우호도시라는 명칭으로 서로 협정을 맺어서 자매도시와 똑같은 차원에서 교류하면 어떻겠습니까?"

모두 좋다고 합의하여 인천은 순차적으로 다롄(1994년 4월), 칭다오(1995년 9월), 단둥(1995년 9월) 등과 우호도시 협약을 맺게 되었다. 자매도시 결연을 맺는 그 과정에서 나는 중국이 명분을 중요시하면서도 실리를 놓치지 않고, 자존심을 꺾지 않으면서도 융통성을 발휘할 줄 아는 나라라고 생각했다. 그리고 실

"중국인들도 술을 즐기는 민족이라, 그쪽에서 대뜸 우리에게 '깐뻬이(건배)'를 제안해 왔다. 깐뻬이는 한 번에 잔을 다 비우자는 뜻이었다. 술을 즐기는 나는 그대로 잔을 비웠고 분위기는 단번에 우호적으로 달아올랐다."
인천-대련 우호교류추진위원 간담회 자리에서 최시장이 인사말을 하고 있다. (1995.9)

제로 교류해본 결과, 그 판단은 틀리지 않았다.

1993년 12월 7일 톈진과 인천이 자매결연을 맺었다. 이 자매결연을 위해 장리창(張立昌) 톈진 시장이 내한했고 인천시청에서 만나서 조인식을 가졌다. 한중수교 1년 4개월 만의 일로, 국내에서 최초로 쏘아올린 대중국 교류의 신호탄이었다. 그 화답으로 다음 해인 1994년 봄, 나를 비롯한 인천시의 대규모 해외개척단 138명이 자매도시인 톈진을 방문했다.

마침 우리 개척단이 도착한 날이 김영삼 대통령의 중국방문에서 마지막 날이었다. 한국에 대한 관심이 한껏 높아진 터라,

인천의 방문단에 대한 관심도 높았다. 톈진공항에 도착해보니 붉은 카펫이 깔려 있고, 악대가 웅장한 연주를 하고, 도열한 시민들이 태극기를 흔들었다. 우리가 벤츠 승용차와 전세버스에 나눠 타고 시로 진입하자 경찰 수천 명이 깔려 미리 교통을 통제하고 있었다.

방문 첫날의 환영만찬회의 공식 술은 마오타이주, 닉슨과 등소평의 미-중 외교에서 등장했던 유명한 술이었다. 중국인들도 술을 즐기는 민족이라, 그쪽에서 먼저 대뜸 우리에게 '깐뻬이(건배)'를 제안해 왔다. 깐뻬이는 한 번에 잔을 다 비우자는 뜻이었다. 술을 즐기는 나는 그대로 잔을 비웠고 분위기는 단번에 우호적으로 달아올랐다.

공무원이든 시의원이든 견문을 넓혀야 한다는 게 최시장의 지론이었다. "보고 듣고 느껴라" 인천시 출입기자단 10여명이 그런 덕에 최시장과 함께 외유의 기회를 얻었다. 중국 시안을 방문한 최시장과 출입기자단. (2000.10)

다음 날, 인천과 톈진은 자매도시로서 모든 방면의 교류를 확대할 것을 약속했다. 또 톈진에 30여 층짜리 인천무역센터를 건립하여 중국에 진출할 수 있는 거점을 확보할 수 있도록 협약을 맺었다. 그후 20일 동안 우리 해외개척단은 우호도시 협약을 맺은 중국연안도시들을 돌면서 경제적 문화적 교류를 확대할 것을 약속했다. 어디를 가도 중국인들은 '깐뻬이!'를 외치며 술을 즐겼는데, 그것은 중국인들이 인천시를 향해 보여준 호기심과 환대의 표시였다.

당시 중국은 개방 10년을 즈음해, 인적 물적 인프라 구축에 여러 가지 시행착오를 겪고 있었다. 중국 내 외국인 투자는 매우 부진한 상태였고 외국도시와의 교류협력도 미약한 수준이었다. 그런데 그렇게 잠시 숨을 고르고 있던 중국의 연안도시를 향해, 인천이 제일 먼저 손을 내민 것이다. 한반도에서 '조선(북한)'을 유일한 국가로 알고 있던 연안도시의 중국인들은, '남조선(한국)'의 관리와 기업인들에 대해 호의와 기대를 품고 있었을 뿐더러, 비약적인 경제발전을 이룬 아시아 4룡 중 한 나라라는 데 대해 부러움도 갖고 있었다. 그런 복잡한 감정과 관심이 수많은 깐뻬이 제의로 나타난 것이었다.

인천은 어느 시도도 감히 해내지 못했던 자체 해외개척단을 발대하여 가장 잠재력이 큰 시장으로 예상되는 중국 대륙에 대한 개척을 시작했다. 첫발을 내딛는다는 것은 언제나 중요한 일이지만 외교상에서 '최초'라는 것은 상징적 의미가 더 했다. 지금도 중국의 연안도시에서는 서울이나 부산보다, 인천이라는 도시가 더 친근하고 대표적인 브랜드로 자리 잡고 있다.

내가 경험한 중국인들이 관계를 맺는 방식의 특징은 지속성과 의리였다. 일회적이고 업무중심적인 서양식 비즈니스와 달리 인간적인 면을 중시한다. 그런 면에서 나는 당시 중국 연안도시의 시장과 실무진 들과 좋은 관계를 맺었다. '최기선'이란 남조선 관리가 자기 몸을 혹사하면서까지 자신들의 깐뻬이를 받아주고 기껍게 호응해준 데서 인간적인 친밀감이 생겨났다고 했다.

인천시는 중국뿐 아니라 기존의 교류 상대인 일본과 미국, 유럽 쪽으로도 해외개척단을 부지런히 파견했다. 일본의 큐슈지방과도 자매결연을 맺고, 미국의 필라델피아와도 자매결연을 맺어 해외사무소를 냈다.

일반적으로 중소기업은 대기업과 달리, 해외로 진출하거나 수출을 하려 해도 특별한 루트도 없고 누구를 상대해야 하는지도 알지 못한다. 특히 인천에는 중소기업들이 상당수이고 모두 그런 어려움을 겪고 있었다. 이를 지원하기 위해 인천시에서는 해외공관에 미리 협조를 구하여, 한국기업인과 그 나라 기업인들이 만나 믿고 상담하고 계약할 수 있도록 보장하는 방안을 마련했다.

총 12차례에 걸쳐 중소기업인들이 세계 각지를 누비며 상담을 하고 수출의 방도를 찾은 결과, 해외개척단이 발대한 첫해인 1993년에는 수출계약이 40만 달러이던 것이, 다음 해인 1994년에는 그보다 1300배 많은 4억 2천만 달러의 계약을 체결하는 놀라운 성과를 올렸다. 그리하여 공단밀집지역인 경기도를 제치고 인천이 당당히 시도부문 1위의 실적을 올리기도 했다.

내가 중국과 교류를 시작할 당시에 팀장, 과장 등으로 일하던 중국의 실무진들은, 세월이 지나면서 중국 중앙정부와 각 지역의 요직에서 고위간부로 활약하고 있다. 내가 인천시장직에서 물러난 지금까지도 그들은 '인천'과 '최기선'을 기억하고 있고, 중국을 방문하면 오랜 친구처럼 따뜻하게 환영한다.

심지어 인천의 자매도시와 우호도시 들에서는 한국 기업인

자매도시인 일본 기타큐슈 시장과 함께 환황해 도시시장 회의에서 결의한 과학기술 협력방안 협정서에 서명한 후 협정서를 교환하고 있다. (1996.8)

들이 '최기선 전 인천시장'을 안다고 하면 일단 점수를 따고 들어간다고 했다. '최기선 노스탤지어(향수)'라는 말까지 있다고 해서 그렇게 오랫동안 기억해주는 중국인들에게 내가 더 감동적인 인상을 받았다. 하지만 그런 현상이 내 개인적인 차원에 그치지 않고, 인천이 중국과의 교류를 활발히 하는 데 도움이 될 수 있고, 인천의 이미지를 제고하는 데 기여할 수 있다면 더 바랄 것이 없다. 비록 지금은 공직에서 은퇴했지만, 민간 차원의 교류협력에 이바지할 몫이 남아 있다면 오래도록 최선을 다하고 싶다.

4부

인간의 존엄을 위한 시정

쉽지 않았지만 나의 선인학원 시립화선언에 대한
지역의 여론이 긍정적인 것은 희망이었다.
시립화를 이야기할 때마다 시민들이 보내주던 지지와 환호,
그것은 인천이 가지고 있던 침체와 패배주의에서 벗어나자는
시민들의 뜻이었다.

14

누구도 하지 못한 결단, 선인학원 시립화

1993년 5월 1일, '선인학원 사태를 우려하는 시민의 모임' 분들이 시장실로 찾아왔다. 김병상 신부와 오경환 신부, 황규록 목사, 이규학 목사, 최원식 교수, 정희윤 간사, 노창현 이사장 등이었다. 선인학원 문제라면 나도 이미 알고 있었다. 국회 내무위원으로 있던 1989년, 선인학원 축대가 무너져 송림동 판자촌의 20여 가구가 매몰되는 큰 사건이 일어났었기 때문이었다. 무려 30여 명이 압사한 대참사였다.

그때 국회조사단의 일원으로 인천에 급파된 나는 그동안 주민들의 끈질긴 요구에도 선인학원 측에서 배수관을 제대로 묻지 않아 사고가 일어났다는 사실을 알게 되었다. 그리고 인천에서 선인학원이 일종의 치외법권처럼 행동하고 있다는 사실도 인지하게 됐다.

1958년 설립된 선인학원의 이사장은 육군 중장 출신의 백인엽이라는 사람이었고 그는 '국군창건의 아버지'라고도 불리는 백선엽 장군의 동생이기도 했다. 백인엽은 군복무 시절에 알게 된 미군 장성 및 한국군 고위관계자들과의 친분을 이용하여 무상으로 건설자재와 중장비를 지원받아 학원건립에 투자하는 등 수완을 발휘하여 선인학원을 급속히 성장시켰다. 내가 부임할 당시 선인학원은 인천대와 인천전문대 등 2개 대학과 12개의 중고등학교를 거느린 한국 최대의 사학재단이었다.

하지만 선인재단은 재단측의 비리와 횡포, 횡령, 부정입학, 방만한 경영 등으로 악명이 높았다. 그러다보니 학내분규가 끊이지 않았고 1986년 10월에는 교육사상 초유의 53일간의 휴교조치를 받기도 했다. 인천시장이 되어서 보니 선인학원은 일개 사학재단의 문제가 아니라 인천의 치욕과 억압을 상징하는 심각한 문제였다. 설립 당시부터 토지를 불법적으로 수용하고 토착민들을 폭력으로 몰아낸, 지역사회의 암적인 존재였다. 그런 재단이 무려 40여 년 가까이 승승장구하며 이어져 내려왔으니 이는 인천의 수치이자 어두운 그늘이었다.

나는 인천시장이 되면서 어떻게 하면 시민들이 자부심을 갖고 인천을 사랑하며 희망을 갖고 살 수 있을까 고민했다. 그러자면 당연히 변화가 필요했고 그 변화는 인천의 고질적인 문제를 해결함으로써 가능하다고 생각했다. 나를 찾아온 지역사회의 분들은 내가 문민정부 초대 시장인 데다가 강직하면서도 남

다른 정의감을 가지고 있고 정부 내에서 막강한 영향력을 가지고 있다는 데 기대를 걸고 있었다. 문민정부 출범에 따른 인사 쇄신으로 정부 각처에 뿌리박고 있던 백인엽의 비호세력들이 물러나고 있다는 점도 중요한 기회라는 판단과 함께, 내가 시장에 취임하자마자 시청 앞의 바리케이드를 철거하고 과거 반정부 혹은 재야 성향의 인사로 분류된 인사들까지 폭넓게 교류한다는 데 깊은 감명을 받았다고 했다.

"어떤 방법을 생각하고 계십니까?"

나도 이미 마음속으로 결론을 짓고 있었지만 이렇게 물었다.

"시 · 공립화뿐입니다."

두 개의 대학, 그리고 열두 개의 중고교를 한번에 시 · 공립화한다는 것은 쉬운 일이 아니었다. 물론 선인재단 측에서 순순히 내놓지 않으리라는 문제도 있었지만 정부에서 받아줄 것인가가 더 문제였다. 이를 악용해 백인엽은 1981년에 자신의 횡령 사건과 관련해 기꺼이 학교를 내놓겠다고 한 적이 있었다. 그게 실현되지 않은 건 워낙 대규모의 재단이라 중앙부처에서 수용이 불가능했기 때문이었다. 백인엽은 그걸 잘 알았고 그러니 문제가 불거질 때마다 국가 헌납의 제스처를 취하는 것이었다. 나는 청와대의 박관용 비서실장과 선인학원 문제를 상의한 뒤 상황을 직접 확인하기 위해 5월 10일 인천대를 방문했다.

이것이 어떻게 학교인가. 선인재단에 들어서자마자 내가 한 생각이었다. 재단 측에서 관리하지 않아 수도 시설이 엉망이었고 학교 앞마당에는 수십 톤의 쓰레기가 그대로 방치되어 있었다. 10여 층의 건물에 화장실이 없어서 위층에서 수업을 받던 학생들이 급한 일을 참다가 병까지 걸린다고 했다. 교원들에 대한 횡포도 심각했다. 재단 측에 협조하지 않는 교수나 교사들은 불법적으로 해고하고 교원을 채용하는 데 금품을 받기도 했다. 개중에는 재단측 인사에게 폭행당하는 교원이 있기도 했다.

나는 인천대 사람들의 브리핑을 들은 다음 계단을 걸어 본관 9층으로 올라갔다. 강의실과 교수 연구실, 방치된 위험한 축대, 그 열악한 시설들을 내 눈으로 확인했다. 대학도서관이라고 해봤자 복도 한구석을 막아서 만든 것에 불과했고 화학실험실은 안전시설 하나 없이 드럼통에다 시제약품을 보관한 채 운영되기도 했다. 재단을 둘러보면 볼수록 암담함이 들었고 시청에서 돌아올 즈음에는 이미 시립화의 결심을 굳히고 있었다. 시청에 도착하자마자 시장실에 들르지 않은 채 나는 기자실로 발길을 돌렸다.

"지금 선인학원에서 오는 길입니다. 대학 관계자로부터 브리핑을 받고 학교 시설을 실제로 돌아봤습니다. 과연 학교인가 의심스러웠습니다. 문민시대를 맞아 군사문화를 청산하고 인천의 발전과 교육의 정상화를 위해 선인학원 시립화를 적극적으로 검토하겠습니다."

"과연 가능할까요?"

"과거에 실패했다는 것을 알고 있습니다. 하지만 나는 내 말에 책임을 지는 사람입니다. 반드시 이룰 겁니다."

나는 이철규 기획관리실장에게 이 사업 추진을 위한 계획을 수립하라고 지시했다. 이 실장은 기획관리실 산하의 '행정쇄신기획단'을 개편해 '선인학원 시립화 추진기획단'을 발족시켰고 곧 작업에 착수했다. 하지만 정말 만만치 않은 일이었다. 유치원에서 대학에 이르는 14개 교육기관에 1,109명의 교직원과 32,677명에 이르는 학생이 관련되어 있었다. 특히 대학의 시립화는 사립체제를 공립체제로 전환하는 거의 최초의 예였고 선례가 없다보니 주무부처인 교육부조차 당혹감을 표했다. 게다가 그 당시 교육법과 지방자치법에 의하면 지방자치단체는 교육에 대해 아무런 법적 권한과 책임을 갖고 있지 못했다. 그러므로 중앙의 교육부나 내무부에 건의하고 요청하는 지루한 줄다리기가 계속됐다. 통상적으로 학교 하나를 설립하는 데도 2, 3년이 소모되는데 14개 교육기관을 시립화하는 데는 얼마나 오랜 기간이 걸리겠는가. 하지만 언제까지 미루어둘 수는 없었다. 시립화 공식 선언에서 내가 시립화하겠다고 한 시한은 다음 해인 1994년이었다.

쉽지 않았지만 나의 시립화 선언에 대한 지역의 여론이 긍정적인 것은 희망이었다. 시립화를 이야기할 때마다 시민들이 보내주던 지지와 환호, 그것은 인천이 가지고 있던 침체와 패배주의에서 벗어나자는 시민들의 뜻이었다.

간혹 일부 시의원이나 유력인사들이 반대하기도 했다. 자본주의 국가에서 개인의 사학법인을 왜 시립화하느냐, 시민의 혈세를 들일 바에는 국립화하는 것이 어떻겠느냐, 하는 말들이었다. 나는 단호하게 반대했다. 선인학원 문제는 가능한 단시간에 해결을 보아야 하며 자칫 장기화될 경우 설립자측의 방해공작으로 실패하게 될 것이기 때문이었다. 여기다 새로운 국립대학의 설치 주장은 전혀 가능성이 없었다.

시립화 과정에서 필요한 것은 세 단계였다. 첫 번째 선인재단의 '기증 의사'였다. 선인학원의 관선 이사진이 시립화에 찬

"선인학원을 처음 둘러 본 기억을 잊을 수가 없다. 군사 독재의 잔재가 학원 안에 고스란히 남아 있었기 때문이었다."
최기선 시장의 정치적 역령은 실세 시장이라는 위상은 선인학원 시립화 과정에서 유감없이 펼쳐졌다. 최시장이 시립인천대학교 출범 기념식에서 치사하고 있다.(1994.3)

성하고 수세에 몰린 백인엽이 선인학원 기증 의사를 6월 9일 밝혀옴에 따라 이 부분은 정리를 마쳤다. 다음으로는 시 당국의 '수증 의사'였는데 나를 비롯한 시의 간부들이 노력한 결과 시 의회 의원들은 이미 설득이 되어 있었다. 마지막으로는 교육부의 승인 절차 및 이와 관련된 정부 각 부처의 협력을 얻는 일이었다. 사실 이 부분이야말로 시립화의 성패를 좌우할 핵심적인 사항이었다. '시민의 모임'에서도, 시 직원들도 이 부분에 대해서는 나에게 기대를 걸고 있었다.

중앙부처를 찾아다니며 설득에 나서자 오히려 사람들은 왜 불가능한 일에 매달리느냐는 반응이었다. 나는 오랜 비리의 온상인 선인학원 문제 해결에 나서면 중앙 정부에서 협조하리라 생각했는데 아주 반대의 반응이었다. 청와대, 교육부, 내무부, 총무처 등과 교섭을 시작했는데 주무부처인 교육부조차도 냉담한 반응이었다.

전 내무부 장관이었던 이해구 장관은 "과거 인천에서 근무해서 백인엽 씨를 잘 아는데 최시장, 그러다 상처를 입는다"고 걱정했고 최형우 내무부장관도 "여러 곳에서 들으니까 입장이 곤란해질 것 같은데 깊이 생각하라"고 충고했다. 교육부는 승인해줄 생각이 없는 것 같고 중앙의 다른 부서들은 아예 손을 놓고 있으니 사실 두려웠다. 나에게 해가 올까봐 두려웠던 것이 아니라 이 일이 무산돼 인천 시민의 기대가 실망으로 바뀌는 상황이 두려웠다.

소관부처들을 헤집고 다니며 설득과 비판과 간청을 반복했다. 잠도 제대로 잘 수 없는 초조하고 긴장된 날들이었다. 대통령에게까지 가서 시립화 문제를 건의했다. 김영삼 대통령은 나의 보고를 듣고는 "적극 지원하라"고 지시했고 비서진들에게는 "인천에서 최기선이가 큰일을 하고 있다"고 말했다. 이러한 대통령의 뜻을 받들어 어려운 일이 있을 때마다 박관용 비서실장과 김정남 교육문화 수석이 강력히 지원해주었다. 대통령이 나서야 해결이 될 만큼 선인재단 시립화는 정말 어렵고 복잡한 일이었다.

나는 '실세'의 힘을 아낌없이 발휘하여 좌충우돌, 중앙부처 사람들을 만나 압박하고 설득하고 호소했다. 공식적인 루트란 루트는 다 뚫었고 개인적인 친분도 적극적으로 활용했다. 14개 학교를 동시에 시립화하기 위해서는 짐작하기 어려울 정도로 복잡한 절차상의 문제들이 존재했다. 더구나 선인학원처럼 거대한 규모의 사학이 국공립화된 전례가 없으므로 교육부 담당자들은 자칫 잘못 처리했다간 전국 사학이 들고 일어날지 모른다고 우려하여, 사사건건 발목을 잡으며 시립화를 불가능한 쪽으로 결론지으려 했다.

또 당시 문민정부는 작은 정부를 지향하여 공무원 정원을 줄여가는 상황이었다. 그런데 선인학원이 시립화 되면 12개 중고등학교 교사들과 2개 대학 교수들, 기타 직원들까지 모두 공무원이 되어야 하므로 공무원 정원이 수천 명이나 늘어나게 된다. 그에 따라 정부 예산도 늘어나게 되고, 그러면 작은 정부를 지향한다는 정부의 방침이 무색해진다. 이런 이유로 공무원 수를 관장하는 총무처와 예산을 담당하는 경제기획원, 지방정부를 관리하는 내무부 등이 난색을 표하는 것이었다.

최종인가를 내려야 할 교육부에는 나뿐 아니라 인천시 공무원들이 교육부 문턱이 닳도록 드나들며 설득작업을 벌였지만 요지부동이었다. 모든 국장과 과장들이 선인학원 시립화 인가를 반대하고 있었다. 그러다 그해 11월, 교육부에 새로운 장관이 임명되었다. 여성장관인 김숙희 장관이었는데, 그 소식을 듣는 순간 나는 하늘이 우리를 돕는구나 싶었다.

그와는 장관이 되기 한달 전 연수구의 한 어린이집에서 만나 인천의 국제화 등에 대해 이야기를 나눴는데 그때 김 장관은 큰 감명을 받았다고 했다. 나 역시 첫 만남에서 김숙희 장관의 혜안과 능력에 기대를 걸게 되었다. 그래서 김숙희 장관이 교육부로 임명되자마자 찾아가서 선인학원 시립화에 대해 상의했다.

"인천 교육에 획기적인 전환점이 될 것입니다. 비리와 군사문화의 잔재인 이곳이 시민의 품으로 돌아가면 인천에 새 희망이 열리게 됩니다. 우리는 다른 세상을 기약할 수 있게 됩니다. 그 길은 오직 시립화밖에 없습니다."

김숙희 장관은 선인학원 문제가 교육부로 넘어갔을 때 참모들이 반대하는 가운데 내게 전화를 걸어, 의견을 물었다. 나는 선인학원 시립화의 당위성을 간절히 호소하면서 마지막으로 “김 대통령과 과거의 암흑기를 뚫고 나온 사람이니 나를 믿어 달라”고 부탁했다. 이러한 과정 끝에 12월에 시립화를 공식화하는 ‘내인가’ 문서를 교육부에서 보내왔다. 모두 불가능하다고 말했던 일이 현실화의 첫발을 내딛는 순간이었다.

15

사학 혁명,
시민과 민주세력이 이루다

그런데 교육부의 내인가서에는 조건이 붙어 있었다. 시공립화 추진을 내인가 하는 대신 교육공무원에 대한 정원 승인이 안될 때는 내인가서 자체가 무효라는 것이다. 정원 문제는 원래 교육부가 나서서 추진해야 할 일인데, 그 역시 내가 나서서 해야 할 형편이었다. 그때부터 총무처와 경제기획원을 찾아다니며 공무원 정원을 확보하기 위해 동분서주했다. 우리 시의 실무책임자는 문건수 국장이라는 지방고위간부였는데 아무리 사정을 해도 소용이 없었다. 늘 같은 대답이었다.

"안됩니다. 대통령 지시로 내려온 정책적인 사안입니다. 단 한명도 정원을 늘일 수 없습니다."

그때는 청와대에서 공무원 인원 동결 방침이 내려와 숫자를 늘리기는커녕 불필요한 인원을 줄여나가는 상황이었다. 다시 내가 직접 뛰는 수밖에 없었다. 정원을 확정 짓지 못하면 모든 일이 수포로 돌아가게 되기 때문이었다. 최창윤 총무처 장관을 직접 찾아갔다. 최창윤 총무처 장관은 나와 같은 해주 최 씨여서 문중에서 만나 뵙고 잘 아는 사이였다. 나는 최장관에게 선인학원 시립화가 얼마나 시급한 일인지를 설명하고 막대한 예산이 들지도 않는데 공무원 숫자가 늘어난다는 형식논리로 이런 중요한 일을 못하게 막을 수 있느냐고 호소했다.

또 당시 청와대 김정남 교육수석도 민주화 투쟁 때 상당한 친분이 있던 터라 도와달라고 부탁했고, 청와대 박관용 비서실장과도 허물없이 지내던 터라 강력하게 도움을 요청했다. 그러자 경제기획원과 총무처에서도 태도를 바꿔 인가를 검토하는 단계에 이르렀다.

시립화 인가가 나니까 학교에서는 곧바로 데모가 일어났다. 백인엽 측근인 소위 '백파' 교수들이 교사들과 교직원들까지 동원해 시립화 반대 데모를 했다. 백파와 가깝게 지냈던 학부모의 일부도 가담했다. 그전에는 시립화가 불가능하다고 봤기 때문에 기증서도 보내고 조용히 있었던 백파인데, 창졸간에 교육부에서 인가가 떨어져버리니 사생결단으로 반대하기 시작한 것이다. 폭력도 서슴지 않는 수준이었다.

긴장의 연속 속에서 시립화를 이루어놓으니 교수와 학생, 교직원들이 제각각 불만을 토로하며 내게 항의했다. 그 배경에는 시립화를 반대하는 사람들의 이간질과 부추김이 숨어 있었다. 교수들은 시립화가 되면 시가 자율성을 보장하지 않을 것이고 행정적으로만 다룰 것이며 시의 예하부대나 다름없는 자율성 없는 대학이 될 것이라고 했다. 학생들은 시립화가 된다니까 등록금을 반으로 인하해 달라고 요구했다. 처음에는 시립화만 되면 그런 요구를 절대 하지 않겠다고 학생대표와 동문대표 들이 약속했지만, 막상 시립화가 된다니까 마음이 달라진 것이었다.

교직원들은 정원을 일반직 공무원으로 채용해 달라고 목소리를 높였다. 공무원에는 본래 일반직과 별정직이 있는데, 일반직 공무원이 되려면 공무원 임용령에 의해서 일정한 시험을 통과해야 했다. 들어줄 수 없는 일이었다. 시립화가 가능해질 때까지 사력을 다해 뛰었는데 그렇게 힘을 합쳤던 이들이 각자 자기 몫을 늘리기 위해 목소리를 높이고 있었다. 그것이 어떤 허탈감을 불러온 것은 사실이었지만 나는 그들만을 위해 시립화를 추진한 게 아니었다. 다시 힘을 내어 문제를 수습해나가기 시작했다. 시민 단체들도 같이 나서서 설득하고 협조했다.

나중에 들어보니 교수들이 시의 의도에 지나치게 민감했던 건 백인엽에게 인격적으로 존중받지 못했기 때문이었다. 일종의 피해의식에 사로잡혀 있었던 것이다. 심지어 교수들에게 학교 외곽 보초까지 서게 했다면 더 이상 무슨 말이 필요하겠는가. 나는 그들을 직접 만나 차분히 설득했다.

"시가 해야 할 일도 태산인데 어찌 대학을 감독하고 감시하는 데 열중하겠습니까? 아닙니다. 대학의 입장을 존중합니다."

등록금 인하를 요구하는 학생들에게는 시립화는 시민이 학생들의 등록금을 대주기 위해 하는 것이 아니라 정상화하기 위해 하는 것이라고 설명했다. 등록금을 시민에게 떠넘기고, 시민이 학교를 외면한다면 시립화의 의미도 반감되는 것이었다. 이렇게 원칙을 확고히 세우고 갈등을 진화해나갔다. 원칙대로 하자는 데는 아무도 막을 수 없었다. 마침내 1994년 2월 28일부로 선인학원이 영원히 해산되고 3월 1일부로 시립인천대학교, 인천전문대학교, 12개의 초·중·고교는 교육부 공립학교로 전환되었다. 하지만 이 과정에서 또다시 어쩔 수 없는 아픔을 겪어야 했다.

2월 28일부로 모든 교수, 교직원들은 자동 해임되고 3월 1일부로 신규 임용되어야 했다. 그동안 교수와 교직원들의 처신에는 문제가 많았고 그것이 학내분규의 원천이 되어 왔기 때문이다. 시립대가 더 나은 교육 환경을 갖추기 위해서는 인적 청산을 확실히 해야 했다. 그 과정에서 교수 67명을 포함해 전체 101명을 신규 임용에서 제외시켰다. 개인적으로는 매우 마음 아픈 일이었다.

결원을 보충하기 위해 채용공고를 내니 전국 각지에서 인재들이 몰려들었다. 천신만고 끝에 시립화된 대학의 인적 청산을 지켜본 후인데다, 심사위원회가 공정하게 심사할 것이라는 믿음이 널리 퍼져 젊은 엘리트들이 많았다.

신규 임용과 관련해서는 공정하게 실력 위주로 선발한다는 대원칙을 철저히 세웠다. 그런데 채용공고가 나간 직후부터 나에게 청탁이 들어오기 시작했다. 엄연히 채용 심사위원회가 있는데도 이력서와 소개서, 전화청탁, 직접 찾아오는 수준까지, 대책 없이 밀려드는 청탁에 어이가 없었다. 가만히 생각해보니, 소위 '사학 혁명의 괴수'로 불리는 나한테도 무서운 줄 모르고 이렇게 청탁이 쏟아져 들어오는데 새로 선임된 총장이나 학장, 심사위원들에게는 오죽할까 싶었다. 심사위원회 구성원들을 모두 불러 내 책상서랍에 쓸어 담아둔 청탁 관련 서류들을 보여주었다.

"이게 다 신규 임용와 관련해 제게 들어온 청탁들입니다. 아주 높은 선에서 들어온 청탁도 있습니다. 하지만 저는 청탁 내용을 하나도 읽어보지 않았습니다. 그래서 여러분께도 청탁할 내용이 없습니다. 선발은 여러분이 하고, 임용은 제가 하는 것입니다. 저는 여러분을 믿고 여러분이 선발한 그대로 임용할 것입니다. 하지만 나중에 공정하지 못한 선발을 한 게 드러날 경우 용서하지 않겠습니다. 어떤 청탁도 임용에 개입하지 않도록 한 분 한 분이 각고의 노력을 기울여 주십시오. 가장 실력 있는 사람들을 뽑는다는 한 가지 원칙만 염두에 두고 채용에 임해 주십시오."

그렇게 하여 공정한 선발과정을 거쳐 교수들이 신규 채용되

인천대학교는 시립화 이후 안정을 되찾았다. 송도 이전 후 학교의 위상은 몰라보게 달라졌다. 마침내 국립 인천대학교로 발돋움했다. 그것은 인천 시민들의 자존심이 됐다. 최시장이 인천대학교 김학준 총장과 함께 대우 동북아교류센터 기공식에서 테이프커팅을 하고 있다. (1999.11)

었다. 그리고 그들이 시립인천대학의 중추가 되었다. 마침내 1994년 3월에 인천대와 인천전문대는 시립대학으로 12개 중고등학교는 공립학교로 새로 출범했다.

1993년 6월에 본격적으로 시작해서 1994년도 3월에 완전한 시립화가 이루어진 선인학원 혁명은, 인천 시민들과 민주세력이 힘을 하나로 모아 시의 행정을 뒤에서 든든히 받쳐주었기 때문에 가능했던 일이었다. 선인학원이 시립화되어서 가장 좋은 점은, 인천 시민들이 우리가 힘을 합치면 엄청난 일을 해낼 수 있다는 자신감을 갖게 된 것과, 인천시와 시장인 나에 대해서 신뢰감을 갖게 된 것이었다. 아직까지 그렇게 거대한 사학재단을 시립화한 예는 우리나라에서는 없다. 아마 세계적으로 따져봐도 찾기가 쉽지 않을 것이다.

이러한 사학재단의 폐해는 20여 년이 지난 지금까지도 계속되고 있다. 사학재단의 쇄신에 앞장 선 사람으로서 이런 당부의 말을 남기고 싶다.

선인학원이 시립화되고 인적 청산이 이루어졌다고 해서 모든 일이 해결된 것은 아니었다. 우선, 해직된 교수들이 차례차례 소송을 제기했다. 그리고 법적 소송을 통해 상당 부분 보상을 받거나 복직이 되었다. 해직된 교수들 중에는 논문도 학위도 없는 무자격자들이 많았다. 그들을 해임할 때 낱낱의 부패 증거를 확보할 시간이 없어, 교수직 자격이 안되는 점을 물어 해직했다. 하지만 무자격 교수라 할지라도 이미 임용이 된 이상 무자격 문제를 소급 적용하여 해직할 수 없다는 것이 법리적 입장이었다.

요즘 같으면 교수평가제 같은 장치로 이들을 걸러낼 수 있겠지만, 당시에는 그럴 만한 시간적 여유가 없었다. 해직된 교수들 대부분이 '백파'로서 학교 측 헤게모니를 단단히 틀어쥐고 있었기 때문이다. 그 세력을 일거에 와해시키지 않으면 선인학원은 정상화될 수 없었다.

인천시는 그 후 법원의 결정에 따라 해지된 이들에게 배상금을 지불해야 했고 일부 교수들은 복직도 시켜야 했다. 일부에서는 배상판결을 놓고 '그 당시 처리가 성급해서 인천시가 떼돈을 물게 됐다'며 비판을 하기도 했고, '선인학원 시립화가 유일한 해결책이었는지 재고할 여지가 있다'며 옛 선인학원 재단측을 비호하는 듯한 수상쩍은 말들을 흘리기도 했지만, 내 입장은 그때나 지금이나 변함없이 단호하다. 그때 대규모의 인적 청산을 하지 않았더라면 오랜 세월 동안 고질적인 비리와 부정과 불법이 만연했던 선인학원을 정상화 시키는 일은 불가능했을 것이다. 그 오랜 부패의 세월을 함께 지켜봐 온 인천 시민들 또한 나와 같은 생각을 했으리라 믿는다.

다음으로, 선인학원 혁명과 관련하여 가장 중요하게 지적하고 싶은 것은, 비리사학과 부패사학의 끈질긴 생명력에 관한 것이다. 교수들이나 교직원들 개개인의 배상과 복직 문제를 떠나, 선인학원 소속이었던 전체 학교들의 운명도 시립화 이후 완전히 마무리 되었다고 볼 수 없었다. 앞에서 말했듯 선인학원은 1981년 전두환 정권 시절에 국유화될 뻔했지만 1988년에 백인엽 씨가 반환소송을 내서 다시 되돌려 받았던 전력이 있었다.

1994년 시립화가 된 이후에도 이런 과정은 되풀이되었다. 너무 빠른 시립화에 놀라고 당황한 백인엽은 정신을 차리자마자 바로 반환소송을 내서 선인학원을 되찾으려 했다. 다행히 이 소송에서 백씨가 패소했고, 선인학원은 아직까지 인천시의 소유다. 하지만 이것으로 모든 일이 깔끔하게 끝났다고 볼 수는 없다. 언제든 백인엽은 반환소송을 낼 준비를 하고 있기 때문이다. 앞으로도 인천의 시민들이 지켜보아야 할 대목이다. 우리는 시민의 돈으로 운영되는 학교를 지켜야 하는 의무가 있다. 아이들을 교육하는 학교는 명명백백한 공공재이기 때문이다.

선인학원 시립화 과정에서 나는 사학재단의 비리와 부패에 관한 한 결코 점진적인 개혁은 가능하지 않다는 입장으로 임했다. 오로지 혁명적인 해결만이 가능했다. 하지만 그 혁명이 만만치 않은 비용과 대가를 치르게 했던 것도 사실이다. 더 중요한 것은, 사학의 비리는 한 번의 혁명으로 완벽하게 마무리되기도 힘들다는 것이다. 이후 인천대는 2013년 국립화되었다. 인천시장 재임 시절 혼신의 힘을 다해 시립화를 이루어낸 인천대가 동북아 중심 도시라는 인천의 꿈을 위해 비상하는 대학으로 성장하는 과정을 지켜보면서 보람을 느끼고 있다. 인천과 함께 더 큰 발전을 이루기를 기원하고 있다.

16
수도국산에서 만난 사람들

사회주의는 자본주의가 극단으로 흐르다보니 나온 사상이다. 가진 자는 너무 갖고 못 가진 자는 너무 비참하게 전락하기 때문에 마르크스 레닌주의가 나왔다. 그 사상의 방향에 나는 공감했다. 나누어 일하고 나누어 먹으며 나누어 살자는 것. 하지만 시간이 흐르면서 나는 인간이란 정신적인 존재인 동시에 욕망하는 존재라는 것을 알게 되었다. 사회주의 혁명이 성공하지 못한 것 역시 인간이 근원적으로 가지고 있는 그 욕망을 억제했기 때문이었다. 죽은 사회, 실패한 사상이 된 것이다. 하지만 그렇다 해도 그 사상이 궁극적으로 지향한 바가 사라졌다고는 생각하지 않는다. 우리는 지금 어쩔 수 없이 시장 경제의 활황을 목도하며 인정하고 받아들이며 살아가고 있지만 그 가운데에서도 우리의 존엄을 지키려는 눈물 겨운 노력들은 계속되

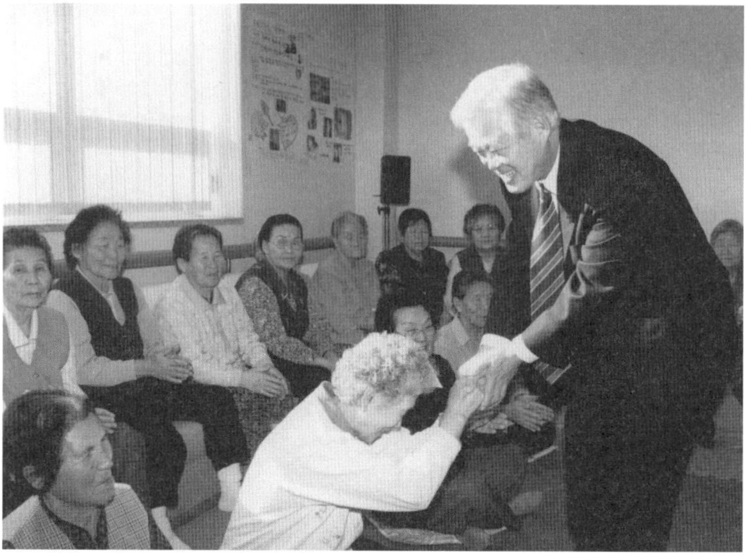

“홀로 일어설 힘이 없는 자를 일으켜 세워주는 것이 정의이고,
지붕과 바람막이 없는 자에게 지붕과 바람막이 되어주는 게 정의다.”
연수동 사할린 동포회관을 찾아 할머니들을 위로했다. (2001.12)

고 있다.

그 당시 지방자치단체의 장이란 지방정부의 장, 대통령과 다름없는 존재였다. 권한면에서만 그렇다는 것이 아니라 책임면에서도 마찬가지였다. 나는 시장 시절 모든 행정의 본질을 약자를 도와주고 약자에게 힘을 주며 인간의 존엄성을 지키는 것에 두었다. 정의를 지켜야 한다고 생각했다. 그렇다면 정의란 무엇인가. 바로 인간의 존엄성을 실현하는 것이 정의였다.

모든 인간은 존엄한 존재이지만 경제적인, 물질적인 문제로 존엄성이 상실된 경우를 나는 숱하게 보아 왔다. 제도가 정비되지 않아서 정치가 그릇되어서 오히려 인간을 압제하고 노예와 같은 상황으로 만드는 한국 사회의 암흑기도 거쳐 왔다. 그렇게 존엄성이 손상된 사람들, 가난하고 능력을 펼칠 기회를 갖지 못한 사람들 편에 정치나 국가권력은 서야 했다. 그렇게 뒷받침해서 존엄성을 회복할 수 있게 하는 것이 정의의 실현이다.

정의는 흔히 누구의 편도 아니라고들 말한다. 하지만 정의는 절대적으로 약한 자의 편이어야 한다. 슬픈 자, 아픈 자, 고통 받는 자, 가난한 자의 편이어야 한다. 그들이 희망을 갖고 인간답게 살 수 있게 해주는 모든 일이 정의다. 홀로 일어설 힘이 없는 자를 일으켜 세워주는 것이 정의이고, 지붕과 바람막이 없는 자에게 지붕과 바람막이 되어주는 게 정의다.

선인학원 시립화라든가, 인천시 광역화, 송도 신도시 건설 등은 인천시에서 추진한 가장 중요한 사업들이었다. 하지만 지금 울고 있는 사람들, 비참한 상태에서 신음하는 사람들을 고통에서 해방시켜주는 것 역시 그 못지않게 내가 열정을 가지고 추진한 일들이었다. 오늘을 견디지 못하고 쓰러져갈 사람들에게 내일이나 미래가 다 무슨 소용이겠는가.

인천시장으로 부임하고 인천 동구의 수도국산에 가보니 그곳의 주거 환경은 매우 열악했다. 인천상륙작전을 전후로 형성된 피난촌의 마을구조가 그대로 남아 있었다. 5만 5천평의 면적에 1천 780동의 노후가옥이 밀집한 인천의 대표적인 달동네였다. 관사가 있던 중구와도 가까워 나는 자주 그곳을 다녔다. 다른 일이 있어 이동하다가도 예고 없이 들러 살펴보았다. 차에서 내려 산동네 좁은 골목을 걷다 보면 영락없이 내 고향에 있었던 이웃들과 닮은 얼굴을 만났다.

"물은 잘 나와요?"

"화장실은 불편하지 않으십니까?"

그렇게 물으며 나는 마음이 급해졌다. 생활의 불편함을 우선적으로 해결해주고 싶었다. 몇몇 집을 수리해준다고 되는 일이 아니었다. 주거지의 구조 자체에 문제가 있었다. 작은 판잣집에 서너 세대가 사는 것은 보통이고 화장실도 몇 가구가 공동 화장실 하나를 이용하고 있어 아침이면 화장실 앞에 줄을 섰다. 좀 더 인간적인 삶을 마련해줄 수는 없을까? 나는 새로운 개발지에 대한 조성사업도 중요하지만 이런 열악한 지역을 반드시 변화시켜야 한다고 다짐했다. 그리고 도시국장과 건설국

"지금 울고 있는 사람들, 비참한 상태에서 신음하는 사람들을 고통에서 해방시켜주는 것 역시 그 못지 않게 내가 열정을 가지고 추진한 일들이었다. 오늘을 견디지 못하고 쓰러져 갈 사람들에게 내일이나 미래가 다 무슨 소용이겠는가."
1993년 5월 부평 공동묘지 매몰사고 현장(사진 왼쪽)과 1997년 8월 장마 피해지역을 방문한 최시장이 현장 지휘를 하고 있다.

장을 불렀다.

"시급히 도시정비계획을 세우세요. 이러한 삶의 터전에 대한 문제는 정부가 나서지 않으면 개인이 절대로 해결할 수 없는 문제입니다."

"시장님, 그렇지만 시 예산으로는 불가능합니다. 수도국산 하나만 하더라도 수천억이 족히 드는 대규모공사입니다. 인천시가 자체적으로 해결하기에는 무리가 있습니다."

나는 우리 예산으로 가능하지 않다면 토지개발공사(이하 토개공)나 주택공사와 함께 추진해야겠다고 뜻을 밝혔다. 하지만 국장들의 생각은 회의적이었다. 토개공과 주택공사가 과연 이익도 남지 않는 그런 일을 하겠느냐는 것이었다. 물론 그들 공사가 손해나는 장사를 하지 않는 건 공공연한 사실이었지만 나는 평소에도 그런 태도에 불만을 가지고 있던 사람이었다. 마침 토개공의 김우석 사장과 주공의 김동규 사장이 나와 잘 아는 사이여서 적극적으로 나선다면 일이 풀릴 수도 있겠다고 생각했다.

수도국산 도시정비사업계획을 세우고 일을 추진하기 시작했다. 수도국산 주거환경 개선사업의 경우 4천 세대가 밀집해 사는 거대한 주거지역으로 총 3600억 원이 드는 대규모 사업이었다. 산등성이 산꼭대기 할 것 없이 게딱지처럼 다닥다닥 붙어있는 판잣집들을 철거하고, 산 위에는 큰 공원을 만들어 시민들의 휴식공간으로 삼고, 저지대에는 대단위 고층아파트를 만들어 그곳에 살던 4천세대에게 분양한다는 계획이었다. 기존의 주민들이 자기가 보상받은 돈으로 새 아파트를 분양받기 위해서는 정부의 대규모 지원이 필수적이었다.

토개공 및 주공과 이 문제를 놓고 교섭을 벌이기 위해 세부 추진계획을 준비하고 있을 때 마침 김우석 사장이 시청을 방문했다. 인천 외곽 지대에 새로운 택지 개발과 주거지역확대 사업을 실시하는데 시의 승인이 필요하다고 했다. 김사장과 마주앉은 자리에서 나는 수도국산 주거환경개선사업 이야기를 꺼냈다.

"지금까지 토개공이나 주공이 택지개발이나 주택공급을 위해 일해 왔다지만, 실제로는 땅장사나 하고 있다고 시민들에게 인식되고 있어요. 매우 불명예스러운 일이지요. 정부기관으로서 주택공급사업은 필요하지만 정작 저소득층 서민들에게 택지와 주택을 공급할 수 있는 사업은 얼마나 했습니까? 이제는 그 일을 진행시켜야 할 때라고 생각합니다."

"최시장의 말씀은 수긍이 가지만 어디 현실이 그런가요?"

"물론 지금까지 현실은 그래왔지요. 그러나 이익은 좀 안 날지 모르지만 꼭 해야 할 일도 있지요. 여러분은 1년에 7, 8조 예산으로 움직이지 않습니까? 우리 인천시는 2조 예산으로 모든 행정복지 서비스를 하는 형편이에요. 그러다 보니 시급한 당면 문제인데 제대로 손을 쓸 수가 없는 것이 적지 않아 너무도 안타까울 때가 많습니다. 내가 직접 나가보니 수도국산 지역의 실정은 심각했고 우리가 시민과 국민을 위한 참다운 정부가 되

최시장은 서민들과 스스럼없이 어울리면서 그들의 이야기를 경청하는 데 소홀하지 않았다. 말술을 마다하지 않던 그였기에 농촌봉사활동을 마치면 어김없이 농민들과의 막걸리 한잔이 빠질 수가 없었다. (1996.5)

기 위해서는 저소득층 서민들의 문제를 해결해야 합니다. 토개공과 주공도 서민을 위한 기관으로 이미지도 개선하고 명예 회복을 위해서 이 사업이 꼭 필요하다고 생각하는데, 어떻습니까? 토개공에서 이 사업을 해볼 용의가 없습니까?"

내가 열정적으로 설명하자 김 사장도 마음이 좀 움직이는 것 같았다. 나에게 동의했고 나는 기쁜 나머지 그의 손을 잡고 흔들었다. 이런 소식은 언제나 공론화가 필요했다. 그래야 추상적인 계획에 그치지 않고 추진력을 얻기 때문이다. 나는 기자실에 가서 새로운 사실을 발표하겠노라고 통보해놓았다. 그런데 김사장이 서울에 올라가더니 급히 전화를 해서 그 사항은 다시 신중하게 생각해보자고 했다. 본사에 와서 국장들에게 말하니 모두 반대한다는 것이었다. 나는 아까의 대화는 사적으로 나눈 것이 아니라 인천시장과 토개공 사장이라는 공적 위치에서 행한 것이라는 점을 강조했다. 여기다 곧 기자회견이 예정되어 있다고 설명했다.

"저런! 그럼 기자회견을 어서 취소하십시오."

"안 됩니다. 이미 일부 기자한테는 이야기를 해둔 바도 있습니다."

"이것 참 낭패로군요. 저렇게 모든 국장들이 하나같이 반대를 하고 있으니……."

"당신들이 땅장사나 한다는 오명을 가지고 있으면서 스스로 씻어보려는 노력을 하기는커녕 과거의 악습을 되풀이한다면,

앞으로 인천에서는 사업을 하나도 진행할 수 없을 것이오."

물론 다른 기자에게 이 이야기를 한 적은 없었지만 일을 추진하기 위해서는 그런 임기응변이 필요했다. 내가 강경하게 나가자 김사장은 더 만류하지 않고 전화를 끊었다. 나는 기자실로 가서 기자들에게 주거환경개선사업을 토지개발공사와 인천시가 함께 진행한다고 발표했다. 여론에서는 열화와 같이 반응했고 토개공도 발을 뺄 수는 없었다. 나중에는 주공이 실무적인 선에서 참여했다. 이때도 나와 절친한 김동규 사장이 큰 힘이 되어주었다. 수도국산은 1993년 주거환경개선사업지구로 선정되어 2001년에 3천세대의 새로운 아파트 단지로 조성되었

송현동 주거환경개선사업은 인천시가 추진한 사업 가운데 가장 정의로운 사업으로 평가되고 있다. 여느 재개발사업과 달리 원주민의 재입주를 가장 우선으로 세워 추진한 것이 이때의 재개발 원칙이었다. (1993.6)

으며 시민들의 큰 호응을 얻었다.

'주거환경개선사업'은 인천시가 추진한 사업 중에서 가장 정의로운 사업이었다. 요즘 행해지는 소위 '재개발 사업'이라고 하는 것과 겉보기엔 비슷했지만, 그 내용이나 절차, 지향하는 목표는 달랐다. 어느 지역을 재개발한다고 하면, 그 지역에 땅을 소유한 사람들은 땅값을 올리기 위해 어떻게든 빨리 재개발이 되게 하려고 용역깡패들과 손잡고 세입자를 내쫓는 데 일조를 하지만 이 사업에서 나는 원주민의 재입주를 원칙으로 세웠다.

이렇게 하면 아무리 재개발이라도 이익을 내기 위한 목적으로 전락되지 않는다. 대신 말 그대로 시민들의 주거환경을 개선하는 본래의 목적만 남게 된다. 주거환경개선사업은 그렇게 철저히 복지적인 차원의 마인드를 가지고 접근해야 하는 사업이다. 사실 경제적인 능력이 충분한 사람들의 주거환경은 시에서 개선해 줄 필요가 없다. 그런데 그럴 능력이 없는 사람들을 위해 추진하는 사업에서 인천시가 이익을 남긴다는 건 말이 되지 않는다. 오히려 시 예산에서 재정을 내어 집중적인 투자를 해야 하는 것이다.

이런 차원에서 추진하는 주거환경개선사업은, 한꺼번에 여러 곳에서 대규모로 진행할 수 없다는 단점이 있다. 시의 재정도 부족하고 동시에 대규모로 추진하다보면 집 없는 사람들이 일시에 갈 곳을 잃게 되기 때문이다. 따라서 가장 개선이 필요한 지역부터 순차적으로 확대해나가지 않으면 안 된다. 최악의 환경에서 살고 있는 절대 빈곤자를 우선으로 사업을 추진해야 하는 것이다.

또 이 사업을 추진하기 위해서는 반드시 고려해야 할 사항이 있다. 비참한 환경에 살고 있는 거주자들을 인간적으로 존중하는 입장이 전제되어야 한다는 것이다. 일을 추진하되, 가난한 거주민들의 존엄성을 바탕으로 추진해야 한다. 그 사람들을 인간이 아닌 치워야 할 물건이나 대상으로 보는 데서 모든 비극이 발생한다. 주거민들을 내쫓고 초고층 건물을 세워 한탕 먹겠다는 재개발사업은, 땅과 돈을 먼저 보고, 사람을 보지 않는 사업이다. 그런 재개발은 결국 인간이 아니라 자본을 위한 것으로 전락하고 만다.

17

시민의 생명을 구하는 일
- 송림 로터리 공사

1993년 관선시장으로 부임하여 보고 받았을 때 이상한 사업이 하나 있었다. 송림 로터리 지하상가 공사에 관한 것이었는데, 1988년에 착공해 1993년에도 완공하지 못했으니, 단단히 문제다. 그 당시 송림동은 서울에서 들어오는 관문이자 시의 중심지로 차량 통행이 많은 지역이었다. 여기에 민간자본이 지하상가를 조성하는 계획을 세워 1988년에 이미 허가가 나, 공사에 들어간 것이었다.

문제는 애초에 지하상가 공사 허가를 받은 업자가 웃돈을 받고 다른 사람에게 권한을 이양했고, 그 업자가 다시 다른 업자에게 이양하기를 다섯 번이나 한 끝에 마지막 업자가 공사를 중단한 것이다. 손익계산에서 이익이 남지 않으니 공사 구간을 넓히기도 하고 마침내는 사기 분양까지 하다가 부도가 났다.

처음에 공사를 진행할 생각이 없는, 자질 부족의 업자에게 허가를 내주었다가 이런 상황이 벌어진 셈이었다.

나는 부임 이후 바로 관련부서 국장들을 대동하고 송림동 로터리로 직접 나갔다. 공사를 위해 파놓은 지하도 안은 정말 믿을 수 없을 정도로 엉망이었다. 지하공사장 위에 헐겁게 깔아놓은 철제복공판에서는 물이 소낙비 오듯 떨어졌다. 그 위는 바로 도로였고 그 위험한 곳을 버스와 차 들이 달리고 있었다. 지하에서 들으니 그 철제복공판은 차들이 지날 때마다 심한 소음을 내며 진동했다. 지하공사를 위해 파내기 작업을 한 벽면에는 나무를 대어놓았는데, 너무 오래되어서 마치 개구리 배처

"이 지경을 해놓고 당신들은 어떻게 발을 뻗고 잘 수 있었습니까? 수많은 시민의 생명이 이처럼 위험한 상태에 놓여 있는데 잠이 잘 오던가요?"
최시장이 방치된 송림동 지하상가 공사현장을 둘러보고 긴급 안전점검을 지시하고 있다. (1995.6)

럼 볼록하게 부풀어 있었다. 단번에 봐도 언제 무너질지 모르는 위험한 상태였다.

이곳이 무너진다면 어떻게 되는가. 그 위를 통과하는 수많은 차량의 피해는 물론이고 지하를 관통하는 12만 볼트의 고압선과 수도관이 연쇄적으로 파괴된다면 로터리 주변의 건물까지 붕괴하게 되는 것이다. 끔찍하고 위험한 사태였다. 그 인명 피해는 얼마나 심각할까. 기가 막히고 어이가 없었다. 나는 인천의 국장과 과장 들에게 시의 살림을 챙기는 사람들로서 어떻게 이렇게 위험하게 해놓고 6년을 보냈느냐며 화를 냈다.

"이 지경을 해놓고 당신들은 어떻게 발을 뻗고 잘 수 있었습니까? 수많은 시민의 생명이 이처럼 위험한 상태에 놓여 있는데 잠이 잘 오던가요?"

그때만은 치밀어 오르는 화를 참지 못했다. 만약 로터리에서 사고가 난다면 시 역시 그 책임을 져야 할 것이었다. 책임이 두려워서가 아니라 대체 그런 상황을 방치해놓는 시를 어떤 시민이 믿고 지지하겠는가.

나중에 돌아와 서류와 문건 들을 검토해보니 공사에는 나름의 애로점이 있었다. 시 예산이 아니라 민간자본에 의해 진행되었고 그런 과정에서 부도가 난 이상 다른 민간업자가 나타나 재개하기를 기다릴 수밖에 없었다. 민간자본에 의해 진행된 공사에 막대한 시 예산 투입을 할 수가 없다는 논리였다. 하지만 그것이 과연 그러한 위험을 방치하는 이유가 될 수 있을까. 중요한 것은 시민의 생명을 구하는 일이었다.

나는 돈과 명분도 중요하지만 시민의 안전을 우선적으로 도모해야 한다고 판단 내렸다.

"우선 시의 예산을 투입해서라도 공사를 안전하게 진행 시키시오. 다섯 명의 관련업자는 모두 사직당국에 고발하고."

자기들 책임인 업무를 수행하지 않고 사기분양을 한 다섯 명의 업자들을 검찰에 고발하는 것은 너무나 당연했다. 허가 역시 취소해야 할 것이었다. 내가 그렇게 결단하자 시의회에서도 모두 잘한 일이라고 찬성했다. 그러지 않아도 시의원 모두 우려하고 있던 지역이었다. 그리고 나는 시민의 안전을 위해서라도 위험물들을 제거하는 공사를 진행하라고 지시했다. 며칠이 지나도록 결제가 올라오지 않았다. 이윽고 내무국장이 찾아와 송림 로터리 건을 시에서 진행하면 나중에 감사에서 문제가 될 것 같다고 의견을 전했다. 관련 업무를 처리한 공무원들이 문책을 받을까 매우 고민하고 있다는 것이었다. 그것은 내가 미처 살피지 못한 부분이었다. 결단을 내리면 우선적으로 처리해야 하는 것이 내 방식이라면 실제 공무원들의 정서와 관행은 그렇지 않았다. 과정이 중요했고 그러는 동안 자기와 관련해 어떤 변화가 일어나는 것이 아닐지 중요하게 살폈다.

나는 그렇다면 구두가 아니라 서면으로 지시하겠다고 했다. 시민 안전을 위해 진행하는 것이므로 시 예산을 투입해야 한다는 내용의 문서였다. 그렇다면 그 일의 책임은 내가 지게 되는 것이다. 그러자 밑의 직원들이 일을 추진했고 송림 로터리는 정비되었다. 그 일이 있고 얼마 지나지 않아 성수대교 붕괴사고가 있었다. 나는 그 사고를 보면서 지자체가 결단하고 추진하지 않으면 시민의 안전에 그렇듯 비극적인 일이 일어날 수 있다는 사실을 통감하며 마음 아파했다.

18

여기 사람이 살고 있다

-붉은고개

문학경기장 쪽에서 출발해 간석동까지 인천 도심을 관통하는 폭 100미터, 약 4킬로미터 길이의 공원 지역이 된 남동구의 중앙공원은 오래전부터 붉은고개라 불렸다. 이곳 역시 내 재임 기간에 대대적인 주거환경개선사업을 벌인 곳이다. 인천시에서 추진한 붉은고개 주거환경개선사업은, 중앙공원 조성사업과 맞물려 2000년까지 진행되었다.

붉은고개는 저소득층 판잣집이 밀집된 지역으로, 가축을 키우는 축사와 무허가 공장들도 난립해 있는 동네였다. 그런 곳에 동네를 철거하고 공원을 설립한다는 소문이 돌자 동네 분위기가 흉흉해졌다. 사업 설명을 위해 공무원들이 들어갔다가 얘기도 못 꺼내고 주민들에게 두들겨 맞고 나오는 일도 생겼다. 치안도 열악한 지역이라 주민들이 공무원을 몽둥이로 때리고 도망가도 대책이 없었다. 사람이 죽어나가기도 하는 우범지대라, 잘못 걸리면 목숨을 부지할 수 없을 정도였다. 행정편의주의적으로 생각하면 용역업체 등을 동원해 해결했을 것이다.

하지만 나는 대화의 방법을 선택했다. 그럴 때일수록 대화의 물꼬를 터야 했다. 그곳도 사람 사는 곳이라는, 아주 당연한 생각으로 말이다. 사람을 존중하고 대화를 통해 그들의 애환을 이해하고 원하는 것을 성실하게 수용하려는 자세가 필요하다. 토론하고 협의해서 결론을 도출해내야 하는 것이다.

직접 붉은고개를 찾아갔다. 수행비서는 벌벌 떨고 말렸지만 정치를 시작하면서 가난하고 약한 자의 편에 서서 살자고 다짐을 해왔던 터라 개의치 않았다. 빈자들 곁에 있겠다는 사람이 그들을 두려워하고 멀리한다면 말이 되는가. 시장인 내가 동네에 직접 나타나자 순진한 사람들은 놀라 숨기도 했다. 공무원을 때리고 도망 간다, 어떻게 해볼 수 없는 강경한 대응이다, 이런 말과는 거리가 있었다. 나는 워낙 사람들과 얘기하는 걸 좋아했으니 붉은고개 주민들과도 진솔한 마음으로 얘기를 나누었다. 처음에는 빈손으로 쫓아내는 게 아닌가 싶어 무조건 철거를 반대하고 나섰던 주민들도 점점 내 이야기에 귀를 기울였다.

"만일 인천시가 무조건 여러분들을 내쫓고 나 몰라라 하는 철거를 하겠다면, 여러분은 목숨을 내놓고 결사적으로 싸워야 마땅합니다. 그땐 저도 여러분과 함께 싸우겠습니다. 그건 너무도 당연한 인간의 최후의 권리이기 때문입니다. 하지만 그게 아닙니다. 시장인 제가 약속하겠습니다. 여러분들이 여기서 나가더라도 갈 곳이 없는 신세가 되지 않도록 대책을 마련할 것입니다. 저는 민주화투쟁을 하면서 목숨 걸고 싸웠던 사람입니다. 여러분처럼 가난한 시절도 경험했고 집 없는 설움도 겪었습니다. 지금 여러분이 아주 좋지 않은 환경에서 생활하고 있는데, 시에서 어떻게 해서든 여러분이 여기보다 더 안전하고 안락한 환경에서 살 수 있도록 도우려고 하는 것입니다."

반신반의하던 주민들이 조금씩 자신들의 의견을 내기 시작했다. 그렇게 대화가 풀려나가기 시작하면 일은 다 된 것이나

철거 위기에 내몰린 사람들에게도 그들의 입장이 있다. 최시장은 인천시가 대책 없이 철거민을 내쫓으려 한다면 그들과 함께 투쟁하겠다고 했다. 붉은고개 주민들에게 판자집은 그들의 삶이요, 생명이었기 때문이었다. 지금의 중앙공원은 아름다운 모습으로 변모했지만 공원의 형성 과정은 결코 순탄치 않았다.

다름없었다. 붉은고개에 살던 사람들에게 살 집을 마련해주는 데 시 예산이 적지 않게 필요했다. 나는 토지개발공사와 주택공사 사장을 만나서 계양 지역에 대규모 아파트를 지을 수 있게 해줄 테니 그곳에 저렴한 임대아파트도 함께 지으라고 제안했다.

"이익을 내려고 집장사, 땅장사나 해서는 답이 없습니다. 가난한 사람을 위해서 진정으로 일하면 개발권을 얼마든지 제공하겠습니다."

그렇게 해서 계양지역의 개발과 함께 임대주택이 건설되었다. 삶의 비참이 있던 동네, 자기들끼리 사수단을 만들어서 불법건축물일지라도 비 가리고 밤을 보낼 수 있는 집을 지키려 했던 동네의 사람들이 계양으로 모두 이사를 가고 지금 그곳은 숲이 되어 있다. 이렇듯 정치는 인간이 존엄을 지키고 그것을 잃은 사람에게 기회를 주고 살려내는 데 초점을 맞추어야 한다. 지금 붉은고개는 드넓은 공원이 되어 있다. 이후에 여기에 상업시설을 넣자는 의견이 있었지만 나는 일언지하에 거절했다.

그 외에 주거환경개선사업은 한국전쟁 때 피난 나온 사람들이 살던 동구의 피난민촌, 만석부두의 노동자들이 살던 아카사키촌, 주거환경이 열악한 구도심의 뒷골목 등 다양하게 진행되었다. 인천시에서는 이들 지역처럼 규모가 크지 않고 세대도 많지 않은 지역은, 시의 예산을 몇십 억 정도씩 들여 도로를 내고 집을 연립주택처럼 개량하여 고쳐 살게 하는 방안을 추진했다.

"나라에서 무주책 서민들에게 집을 지어주면서 돈을 더 챙겼다니 말이 되는 일인가. 나는 시민들에게 돌려주어야 한다고 생각했다."
최시장이 인천 동구 수문통 주거환경개선사업 설명회에 참석해 주민들을 격려하고 있다. (1997.10)

이러한 사업추진 과정에서 일어난 실수에 대해서는 시가 끝까지 책임을 지는 모습도 보였다. 바로 시영아파트 분양가 과다 산정 사건이다. 1995년 시의회에서 감사를 실시한 결과 나는 놀라움을 금치 못할 소식을 들었다. 1990년에서 1994년까지 인천시가 무주택 서민에게 공급한 동춘마을아파트 등 3천900여 가구에게서 2백 45억 원의 부당 이윤을 챙겼다는 것이었다. 철근비, 용지비, 선급금이자 등 17개 항목을 과다 계상해 분양금이 책정된 것이었다.

나라에서 무주책 서민들에게 집을 지어주면서 돈을 더 챙겼다니 말이 되는 일인가. 나는 시민들에게 돌려주어야 한다고 생각했다. 시민들도 농성을 벌였고 지역사회의 민심도 흉흉해졌다. 시에서는 당연히 난색을 표했지만 나는 결단을 내렸다. 1996년 3월에 '시영아파트 분양가 과다산정분 등에 대한 지원대책'을 발표해 1백 38억원을 시민들에게 환불해주었다.

전국적으로 재개발 광풍이 불었던 시절, 어느 시도를 막론하고 엄청난 규모의 재개발사업들이 수십 군데, 수백 군데에서 추진되었다. 그러나 허허벌판을 개발하는 것도 아니고, 이미 사람이 살고 있는 지역을 재개발하는 사업은 그렇게 하루아침에 동시다발적으로 벌여서는 안 된다. 사람이 거주하고 있는 지역을 개발하기 위해서는 점진적으로 예산을 편성하고 역점 지역을 선정해서 추진해 나가야 한다.

재개발을 동시에 하느냐, 순차적으로 하느냐 하는 건 단순한 사업방식의 차이가 아니라 철학의 차이다. 일단 '재개발사업'과 '주거환경개선사업'은 그 명칭에서부터 사업의 관점과 목표가 다르다. '재개발'의 대상과 목표는 땅을 재개발하여 땅의 가치를 올리겠다는 것이고, '주거환경개선'의 대상과 목표는 사람이다. 사람이 사는 환경을 개선하여 사람답게 살게 하겠다는 것이다.

사회가 발전할수록 인간이 인간답게, 품위와 존엄을 지키며 살 수 있는 사회가 되어야 한다. 다른 것은 몰라도, 의식주 문제에 관한 한, 정의는 절대적으로 약자 편이어야 한다. 좋지 않은 주거환경에 사는 사람을 더 나은 주거환경에 살게 해주기는

커녕, 그 좋지 않은 주거환경마저 빼앗아버린다면, 이 시대 우리의 정의는 과연 어디에 있는 것인가.

5부

지역의 주인됨을 위하여

김영삼 대통령이 참석한 인천국제공항여객터미널 기공식

인천에 짓는 공항에 '인천'이라는 이름을 붙이는
그 당연한 일이 어떻게 그토록 어려웠을까?
하지만 그때는 그 당연한 일을 위해
백만명에 가까운 시민들이 팔을 걷어부치고
시장인 내가 중앙의 장관들과 대통령까지 설득을 해야 했다.

19

인천 소외에 반기를 들다

– 인천국제공항 명칭 선정

중앙정부에서 영종도에 국제공항을 짓기로 한 혜안에 대해서는 지금도 감탄을 금할 수가 없다. 더구나 영종도에 짓는 공항의 크기와 규모, 수송능력 등이 아시아에서 최고, 나아가 세계에서도 수위를 다투는 수준을 지향했다는 점에서 더 그러하다. 공항의 입지가 영종도라는 사실은 국제공항 건설에서 매우 중요한 요인이었다. 영종도와 용유도 사이를 막아서 그 사이를 바닷모래로 매립하고 산을 깎아서 덮는다는 디자인이었는데, 지정학적인 유불리를 꿰뚫어보는 지혜가 돋보이는 설계였다. 당시 일본에서 야심차게 건설하고 있던 오사카의 간사이공항도 바다를 매립해서 만드는 방식이었다. 그런데 그쪽은 바다가 깊어, 매립할 흙을 육지에서 따로 실어 와야 했지만 우리의 경우는 영종도와 용유도 사이의 넓은 바다에, 북측과 남측 방조제를 쌓은 다음, 얕은 바다의 바닷모래를 준설해서 매립하고 가까이 있는 산을 깎아서 복토를 했으므로 비용이 훨씬 저렴했다.

결국 일본의 간사이공항은 비용문제로 규모가 줄어들어 활주로를 하나밖에 못 만들었지만, 우리는 1,700만 평에 달하는 거대한 공항을 건설할 수 있게 되었다. 이렇게 해서 우리는 일본과의 허브 공항 경쟁에서 이길 수 있었다.

처음 공항 부지를 선정할 때 비가 많이 오고 안개가 잦아서 항공기 이착륙이 어렵다는 반대 의견이 있었지만 시에서는 과거 10여 년간의 기상 상태를 데이터화하고 이에 관한 연구용역을 맡겨 영종이 최적의 입지임을 증명해냈다. 이후 영종, 용유

인천공항 개항을 앞두고 중앙 정부는 서울공항, 세종공항, 아리랑공항 등으로 명칭을 정하기 위하여 이를 국무회의에 상정하려 했다. 최소한 공항의 이름에 관한 한 오늘의 인천공항은 최기선과 인천 시민들의 힘으로 얻어 낸 결과물이다.

지역 시민들과 보상 문제로 조율해야 하는 순간이 왔을 때는 내가 수시로 만나면서 공항의 필요성과, 인천 발전의 중요성에 대해 이야기를 나눴다. 특히 영종, 용유 출신이면서 중구청장을 역임한 이세영 청장이 주민과의 가교 역할을 해주었다.

영종도에 신공항을 짓는 사업은 노태우 정부 시절인 1990년에 기본 계획이 수립되어 1991년에 착공됐다. 착공 이후 원래 계획보다 그 규모가 엄청나게 커지고 기능도 바뀌었다. 여기에는 아시아 각국의 경쟁적인 공항 건설이 자극제가 되었다. 그 당시 일본은 간사이공항을, 중국은 상하이에 대규모 국제공항을 계획 중이었고, 싱가포르도 이에 질세라 국제적인 규모의 창이공항의 확장공사를 시작했다. 모든 나라들이 동북아의 허브 공항 경쟁에서 이기려고 안간힘을 쓰고 있었던 것이다. 그래서 영종도 신공항 건설계획도 연간 1억 명의 이용객을 수용할 수 있는 엄청난 규모로 대폭 확장되었고 일각에는 '단군 이래 최대 규모의 역사'라는 말이 나올 정도였다.

신공항은 총 4단계를 거쳐 완공토록 되어 있는데, 2001년에 활주로 2개와 공항청사 4개동으로 개항한 것이 1단계였다. 3월 29일 인천공항이 개항하던 날, 나는 새벽 3시에 공항으로 나가 가장 먼저 입항하던 조종사에게 화환을 걸어주었다. 여객청사의 골조 공사를 마치고 상량식을 열었던 1999년, 여객터미널 활주로 관제탑 등 기본시설이 완공되었던 2000년을 지나 마침내 2001년, 공항은 비로소 그 기능을 모두 갖춘 모습으로 내 눈

최시장은 국책사업이었던 인천공항 건설 당시 거의 모든 기간을 인천 시장으로 재임했다. 1995년 7월 인천 공항 건설현장을 방문하고 관계자들로부터 공사 진척 현황을 보고 받고 있다.(사진 왼쪽) 2001년 3월 인천공항 개항 당일 가장 먼저 입항한 조종사에게 화환 전달식을 갖고 있다.

앞에 서있었다.

그 뒤 공항은 2단계, 3단계의 공사를 거쳤고 지금은 세계적인 공항이 되어 세계공항서비스평가(ASQ)에서 2005년 이후 세계 공항 순위 1위를 달리고 있다. 2020년에 최종적으로 완공될 예정인데, 그때가 되면 신공항은 규모 면에서나 수송인원 면에서 세계 1,2위를 다투는 공항이 될 것이다. 미국의 뉴욕공항이나 유럽의 파리공항처럼, 대륙과 대륙을 잇는 아시아의 중심공항으로 자리 잡게 되는 것이다.

인천국제공항이란 이름에 '인천'이 들어가기까지 얼마나 어려움이 많았는지 모른다. 신공항의 명칭문제가 처음 제기된 것은 1992년 공항명을 현상 공모하면서부터였다. 신공항 건설

본부에서 실시한 현상공모 결과 '세종공항'이 1위를 차지했고, 그 뒤를 이어 '서울공항', '새서울공항', '아리랑공항' 순이었으며, '영종공항'과 '인천공항'은 꼴찌에 가까운 자리를 차지했다. 전국을 대상으로 한 공모인데다 지방에서는 주로 서울 중심의 사고에 익숙해 있었기 때문에 어찌 보면 당연한 결과였다. 당시에는 인천이라는 도시의 브랜드 가치가 현저히 낮았으니, 한국을 대표하는 국제공항에 인천이라는 이름을 붙이는 건 적절하지 않다고 생각한 사람들이 많았다.

그러나 신공항 명칭에 대한 내 입장은 확고했다. 단연코 '인천공항'이어야 한다는 것이다. 물론 공항건설은 국책사업이고

인천에 건설되는 국제공항은 인천이라는 공간에서 펼쳐지니 인천 시민들의 생활과 분리할 수 없다는 게 최시장의 생각이었다. 공항 건설로 피해를 입은 인천 시민들에게 인천공항이라는 이름만이라도 돌려주는 게 순리였다. 최시장이 당시 영종도 신공항 건설 현장을 방문해 공사 관계자를 격려하고 있다. (1994. 4)

건설교통부가 주관하는 사업이니까 명칭을 짓는 일도 중앙의 권한이긴 했지만 인천의 입장에서는, 신공항 건설만큼이나 그 이름을 정하는 일이 중요했다. 동북아의 허브 공항이 '인천'이라는 이름을 달지 못한다면, 어떻게 인천이 동북아의 허브 도시를 지향한다고 말할 수 있겠는가.

인천에 건설되는 국제공항은 인천이라는 공간에서 펼쳐지니, 인천 시민들의 생활과 분리할 수 없다. 건설과정에서 불가피하게 환경문제, 생계문제로 피해를 입은 주민들은 어떤가? 전체를 위한 개인의 희생이었다고 하더라도 피해를 입은 '인천의' 시민들에게 우리는 어떤 공항의 명칭을 들려주어야 하는가. 당연히 인천국제공항이다.

하지만 인천시와 중앙 정부 간에는 상당한 견해차를 보였다. 중앙정부에서는 이름을 확정하지 않은 상태에서 세종공항, 영종도신공항, 수도권신공항 등으로 부르면서 국제적으로는 뉴 서울 인터내셔널 에어포트(New Seoul International Airport), 즉 NSIA로 전 세계에 홍보하는 상태였고, 인천시는 당연히 '인천국제공항'이라는 명칭이 합당하고 타당하다고 주장하고 있었다.

마침내 1994년, 인천시와 건설교통부가 일전을 불사하는 일이 벌어졌다. 중앙정부부처인 건교부 산하 공항공단은, 신공항의 명칭을 인천과 무관한 '세종공항'이나 '서울공항' 쪽으로 몰아가면서 명칭문제를 어떻게든 매듭지으려는 분위기였다. 반면에 인천시에서는 '인천공항' 또는 '영종공항'을 강력히 제안하며 거세게 반발했다.

"인천에 공항을 지으면서 인천 사람의 뜻을 무시하다니 있을 수 없는 일이다."

"중앙에서 다 결정해서 내려 보내는 방식은, 지방화시대를 역행하는 구시대적 발상이다."

나와 인천시의회, 시민단체들까지 나서서 반대하자, 공항공단 측에서는 할 수 없이 명칭확정을 연기했다. 그때부터 인천시는 바빠졌다. 나는 틈만 나면 건교부 장차관을 만나 인천의 비전을 이야기하면서 공항 명칭이 인천이어야 하는 이유를 설명했고, 청와대와도 공항 명칭을 놓고 논의를 거듭했다. 당연히 인천 시민들도 나섰다. 각계인사로 구성된 '인천국제공항 명칭제정추진위원회'가 구성되어 100만인 서명운동에 들어갔다. 인천이 광주나 대구, 부산에 비해 지역성이 희박하다 하지만, 단결력 또한 만만치 않다는 것을 나는 그때 알았다.

인천 시민단체들은 공항명칭에 관련된 서명 안을 정부에 제출하고 나는 대통령에게 강력히 건의했다. 공항 명칭은 최종적으로 국무회의에서 정하기로 되어 있었다. 다행히도 공항 명칭을 '인천국제공항'으로 하기로 인천시와 청와대가 어느 정도 합의를 이루었다. 그럼에도 불구하고, 국무회의가 열리기 직전까지 일부 국무위원들은 타협안으로 '서울-인천 국제공항'이란 이름을 제시했다. 말이 안 되는 얘기였다. 세계 어느 공항에도 도시 이름이 두 개 들어간 공항은 없으며, 그런 명칭을 붙일 경우 이용객들이 최종도착지가 서울인지 인천인지 몰라 혼란만 가중시킬 것이기 때문이었다. 마침내 최종단계에서 서울이 떨어져 나가고 명실상부한 '인천국제공항(Incheon International Airport)'이라는 명칭이 국무회의를 통과했다.

국무회의의 결정이 난 후에도 신문이나 방송에서는 계속 인천공항을 '영종 신공항'이라든가 '영종도 공항'이라고 부르면서 '인천'이라는 말에 거부감을 보이기도 했다. 그러나 시간이 흘러 인천국제공항이라는 명칭이 자연스럽게 자리 잡았고 인천공항이라는 명칭으로 인해, 인천의 브랜드나 부가가치는 매우 격상되었다. 그리고 세계 각국에 인천이라는 도시 이름이 널리 알려졌다. 과거에는 아시아에서 싱가포르나 홍콩의 공항이 유명했지만, 이제 미국이나 유럽에서 아시아로 여행하려면 대부분의 사람들이 인천공항을 이용한다. 인천은 위도 상으로 파리, 프랑크푸르트, 뉴욕 등 유럽 및 북미의 대도시들과 같은 라인에 있어, 위도 아래쪽으로 내려갔다 다시 올라가야 하는 홍콩이나 싱가포르보다 훨씬 가깝기 때문이다.

인천에 짓는 공항에 '인천'이라는 이름을 붙이는 그 당연한 일이 어떻게 그토록 어려웠을까? 하지만 그때는 그 당연한 일을 위해 백만명에 가까운 시민들이 팔을 걷어부치고 시장인 내가 중앙의 장관들과 대통령까지 설득을 해야 했다. 그때 만약 나와 인천 시민들이 나서지 않았으면 공항에 세종이나 영종,

아리랑 같은 이름이 붙었을 것이다. 소외되어온 인천의 과거를 곱씹게 하는 기억이자, 그럼에도 모든 일은 바른 데로 가게 마련이라는 사필귀정에 대해 다시 생각하게 하는 기억이다.

20

굴업도 핵폐기장 문제와 신공항 배후 단지 개발

민선시장으로서 돌아오기 위해 준비하던 1994년 12월, 정부에서는 굴업도(현 인천 옹진군 덕적면)를 핵폐기장 최종 후보지로 확정한다고 발표했다. 경북 울진과 안면도에 건설하려다 주민 반대로 무산된 것을 다시 인천으로 추진하기로 한 것이었다. 그러자 인천 시민들의 거센 반발과 함께 핵폐기장 지정 철회 운동이 일어났다. 여기에는 덕적도 주민뿐 아니라 인천의 많은 시민들, 지역유지들과 종교인, 대학의 교수와 학생들, 시민단체들이 참여했다. 집회가 잇따랐고 이 과정에서 정부에서는 공권력을 투입해 진압하기도 했다.

나는 덕적도에 핵폐기장을 건설하는 것에 분명히 반대의 입장을 가지고 있었다. 인천의 시민들이 지적하듯 그것은 주민의 동의 과정을 충분히 거치지 않았고 지질조사에서 이미 '부적합'

판정을 받은 바 있기 때문이었다. 여기다 굴업도는 인천의 장기적인 발전 목적을 위해서도 보호되어야 했는데 앞으로 서해 앞바다가 동북아의 관광 중심지로 발전해야 한다고 믿었기 때문이었다. 그래서 총선 기간 인천 시민들과 만날 때면 재조사를 실시해 안전도에 문제가 있으면 정부에 백지화 방안을 강력하게 건의하겠다고 약속했다.

그때 이미 나는 이 문제를 절대 불가 쪽으로 생각하고 있었지만 그것을 직접 표명하지는 않았다. 굴업도 문제가 선거의 주요 이슈로 떠오르면서 많은 후보들이 공약으로 내걸기도 했

1995년 9월 인천 시민들은 중앙 정부의 일방적인 굴업도 핵 폐기장 건설 반대 시위에 나섰다. 최시장은 시민 편을 들었다. 민선시장에 당선된 이후 대통령을 만나 그런 인천 시민과 자신의 뜻을 전달했고, 결국 굴업도 핵폐기장 건설 방침은 폐기됐다. 인천이 인천의 바다를 지켜낸 것이다.

지만 나는 그렇게 해서 갈등을 심화시키는 것이 옳다고 생각하지는 않았다. 하지만 언제나 이 문제와 관련해 시민사회가 물어오면 "안전에 문제가 있을 시 반드시 백지화"라고 답했다.

그리고 1995년 6월, 시민의 선택을 받아 민선시장이 되었을 때 나는 당선 인사를 하면서 이 문제에 대해 확실한 입장을 내보였다. 인천을 동북아 중심지로 만들기 위해 송도 신도시를 건설하고 북항을 개발하며 영종국제공항을 중심으로 한 옹진군 섬들의 개발 비전 속에 인천 시민이 열망하는 굴업도 핵폐기장 건설 철회를 위해 중앙정부와의 일전도 불사하겠다고 밝혔다. 그리고 김영삼 대통령을 만나 굴업도 핵폐기장 건설은 절대 안 된다고 건의했다. 활성단층이 있어 방사능 유출의 위험이 있고, 굴업도까지 방사능 폐기물을 장거리 이동시키는 과정에서 사고의 위험이 커지며 그 경우 서해의 청정지역이 심각하게 오염될 수 있다는 점 때문이었다. 그렇게 청정의 서해 바다를 잃으면 인천의 장기적인 발전 과제들도 추진될 수 없는 것이었다.

김영삼 대통령은 내 의견에 동의했고 굴업도 핵폐기장 추진을 서둘렀던 관계자들을 질책했다. 그리고 그해 10월, 인천 시민들의 뜻대로 핵폐기장 건설은 백지화되었다. 최근에 일본에서 일어난 원전 사고를 지켜보면서 나는 1995년 굴업도를 지키기 위한 시민들의 노력이 없었다면 어떻게 되었을까 생각해보기도 했다. 하지만 다행히도 그해 시민들은 옳았고 나는 그 뜻을 따랐으며 마침내 우리는 인천의 바다를 지켜냈다.

1994년, 중앙정부에서는 신공항을 뒷받침할 배후단지인 영종도를 최첨단 국제자유도시로 개발하겠다고 발표했다. 그러나 1997년 IMF외환위기를 겪으면서 영종도 개발 사업은 철퇴를 맞았다. 재정형편이 어려워 영종도 개발 사업을 중장기적인 비전으로 점진적으로 추진하겠다는 것이다. 영종도 개발 사업을 백지화하겠다는 뜻이나 다름없었다. 하지만 아시아 허브 공항을 지으면서 인근지역이자 배후 단지인 영종도를 개발하지 않겠다는 것은 신공항의 기능과 효율성을 반쪽으로 떨어뜨리는 일이 아닐 수 없다.

인천시가 또 발 벗고 나설 수밖에 없었다. 종합개발사업 기획단 제2부에서는 영종도를 크게 4개 지역으로 나누어, 배후지원단지 85만평, 시가지 25만평 등 총 450만평을 개발할 것을 계획했다. 원래 신공항 건설과 배후단지 조성은 명백히 중앙정부의 책임과 예산 하에 집행되어야 하는 일이었지만, 중앙정부에서 재원조달도 어렵고 부처 간 의견 통일도 보지 못해 사업 진행이 불가능하다고 하니, 인천시가 해야 했다. 건설교통부에서도 반색을 하며 승인했다.

솔직히 말해 그 당시 인천시도 IMF 위기를 힘겹게 극복하고 있었다. 예산이 남아돌아서 영종도 개발 사업을 맡겠다고 나선 것이 아니었다. 트라이포트 전략에서 신공항이 차지하는 중

영종도 개발 사업은 IMF가 터지면서 물 건너 갈 위기에 처했다. 중앙정부는 아예 손을 놓았고 인천은 대신 총대를 멨다. 예산이 남아 돌아서가 아니라 결코 꺼트릴 수 없는 불씨였기에 그랬다. 최시장이 1996년 6월 신흥동 인하대병원 개원식에서 조중훈 한진그룹 창업주와 반갑게 악수하고 있다. 영종도는 작고한 조 회장의 고향이었다.

요성을 감안해, 영종도 개발을 연속적으로 추진하지 않으면 안 되겠다는 절박함에서 떠맡은 것이었다. 영종도 개발을 중단 없이 추진해나가면서 추후 모자라는 예산은 정부 측에 지원을 요청할 생각이었다. 그래서 신공항 1단계 개항을 목전에 앞둔 2000년 즈음에 정부에 지원요청을 했고, 중앙정부에서는 기꺼이 지원을 받아들였다. 이런 과정을 거쳐 결국 영종도 주변 개발은, 신공항의 관리와 육성 차원에서 인천시가 아니라 정부가 전담하는 것으로 그 책임이 넘어갔다. 다행스러운 일이었다.

만일 그때 중간에서 인천이 영종도 사업을 떠맡겠다고 나서지 않았더라면 영종도 개발은 물 건너가고 말았을 것이다. 중앙정부와의 사업에서, 지방정부는 종종 이런 징검다리 같은 매개적 기능을 기꺼이 떠맡아야 할 때가 있다. 중앙이 못할 때는 지방이 나서서 돕고, 지방이 힘들 때면 중앙이 나서서 도와야 하는 것이다.

21

2002 한일월드컵 유치전

1996년 5월 31일, 꿈의 제전 2002년 월드컵이 한일공동개최로 결정됨과 동시에 인천시를 비롯한 전국 16개 시·도에서 월드컵을 유치하기 위한 경쟁이 치열해졌다. 월드컵 유치를 통해 도시의 문화와 이미지를 세계인에게 홍보할 수 있고 경기장, 숙박시설 등의 건설투자로 사회간접자본을 확충하게 될 뿐만 아니라 엄청난 고용효과를 가져오는 매력이 있었기 때문이다. 나는 월드컵의 한국 개최가 결정되자마자 '인천 월드컵유치위원회'를 구성하는 등 적극적인 노력을 기울였다.

우리는 이미 문학경기장을 짓고 있었기 때문에 월드컵 유치전에서 상당한 승산이 있었다. 남구 문학동 80번지 일원에 신축 중이었던 문학경기장에는 주경기장, 야구장, 실내체육관, 실내수영장, 다목적경기장, 지하주차장 등의 시설이 들어서는

인천은 근대 체육의 효시와 같은 지역이다. 근대의 문물과 함께 서양 스포츠가 따라 들어온 것이다. 월드컵 유치에 인천이 빠질 수는 없는 노릇이었다. 급거 문학경기장을 세웠고 곡절 끝에 인천월드컵이 유치됐다. 스포츠 인천의 초석이 놓여진 셈이었다. 이건희 삼성그룹 회장은 IOC위원이자 대한레슬링협회 회장을 맡고 있었다. 인천은 유독 삼성과 인연이 없었으나 송도국제도시에 삼성바이오로직스 등이 세워졌으니 격세지감이다. 최시장이 1995년 5월 전국장애인체육대회 개막식에서 이건희 삼성 회장과 나란히 앉아있다.

데 총 사업비 2천 127억 원 규모의 경기장이었다. 완공되면 10만 5천명을 수용할 수 있는 대규모였다. 이때 문학경기장 건설에서 나온 토석은 송도 신도시 건설을 위한 매립용으로 쓰여 건설 비용의 측면에서도 큰 도움이 되었다. 또 건설 과정에서 인근 아파트주민들과 마찰이 일어났을 때 대화를 통해 주민들의 이전을 이뤄냈고 그 아파트는 리모델링해서 인천 소속 체육 선수들의 숙소로 사용했다. 지금까지도 그곳은 숙소로 활용되고 있다.

인천은 1988년 서울올림픽에서 단 한 게임도 치러내지 못했던 아픔을 가지고 있었기에 월드컵 유치를 염원했다. 올림픽 당시에는 인천에 경기장이 없기는 했지만 거리도 멀지 않은데 양궁과 같은 단일종목 한두 가지조차 유치하지 못했던 것이 인천 시민들을 매우 실망시킨 바가 있었다.

인천이 이러한 국가적 사업에서 소외된 것은 지역안배주의 때문이었다. 특히 우리나라는 서울 중심의 사고가 만연해서 모든 사업의 우선순위가 서울이 되었다. 인천시는 2002년 월드컵 유치와 상관없이 1994년 문학산에 문학경기장을 착공한 상태였고, 이는 월드컵 유치 단계에서 한국이 FIFA에 제시한 자료에도 명시되어 있었다. 그래서 상당히 유리한 입장이었지만 안심할 수는 없었다.

인천시는 월드컵 한일공동개최가 확정된 직후인 1996년 7월 인천 월드컵유치위원회를 설립하고 위원장으로 이명복 상공회의소 회장을 선임했다. 그리고 월드컵 인천 유치가 시민의 염원임을 드러내기 위해 1996년 8월 1일부터 40일간 월드컵 유치기원 100만인 서명운동을 전개했다. 공공기관, 유원지, 터미널, 전철역 등지에서 1백 40만에 이르는 인천 시민이 서명했다. 월드컵이 지역에 미치는 경제적 파급 효과는 전 분야에 걸쳐 매우 컸고 인천이라는 브랜드를 세계에 알리고 시민들의 연대감을 조성하는 데도 많은 역할을 할 수 있으리라 기대되었기 때문이다.

그리고 1997년, 월드컵 개최도시로 서울, 부산, 대구, 인천, 광주, 대전, 울산, 수원, 전주, 서귀포 등 10곳이 최종 선정됐다. 나는 거기에 그치지 않고 개막식을 인천에서 하자고 제안했다. 그때 인천은 이미 경기장을 45% 이상 공정을 끝낸 상태였지만 서울은 상암지구부지를 물색 중이고 그 역시 자금을 어떻게 마련하는가로 골머리를 앓고 있었다. 상암동 주경기장에 대한 건설계획서를 제출하지 않아 조직위에서 추후 기한까지 제출하지 않으면 서울시의 개최자격 박탈 및 주경기장 선정문제를 논의하겠다는 경고까지 받은 상황이었다.

나는 인천의 문학경기장이 그 대안이라고 보았다. 서울에 새롭게 신규투자를 한다면 3천 5백억 원이라는 엄청난 돈이 소

최시장이 유치단과 함께 월드컵 경기 인천 유치가 결정 난 뒤 환호성을 울리고 있다. (1996.12)

인천은 그동안 방송의 소외 지대였다. 전국 각 도시에 있는 TV방송이 인천에만 없다는 것을 시민들은 납득하기 어려웠다. 1997년 11월 마침내 iTV 인천방송이 개국했다.(사진 왼쪽) 인천 TV방송국 설립추진위원회 결성 이후 몇 년 만이었다.

요되지만 설계변경으로 문학경기장을 개조하는 데는 130억 원만 투자하면 되는 상황이었다. 그리고 인천공항을 가지고 있기 때문에 외국의 관계자들, 방문객들이 쉽게 접근할 수 있었다. 이러한 논의가 설득력을 얻어 인천문학경기장에서 개회식을 하는 것으로 정부에서는 입장을 정리하고 있었다. 국무총리집무실에서 이 사실을 발표한다고 해서 나와 시청직원들이 총리실에서 대기하며 기자회견을 기다리기도 했다. 하지만 '서울'이라는 상징성 때문에 발표는 미뤄졌고 실현되지는 않았다. 아쉬웠지만 중요한 도전이었다. 당연히 서울에서 이루어지리라는 생각을 버리는 반전의 도전이었기 때문이다.

월드컵 경기부지 선정이 있던 1997년 10월 11일에 개국된 iTV경인방송국 역시 내가 그런 맥락에서 추진한 사업이었다. iTV경인방송국의 예정 시청권역이 수도권이라 안 된다는 것이

공보처의 입장이었고 기존의 방송들도 반대했지만 꾸준한 노력 끝에 완수했다. 왜 서울은 되고 인천에는 방송국을 설립할 수 없는가. 나는 부임시에만 해도 거의 포기되었던 사업을 다시 시작해 마침내 3백여 명의 인력과 첨단장비를 갖춘 인천방송국을 설립했다. 이렇듯 서울과 인접해 있다는 인천의 특성을 어쩔 수 없이 주어지는 한계라 생각하지 않고 도전할 때 우리 인천은 더 큰 발전의 기회를 잡을 수 있었던 것이다.

물론 그 결단의 때들에 시장을 비롯한 인천시 공무원들은 신중히 생각하고 진중히 선택해야 한다. 2014년에 치러진 인천 아시안게임을 생각해보라. 4,700억원을 들여 만든 서구 아시아드주경기장은 건설하지 말았어야 한다는 것이 내 생각이다. 도시의 위상을 높이고 부대효과를 가져올 수 있는 대형행사들은 반드시 시로 가져와야 한다. 하지만 그것의 실속을 제대로 따져보아야 한다. 결국 거기에 들어가는 예산이란 모두 인천시민의 주머니에서 나오지 않는가.

22

항만 건설의 마스터 플랜

2000년 인천시는 정부에 건의하여 인천－중국 간 컨테이너 항로를 개설해 달라고 요청했다. 그때까지 수도권 지역의 대중국 수출 컨테이너 물량들이 부산항을 이용하느라 엄청난 물류비용을 지불해야 했기 때문이다. 90년대부터 현재에 이르기까지 인천항만의 물동량 증가율은 국내 최고다. 중국과의 관계가 발전하고 컨테이너 항로가 개설되면서 컨테이너 물동량도 엄청나게 늘어났다. 예전에는 중국의 경제성장이 더디고 남북관계도 개선되지 않은 상태라, 물동량도 미미하고 보안상의 문제도 있어 컨테이너선이 서해 쪽으로 들어오기는 어려웠다. 하지만 중국이 비약적인 경제발전을 이루고 중국과의 교역이 확대되고 남북관계도 안정되면서 상황은 바뀌었다.

1974년 건설된 인천항은 도크 항이었다. 서해는 조수간만의 차이가 심하기 때문에 간조 때와 만조 때의 깊이 차이가 거의 10미터 가량 난다. 간조 때 물이 빠지면 배가 육지에 접안을 할 수 없기 때문에 배가 들어올 수 있도록 물을 채워 넣는 시설이 있어야 하는데 그게 도크다. 말하자면 도크는 물을 채워넣는 물탱크 같은 것이다. 도크 항에는 배가 들어오는 출입구가 있어, 도크를 열었다 닫았다 하여 배를 들여보내고 내보낸다. 그러자니 배가 들고나는 데 시간과 비용이 많이 들고 효율성도 떨어질 수밖에 없다. 1백여 척의 외항선들이 부두하역을 기다리며 바다에 떠 있는 시간이 보통 2, 3일이었다.

인천이 동북아 중심도시가 되고 중국과의 교역이 늘면, 물동

인천은 조수간만의 차로 선박 접안이 대단히 불편한 항구다. 송도 신항 건설 계획을 구상하면서 도크 없이 배를 접안할 수 있는 항구 건설을 염두에 두었다. 최시장이 동구 화수부두를 둘러보고 있다. (1993.5)

량이 기하급수적으로 많아질 것이다. 이런 비효율적인 도크 항으로는 감당할 수 없었다. 인천시에서는 신항만 계획을 수립하여, 우선 1996년 북항 개발에 나섰다. 북항을 개발한 것은 그동안 인천항을 고철부두로 이용하면서 분진 문제가 발생했고 하역작업에 따른 소음으로 주민들의 고통이 컸기 때문이었다. 여기다 인천항 인근에 인천을 대표하는 호텔인 파라다이스호텔(구 올림포스호텔)이 자리해 고철이 쌓여 있는 항구의 모습을 관광객들에게 노출하게 되는 것도 좋지 않다고 판단했다. 북항을 개발해 고철부두로 사용하고 시민의 편의를 도모했다.

그 뒤 2001년에는 남항을 개발하기 시작했다. 그리고 송도 신도시 앞쪽 먼 바다 깊은 곳에 신항만을 만들 구상을 세웠다. 송도 신항만은 갯벌이나 모래가 아니라 깊은 바다 위에 만들 것이기 때문에 도크 시설 없이 접안할 수 있도록 설계되었다.

이렇게 하여 2005년에 설립된 '인천항만공사'가 관리하는 항구는, 조그만 어항들을 빼고 총 넷이 되었다. 첫째가 구 인천항인 도크 항으로, 이 항구도 확장공사를 해서 지금은 제8부두까지 있다. 둘째가 주로 원목, 철재 등을 하역하는 북항으로, 배후에 가좌와 부평단지 등 가구단지들이 많았다. 셋째가 컨테이너 부두인 남항으로, 현재 중국, 싱가포르, 부산, 일본, 태평양 등 세계로 나아가고 있다. 넷째인 송도 신항만은 완공되면 최대 70선 석 이상의 부두를 건설할 예정이다.

원래 공항, 항만 등의 국가기반시설은 지방이 아니라 중앙정부에서 관할하도록 되어 있다. 인천항만공사도 중앙의 관할권이지만 인천시로서는 중앙정부에 항만건설에 대한 우리의 비전과 마스터플랜을 인지시키고 그런 방향으로 나아가도록 하는 것이 필요했고, 그렇게 노력한 결과가 새로운 항만의 건설이었다. 여기다 2001년에는 인천항 주변 160여만 평의 땅을 관세자유지역으로 지정해달라고 신청하고 적극적인 설득에 나섰다. 이런 노력이 결실을 맺어 김대중 대통령이 다음 해에 인천항 주변을 관세자유구역으로 지정할 것을 약속했지만, 이후에 내가 퇴임하고 정부가 바뀌면서 유감스럽게도 이 약속은 실현되지 못했다.

인천항만의 장기적 비전 속에는, 대중국 물류만이 아니라, 유럽과 북미의 물류까지 직통으로 운송하려는 구상이 들어있다. 특히 지금 건설 중인 송도 앞바다의 신항만이 건설되면 어마어마한 규모의 배들과 물동량을 흡수할 수 있게 된다. 도크식이 아니므로 컨테이너선 같은 큰 배들도 얼마든지 바로 접안할 수 있고 유럽 쪽에서 오는 배들도 황해를 통해 신항만으로 들어올 수 있는 것이다.

한발 더 나아가, 인천시의 항만 구상은, 한국으로 들어오고 나가는 물동량만 처리하는 수준에 머물지 않고, 중국의 수출입 물동량도 인천의 항만을 통해 세계에 배분하려는 것을 목표로 삼고 있다. 즉 중국이 인천의 항만을 자기 나라의 항만처럼 활용할 수 있도록 할 계획인 것이다. 항만 건설을 위해 인천시의 종합개발사업 기획단의 단장과 도시계획국장 등이 유럽을 방문하여 '암스테르담—로테르담' 항구를 보고 이런 구상을 하게 되었는데, 이는 인천의 지정학적 위치상 충분히 가능한 일이었다.

네덜란드의 로테르담 항은 유럽의 중심항만으로, 러시아, 프랑스, 독일 3개국에서 흘러나온 라인 강의 하구에 위치해 있다. 유럽 도처에서 강을 따라 배에 실려 온 물동량들이 로테르담 항에서 세계로 수출되고, 세계 각지에서 수입된 것들도 이 항구를 통해 내륙으로 들어간다. 심지어 꽤 거리가 있는 영국의 물동량조차도 로테르담을 거쳐서 배분된다. 효과적인 물류처리와 비용 절감을 위해서다.

우리의 경우, 황해는 한국, 중국, 일본 3개국의 바다가 만나는 곳이다. 이들 3개국의 물류를 효과적으로 수집했다 세계로 내보내고, 세계에서 들어오는 물류도 다시 집하했다 각 지역으로 내보내는 역할을 인천의 항만이 수행할 수 있다. 로테르담이 라인 강을 통해서 유럽의 허브 항만이 되었듯이, 인천도 서해바다를 통해 동아시아의 허브 항만이 될 수 있다. 그것이 트라이포트 전략에서 세운 항만건설계획의 핵심이다.

그렇다고 인천의 항만이 모든 물류를 독식하려고 해선 안 된다. 중국에서 들어오는 물동량들은 워낙 그 양이 엄청나기 때문에, 평택항 등과 같은 서해의 주변 항구들과 나누어 맡아야 한다. 중요한 것은 어느 항만이 허브 기능을 하고 어느 항만이 보완기능을 하는가 하는 문제이지, 다른 항구들을 고사시키면서까지 인천항만을 발전시키려는 것은 옳은 태도가 아니다.

동북아의 허브 항만이 되기 위해서는 항만 시설도 중요하지만 물류단지도 필수적이다. 세계의 물류를 집하했다 분배하는 거대한 물류단지가 없다면 아무리 항만시설이 훌륭해도 선박들의 이용도는 현저히 떨어질 것이기 때문이다. 인천의 경우 송도 신도시에 그러한 물류센터를 만들 수 있다. 그래서 송도 신도시의 수백만 평이 항만배후단지로 쓰이기 위해 개발되고 있다. 송도의 매립이 완성되면, 송도 신항만은 엄청난 물류의 집하를 담당할 수 있는 첨단 항만기지가 될 것이다.

네덜란드는 로테르담 항구의 지정학적 이점을 최대로 활용해 세계적인 물류 중심국가가 되었고, 그것으로 먹고 사는 것이나 다름없다. 인천의 경우도 그런 목표를 지향할 수 있다. 앞으로 중국은 어마어마한 경제대국이 될 것이고 그러자면 물류를 효과적으로 처리할 수 있는 시설이 있어야 하는데, 인천시가 그것을 미리 준비하고 기다리자는 것이 우리의 전략이었다.

거대한 물류단지를 자국 내에 두는 경우는 별로 없다. 모든 국가들이 각자 국내에 엄청난 물류단지를 만들어야 한다면 그 또한 낭비일 것이다. 독일이나 프랑스 등도 국내에 물류 중심 항만을 만드는 대신, 네덜란드의 로테르담 항구를 이용해 물류를 처리한다. 그게 더 경제적이기 때문이다. 마찬가지로, 일본이나 중국도 엄청난 돈을 들여 자기들 나라 안에 물류 중심 항

공항과 항만은 물류도시 인천의 미래를 결정 짓는 핵심가치다. 네델란드의 로테르담 항구와 스히폴 공항의 인접 시너지 효과는 인천의 타산지석이다. 정보화 포트인 송도 신도시와 더불어 트라이포트 전략은 이런 토대에서 세워졌다. 최시장이 관계 공무원들과 함께 인천 내항 갑문을 둘러보고 있다. (1996.9)

만을 만드는 대신, 황해 바다의 중심에 위치해 있고, 대륙 간을 잇는 세계적인 공항이 인접해 있고, 엄청난 물류단지를 구비하고 있는 인천을 이용해 물류를 처리하는 것이 훨씬 더 경제적이다. 다만 그것이 실현되느냐 마느냐 하는 것은 인천의 노력과 추진력에 달려 있다.

인천의 미래에 대해 불안을 가지고 있는 사람이 있다면 나는 공항과 항만, 즉 하늘과 바다의 두 포트를 생각해보라고 말하고 싶다. 여기에 송도의 거대한 물류단지가 더해져 일으킬 시너지를 말이다. 인천국제공항은 사람만 실어 나르는 시설이 아니다. 비행기로 실어 나르는 수출입 물동량도 큰 비중을 차지한다. 2012년에 인천공항은 세계에서 2번째로 많은 물동량을 처리하기도 했다. 인천의 공항과 항구가 완성되면 이동하는 사람과 물류들이 모두 송도 신도시를 중심으로 모이게 될 것이다. 인적 물적 수송이 자유롭고 효율적이라는 것은 대단한 시너지 효과를 가져온다. 공항과 항만, 어느 한쪽 시설만 기능하는 것과는 차원이 다르다.

다시 네덜란드의 예를 들자면, 로테르담 항구와 암스테르담의 스키폴 공항은 가까운 거리에 있다. 로테르담이라는 허브 항만과 암스테르담의 스히폴이라는 허브 공항이 서로 조화를 이루고 있기에 네덜란드가 세계적인 인적 물적 이동의 중심이 될 수 있었던 것이다. 하물며 인천처럼 허브 공항과 허브 항만이 한 도시 내에 있다는 것은 대단한 축복이다. 중국이나 일본 등 아시아의 다른 나라들을 살펴봐도 인천처럼 거대한 국제공항과 거대한 항만을 동시에 가지고 있는 도시를 발견하기가 쉽지 않다. 항만과 창이공항을 가지고 있는 싱가포르 정도가 그런 조건을 충족시키는 도시라고 할 수 있다. 네덜란드처럼 싱가포르도 그것으로 먹고 산다고 해도 과언이 아닐 정도다.

더구나 인천에는 바로 배후에 수도권이라는 엄청난 소비와 생산의 중심지역이 있다. 정말 이 정도 유리한 지정학적 조건을 갖춘 도시는 찾기 쉽지 않다. 막대한 예산을 투자한다고 해서 아무 도시나 허브 도시로 개발될 수 있는 건 아니다. 예전에는 부산이 서울 다음 가는 제2도시였지만, 그것은 일본이나 미국과의 교역이 중심이 되었던 때였다. 게다가 부산은 수도권과 너무 멀리 떨어져 있다. 로테르담도 배후에 암스테르담이라는 거대한 도시가 없었다면 지금처럼 세계적인 항구로 성장하기 어려웠을 것이다. 사실 유럽 각국들도 서로 허브 항만이 되려는 경쟁을 치렀지만, 로테르담이 지정학적 위치의 유리함 덕분에 경쟁에서 승리할 수 있었다.

다만 당부하고 싶다. 앞에서도 언급했지만 공항과 항만은 중앙에서 관리하는 기반시설이다. 그러나 중앙에서 추진하는 일이라고 해서 인천시가 손 놓고 가만히 있기만 해서는 공항도 항만도 인천의 발전에 직접적인 도움이 될 수 없다. 인천의 비전과 전략에 맞추어 적극적으로 콘텐츠도 제출하고, 이의도 제기하고, 필요한 경우에는 결사적으로 반대도 하여 이루어낸 결과가 지금의 인천국제공항과 신항만이다. 여기에 덧붙여 인천시 자체적으로 최첨단 정보도시인 송도 신도시 건설을 추진했으니 참으로 벅찬 시대였다.

인천의 미래는 인천시가 찾아낸 트라이포트 전략에 달려 있지만 사실 그 세 축은 각기 다른 기관들에 의해 추진되고 있는 실정이다. 인천국제공항은 건설교통부가, 신항만 건설은 해양수산부가, 송도 신도시는 인천시가 주관한다. 이 중에서 제일 약자는 인천시다. 모두 인천 안에서 벌어지는 일이고 인천의 미래를 위해 필수적인 포트들인데, 서로가 유기적인 협력관계를 이루지 못할 경우 제일 곤란을 겪는 쪽도 인천시다. 세 축을 조화롭게 컨트롤 할 수 있는 기구가 없어 트라이포트 전략 추진에 많은 장애가 생겨나곤 했다. 국가의 미래를 향한 야심찬 사업들이 상호 유기적인 조화를 이루지 못하고 삐거덕거리는 것은 앞으로도 문제가 될 수 있다. 앞으로 누가 인천의 시장을 맡든 이 부분에 대해서는 깊이 생각해야 할 것이다.

6부

인천의 인프라를 확충하다

인천의 교통문제를 해결하기 위해 안간힘을 쓴 것은
그것이 단지 교통에 국한된 문제만이 아니라,
인천의 위상이나 브랜드와 깊이 관련된 문제였기 때문이다

최시장이 벌크 화물인 인천항 곡물 하역장에서 함께 일하며 먼지를 뒤집어 쓰고 있다.
항만 물류에서 빚어지는 분진과 화물 자동차의 분진 등 인천의 교통은 늘 먼지투성이였다.

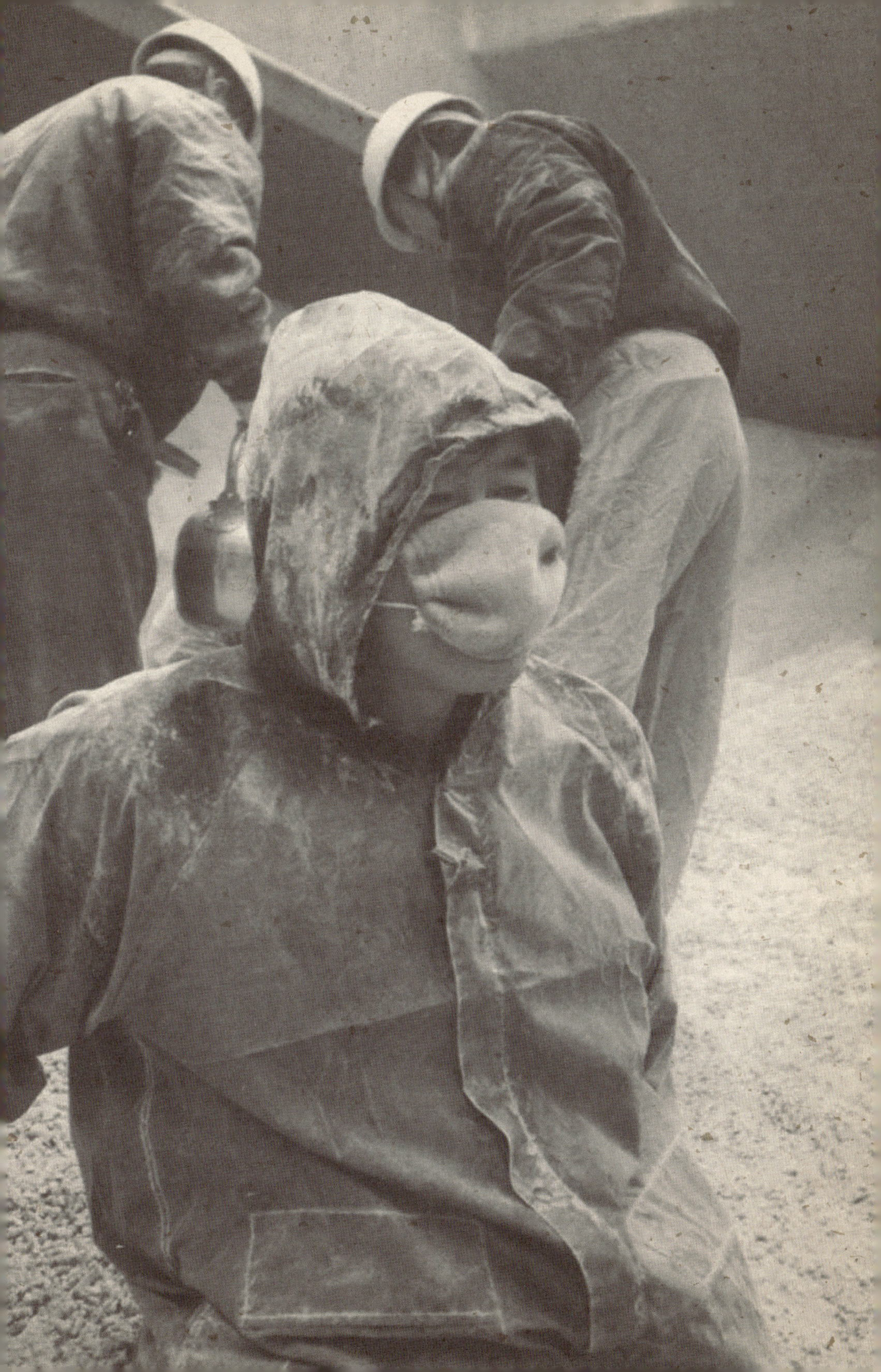

23

착공에서 완공까지, 인천지하철 건설

1990년대 초반만 하더라도 인천의 도로율은 매우 낮고 연결망도 좋지 않았다. 인천시내에서의 왕래가, 인천에서 경기도와 서울로 나가는 것보다 더 어려운 지경이었다. 그래서 인천시에서는 시내 도로를 많이 뚫는 데 역점을 두어 도로율을 15%에서 23~24%까지 높였다.

인천의 교통을 가로막는 주요 장애물 중 하나가 산이었다. 문학산, 만월산, 철마산 등이 인천 내 지역들을 가로막고 있어서 원활한 이동에 장애가 되었고 산으로 나뉜 지역끼리의 거리감도 상당했다. 그래서 문학산 터널, 만월산 터널, 원적산 터널 등 3개 터널을 뚫어 산을 돌아가지 않아도 되도록 이동거리를 단축시켰다. 그러자 지역 간의 심리적 거리도 줄어드는 효과가 생겼다.

그러나 인천의 교통문제 해결을 위해서는 도로망의 확충이나 터널 건설도 중요했지만, 무엇보다 지하철 건설이 절실했다. 인천시로 부임해 와서 현안 사안을 보고받을 때, 인천 지하철 건설에 대한 업무보고도 있었다. 인천 지하철은 중앙정부의 지원을 받아 인천시 지하철건설본부에서 추진했다. 당시 지하철건설 본부장의 보고에 따르면, 그해 7월 1일 시민의 날을 기해서 착공에 들어갈 수 있다고 했다. 그런데 추후에 진행상황을 확인해보니 착공 준비가 거의 안 되어 있는 상태였다. 아무리 따져봐도 7월 1일에 착공할 수 있을 것 같지가 않았다. 나는 본부장을 불러 이렇게 말했다.

"책임 있는 자리에 있는 공무원은 자기가 한 말에 책임을 져야 합니다. 만약 시민의 날에 지하철 착공에 들어가지 못하면 엄중히 문책할 것입니다. 시민의 날에 시민과의 약속을 지키지 못하면 그게 무슨 망신이겠습니까? 본부장께서 자신 있게 보고한 내용이니 저는 믿겠습니다."

그러자 본부장의 얼굴이 하얗게 질렸다. 이후 지하철 건설본부에서는 서둘렀지만 착공을 하려면 인천시에서만 열심히 준비하면 되는 게 아니라, 교통영향평가니 환경영향평가니 하는 문제로 중앙정부와 여러 차례 협의하는 단계가 필요했다. 그런데 그런 게 전혀 안 되어 있었다. 사전협의가 없이는 설계가 완료되어도 착공에 들어갈 수 없었다.

그때는 비록 문민정부가 들어서긴 했지만 중앙정부가 완전히 민주적인 분위기로 전환되지 않은 상태였으므로 지방공무원들은 중앙에 가서 큰소리로 얘기도 못했다. 심지어 지방의 간부직 공무원들도 중앙에 가면 하위직 공무원에게 머리를 조아리는 일이 다반사였다. 그런 사정을 익히 알고 있던 터라, 중앙정부와 관련된 협의에 관해서는 도움을 주지 않을 수 없었다. 환경영향평가는 환경부에서, 교통영향평가는 건교부에서 평가를 받아야 했으므로 교통부와 환경부 등에 강력하게 얘기해서 그런 절차가 빨리 진행될 수 있도록 했다.

물론 지하철 건설본부 본부장과 직원들도 밤새도록 일하느라 혼이 났다. 그렇게 열심히 몰아쳤음에도 불구하고 결국 시민의 날인 7월 1일에는 착공하지 못하고 7월 5일에야 착공에 들어갈 수 있었다. 나는 지금도 그 날짜를 기억하고 있다. 비록 며칠 늦어지긴 했지만, 그래도 담당직원들이 최선을 다해 거의 불가능한 기간에 착공준비를 마쳤으니, 나도 더 이상의 질책은 하지 않았다.

그때 착공한 인천지하철은 6년 3개월에 걸친 대공사 끝에 1999년 10월에 개통했다. 아마 지하철이 건설된 도시 중에서 한 사람의 시장이 착공하고 완공한 것은 처음 있는 일이었을 것이다. 나는 인천지하철 공사 현장에 직접 방문해 귤현역에서부터 동막까지 도보로 현장 확인을 하기도 했다. 시민을 위해 공사는 속도를 내야 했으나 그렇다고 안전을 무시할 수는 없었다.

인천지하철 1호선이 계양 귤현역까지 개통됐다. 행정구역 개편으로 김포에 속해 있던 계양 일부가 인천시에 편입된 뒤 사실상 인천으로 들어온 상징적인 사건이었다. 1999년 12월 인천지하철 1호선 귤현역 개통식에 최시장이 참석해 테이프커팅을 하고 있다. 최시장 왼쪽 세번째 송영길 국회의원이 섰고 오른쪽 두번째 안상수 전 국회의원이 자리했다. 안상수씨는 2002년 최시장을 뒤이어 인천시장이 됐고 송영길씨도 안상수씨를 뒤이어 2010년 인천시장이 됐다.

지하철 건설이 진행되고 있는 중에 언론에서는 인천시가 재정적자에 시달리고 있다는 기사들을 종종 흘려보냈다. 지하철 건설은 중앙정부의 지원을 일부 받긴 하지만, 인천시의 막대한 재정을 투자해 추진하는 일이었다. 그러니 지하철이 완공되어 어느 정도 수입을 내기 전까지는 적자를 내는 게 당연했다. 가난한 사람들을 위한 주거환경개선사업이나, 일반 서민들의 대중교통 수단을 확보하는 일 같은 것은, 수익을 내려고 벌이는 사업이 아니다.

주택공사, 토지공사, 지하철공사, 도로공사 같은 공사들은 국민의 편익을 위한 공적인 사업을 해야지, 일반기업처럼 수익사업을 하려고 해서는 안 된다. 지하철 건설을 일반기업이나 민간자본에 맡겨두면 정부와 지자체는 상대적으로 편하다. 그러나 그렇게 하면 국민들의 부담이 커질 수밖에 없다. 그래서 국가나 지자체에서 국민이 낸 세금으로 맡아 해야 하는 것이다. 그런데 너무도 당연한 얘기를 마치 큰일이 났다는 듯이 '재정적자 심각' 하고 기사를 써대니 답답한 노릇이었다.

지하철이 완공되기 전에는 가타부타 말이 많던 언론들도 인천지하철이 완공되어 시민들의 주요한 운송수단으로 자리 잡

"인천지하철은 6년 3개월에 걸친 대공사 끝에 1999년 10월에 개통했다. 아마 지하철이 건설된 도시 중에서 한 사람의 시장이 착공하고 완공한 것은 처음 있는 일이었을 것이다."
최시장이 지하철 건설현장을 살펴보고 안전을 당부하고 관계자들을 격려하고 있다.(1994. 6)

자 더 이상 흠을 잡지 않았다. 인천시에서는 지하철 역내의 상가나 역세권 개발 등 부대사업을 통해 일정 정도 수익을 보전했고, 완공된 후에는 지하철 이용도를 높여 적절하게 손실을 만회하는 방향으로 운영해 나갔다. 지하철이 깨끗하게 관리되고 사고도 적어서 인천 시민들의 평판도 좋은 편이다.

우리나라는 아직까지 대중교통 요금이 싼 편에 속한다. 그만큼 정부나 지자체의 재정에 압박이 되는 것도 사실이다. 그렇다고 해서 대다수의 국민들에게 골고루 혜택이 돌아가는 사업을 선불리 민간자본에 맡겨서는 안 된다. 민간업자들에게 맡기면 요금이 올라갈 것이 뻔하기 때문이다. 일본의 도쿄지하철을 보면 요금도 비싸고 요금체계도 아주 복잡하다.

그런데 요즘 들어 우리나라도 점점 정부의 방침이 그쪽으로 옮겨가는 듯하다. 공공의 사업을 수익을 내려는 관점에서 행하는 태도는 옳지 않은 것이다. 국민들이 세금을 내는 까닭은 그 돈으로 공공의 선을 위한 사업을 하라는 뜻이지 이익을 많이 남기라는 뜻이 아니다. 바로 이 점을 인천시가 잊지 말았으면 한다.

예나 지금이나, 인천에서 서울로 나가는 가장 중요한 교통수단은 경인전철이다. 한때 '지옥철'이라고 불릴 정도로 혼잡했던 경인전철은, 복선에서 복복선으로 바뀜으로써 수송능력이 높아지고 혼잡도가 어느 정도 해결되었다. 다음으로 중요한 전철이 수인전철이다. 경인전철이 인천과 서울을 연결한다면, 수인전철은 인천과 경기도 남부인 시흥, 안산 등을 연결하는 철도로, 사람뿐만 아니라 화물 운송에서 매우 중요한 역할을 한다.

사실 수인전철은 2004년에서 2005년 사이에 완공되었어야 하는데 많이 지연되었다. 지상화냐 지하화냐를 두고 오랜 기간 다투었기 때문이다. 원래는 지상화로 설계되었는데, 국회의원이나 지자체 출마자들이 정치쟁점으로 삼아 지하화를 주장하면서 문제가 복잡해졌다. 주민들의 표심도 그쪽으로 몰리면서 빨리 결정을 내리지 못한 채 지지부진 끌게 되었다. 하지만 속도를 높여 인천 노선을 2016년 3월 학익역을 제외하고 모두 완공했으니 인천은 이제 이 철길을 통해 남으로 연결될 것이다.

24

인천을 사통팔달의 도시로

처음 부임했을 때 인천의 도로 사정은 심각했다. 고속도로라고는 왕복 4차선의 경인고속도로뿐이었기 때문이다. 그 경인고속도로가 확장이 돼서 이제는 왕복 8차선이 되었고, 수도권 외곽순환도로 8차선, 공항고속도로 8차선, 제2경인고속도로 8차선, 영동고속도로 6차선, 그리고 제3경인고속도로 6차선 등을 합쳐 총 42개 차선이 뚫렸다. 이제 인천 시내 어느 지역에서든 10분 만에 고속도로에 진입할 수 있다. 40개가 넘는 차선을 보유하고 있는 도시는 인천밖에 없을 것이다.

인천의 특성상 다리 또한 중요한 교통수단이었다. 영종대교는 공항고속도로를 뚫는 일이라 중앙의 건교부에서 건설했지만, 한국에서 가장 긴 다리인 인천대교는 애초부터 인천시에서 계획을 세워서 추진했다. 1994년에 송도 신도시를 착공하면서,

이미 인천공항과 연결하기 위한 인천대교의 기본 건설계획이 서 있었다. 중앙정부에서는 돈이 많이 들어간다고 난색을 표했지만, 인천시는 외국 자본을 끌어들여서라도 하겠다고 했다.

인천대교에 외자를 유치하는 데는 김대중 대통령의 역할이 지대했다. 김 대통령이 캐나다를 방문했을 때 한국에 투자할 것을 권유하면서, 인천에 엄청난 규모의 국제공항과 동북아의 첨단도시가 들어설 예정인데 그것을 연결하는 다리를 놓은 일에 투자를 하면 어떨까 제안을 했던 것이다. 그래서 캐나다의 한 기업체와 인천시가 양해각서를 체결했다. 이후 그 기업체가 영국의 아멕사에 통합되면서, 아멕사에서 투자하여 공항과 송도를 연결하는 인천대교를 완성하게 된 것이다.

강화도와 내륙을 연결하는 초지대교는 처음에는 민간업체에서 시작한 사업이었다. 그런데 다리 건설을 맡은 건설회사가 IMF로 부도가 나는 바람에 민자 사업 승인이 취소되었고, 그 사업을 인천시가 받아서 추진했다. 이것은 강화와 옹진을 편입한 이후부터 인천시가 집중적인 투자를 했기에 가능했다. 강화군과 옹진군이 경기도에 속했던 시절에도 다들 도로를 내달라고 요구했지만 실현되지 않았다.

강화도의 경우에, 섬 전체를 순환하는 해안도로가 뚫리고 초지대교까지 건설되면서, 획기적으로 발전하는 계기가 마련되었다. 덕적도의 경우도, 경기도에 소속되어 있을 때는 항구에서 면사무소가 있는 읍내까지 산을 넘어가는 도로를 내는 데 1

최시장이 인천 국제여객터미널 개장식에 참석한 당시 해양수산부 노무현 장관과 이야기를 나누고 있다. (2000.10)

년에 10미터 가량이나 될까 할 정도로 진척이 더뎠다. 경기도에서 예산을 1년에 얼마 주지 않아 주민들 생각에도 저러다 10년이 걸린들 뚫리겠나 싶었다고 했다. 덕적도를 방문하고 보니 정말 돈만 낭비되고 주민들은 답답해하고, 이렇게 진행할 일이 아니다 싶었다. 인천시에서 50억을 한번에 지원해서 1년 내에 도로를 뚫었다. 그러자 덕적도 주민들의 일상적인 삶은 물론이거니와, 관광적인 차원에서도 섬 전체가 업그레이드되는 효과가 발생했다.

이렇듯 인천의 교통문제를 해결하기 위해 안간힘을 쓴 것은 그것이 단지 교통에 국한된 문제만이 아니라, 인천의 위상이나 브랜드와 깊이 관련된 문제였기 때문이다. 예전에는 인천에서

서울과 경기도를 통하지 않고는 움직일 수 없이 고립되었던 인천의 도로는 영동고속도로, 서해안 고속도로, 외곽순환도로, 공항고속도로 등으로 길이 터지면서 첨단 도시로서의 막강한 교통인프라가 구축되었다. 최시장이 도시외곽순환도로 개통식에 참석하고 있다. (1995.12)

강원도나 경상도를 가려면 바로 고속도로를 타지 못하고, 경기도와 서울을 거쳐 갈 수밖에 없었다. 그러자니 경기도와 서울에서 막혀 꼼짝 않고 버리는 시간이 엄청났다. 인천이 서울이나 경기도의 그늘에 가려진 도시라는 사실을 잘 보여주는 대목이다. 서울이나 경기도를 통하지 않으면 어디로도 갈 수 없는 꽉 막힌 고립된 도시였던 것이다. 하지만 이제는 그렇지 않다. 영동고속도로, 서해안고속도로, 경부고속도로, 외곽순환도로, 공항 고속도로와 직통으로 연결되는 첨단도시로서의 막강한 교통인프라를 구축하게 되었고 이는 향후 인천 발전에 지대한 영향을 줄 것이다.

25

잿빛 도시에 숨을 불어넣다

- 녹지 조성사업

내가 인천시장에 취임하고 놀란 것은, 인천이 참 숨 막히고 살기 힘든 도시라는 사실이었다. 인천 시민들의 최대 불만사항도 교통문제 다음으로 환경문제였다. 시내 곳곳을 돌아다니다 보니, 거리에는 시내버스들이 흙탕물을 튀기며 돌아다니고, 공기는 매연 때문에 숨 쉬기가 답답하고, 사람들이 쉴 만한 휴식 공간도 거의 없었다. 오죽하면 '버스들을 좀 깨끗하게 하라'는 지시를 내릴 정도였다. 버스의 차고지가 비포장이라 차고지에 대놓았던 버스가 시내로 나오면서 온 거리에 흙탕물을 튀기고 흙먼지를 날리며 다녔기 때문이었다.

사실 아무리 지정학적 위치가 좋고 인프라가 잘 구축되어 있다고 해도, 이렇게 더럽고 오염된 도시라면 누가 와서 투자를 하겠는가. 인천시가 동북아 허브 도시라는 미래 비전을 정하고 세계의 많은 도시에 나가 살펴봤을 때, 세계적으로 이름 있는 도시들은 우선 환경이 깨끗하고 살기에 쾌적한 도시들이었다. 그래서 인천시청 현관에 두 가지 슬로건을 나란히 걸었다. "세계 속의 인천!"과 "깨끗한 인천!"이었다.

깨끗한 환경을 위한 일차적 정화 대상은 물과 공기였다. 물에 관해서는, 수질과 해양의 오염을 정화하기 위해 하천 살리기와 바다 정화운동을 추진했다. 대기 정화를 위해서는 나무를 많이 심어야 했는데, 그렇게 녹지를 확보하여 시민을 위한 공원을 만들면, 대기도 정화되고 도시 경관도 좋아지는 이중의 효과를 얻을 수 있을 것이었다.

내가 취임할 당시 인천에 공원이라곤, 자유공원과 수봉공원 두 곳밖에 없었다. 자유공원이 비록 유서 깊고 역사적인 상징성을 가진 공원이기는 하지만, 면적이 2만 5천 평밖에 안 되어 시민들의 휴식공간으로 기능하기에는 역부족이었다. 수봉공원 역시 비슷한 규모였다. 그래서 남동구 장수동에 인천대공원을 조성했다. 이 과정에서 일부에서는 위락시설을 설치하자고 제안했지만 나는 반대했다. 자연 그대로의 공원이 필요하다고 생각했고 인천 시민의 휴식처로 남아야 한다고 보았다. 지금의 인천대공원은 거의 100만 평에 가까운 큰 공원으로, 인천 시민뿐만 아니라 부천, 시흥, 안산, 서울 등 수도권에서도 많은 사람들이 찾아온다.

다음으로 중앙공원을 조성했다. 기존의 도심에 공원을 만드는 획기적인 사업이었다. 주로 공원이라고 하면 시의 변두리 외곽지역에 따로 조성하는 게 일반적이니 말이다. 하지만 인천은 녹지환경이 너무 부족해 도심 중앙에도 큰 공원을 조성할 필요가 있었다. 도심에 공원을 만드니 미관상도 좋고, 근무하는 사람들도 점심시간을 이용해 산책을 즐길 수 있는 장점이 있었다. 붉은고개처럼 좋지 않은 주거환경을 개선하는 일환으로 공원을 세워 그 혜택을 많은 시민과 나누는 것이 진정한 도시계획일 것이다.

또한 인천에는 군부대가 많이 주둔하고 있었는데, 군부대 시

최시장이 시장으로 부임할 당시 인천의 공원은 자유공원과 수봉공원 달랑 2곳에 불과했다. 송도국제도시 내의 수많은 공원은 뒤로 하더라도 지금은 인천대공원, 중앙공원, 월미산공원, 부평 공원 등 지역 곳곳마다 셀 수 없는 공원이 들어섰다. 신문에서는 인천시가 공원 조성에 돈을 너무 많이 쓴다는 비판도 있었지만 이는 인천의 생활환경의 개선을 위해 꼭 필요한 일이었다. 최시장이 시청 인근 중앙근린공원 제3지구 준공식에서 공원을 둘러보고 있다. (2001.1)

"공원 조성도 일종의 재개발 사업이다. 다만 단기적인 수익을 내느냐, 장기적인 삶의 질을 중시하느냐 하는 차이가 있을 뿐이다. 하지만 내 경험으로 돌아볼 때 땅은 땅을 가장 소중히 쓰는 사람에게 그 혜택을 돌려준다. 인천의 공원이 바로 그런 예일 것이다."

설이 옮겨갈 때마다 인천시에서 그 땅을 사들여 공원으로 조성했다. 예컨대 부평공원은 88정비부대가 있던 자리이고, 월미산공원은 2함대 사령부가 주둔해 있던 자리였다.

군에서 그 땅을 주거지역으로 변경해 줄 것을 요구했지만, 나와 인천시는 그 땅을 전격적으로 공원 용도로 지정했다. 그러자 군에서 숱하게 항의를 해왔다. 주거지역으로 변경하면 아파트를 지어 개발이익을 낼 수 있지만, 공원으로 지정되면 이익을 산출할 수도 없고 땅값도 저렴하게 책정이 되어 보상도 많이 받을 수 없기 때문이다. 하지만 인천시가 꿈쩍도 하지 않으니, 군에서는 공원용지를 그대로 갖고 있어 봤자 소용이 없으므로 시에서 주는 보상비라도 받고 이주할 수밖에 없었다.

인천시 예산에서 보면 수백 억에 달하는 그 보상비도 만만치 않았지만 땅의 규모나 주변 땅값 시세에 비하면 비교적 저렴한 보상이긴 했다. 88정비부대가 이전한 자리에 부평공원을 지을 때나 2함대 사령부가 이전한 월미산에 월미산공원을 지을 때, 일부에서는 아파트를 짓자는 의견도 있었다. 물론 그렇게 하면 시에서 군부대에 보상해준 돈보다 몇십 배 더 많은 개발이익을 얻어 재정을 흑자로 만들 수도 있었을 것이다. 하다못해 부평공원의 경우에는 테마파크를 지어 일정한 수익을 내자는 방안도 제시되었으나, 나는 모든 걸 백지화하고 순수히 녹지공원을 조성하는 쪽으로 의견을 모았다. 그렇게 해서 공원이 하나도 없던 부평지역에 부평공원이 만들어졌고, 바다가 내려다보이는 멋진 자리에 월미산공원도 조성되었다.

현재 송도에 있는 센트럴파크도 인천의 대표적인 공원으로 빠질 수 없다. 2009년 완성된 센트럴파크는 게일사가 만든 것으로 송도국제업무단지의 총 개발면적의 10퍼센트에 달하는 12만평의 녹지다. 이 공원은 내 임기에, 인천시와 게일사가 맺은 협약에 명시되어있던 바, 도시의 숨을 불어넣는 그런 녹지 공간은 내가 강력히 원했던 것이었다. 게일사는 그 약속을 지켰고 공사기간 3년에 공사비 2,000억원을 들여 완성했다. 뉴욕 센트럴파크를 모티브로 세계적인 공원을 만들기 위해 최선을 다한 결과 송도의 센트럴파크는 오늘날 인천 시민들의 휴양지로 사랑받고 있다.

공원을 조성하는 과정에서 어려움도 적지 않았고 일부 신문들에서는 인천시가 공원조성에 돈을 너무 많이 쓴다는 비판도 있었지만, 인천에 오래 살아보지 않은 사람은 그런 말을 할 자격이 없다. 산업도시인 인천은 다른 도시들보다 훨씬 더 많은 녹지 공간을 필요로 하는데, 거꾸로 녹지 공간이 형편없이 부족했다. 시에서 시민을 위한 공원을 만들지 않으면 누가 만들어 주겠는가. 공원 조성도 일종의 재개발 사업이다. 다만 단기적인 수익을 내느냐, 장기적인 삶의 질을 중시하느냐 하는 차이가 있을 뿐이다. 하지만 내 경험으로 돌아볼 때 땅은 땅을 가장 소중히 쓰는 사람에게 그 혜택을 돌려준다. 인천의 공원이 바로 그런 예일 것이다.

7부

현실에 눈뜨고 혁명을 꿈꾸다

나라와 역사를 위해 자신을 헌신하고 약자들을 돕는 것.
가난한 자, 집 없는 자, 먹지 못하는 자를 위해서
그들 편에 서서 투쟁하는 것이 옳다고 생각했다.

김영삼 전 대통령과 함께한 민주산악회 회원 일동. 닭의 목을 비틀어도 새벽은 온다라는 신념 아래 민주화 운동 동지들은 굳건한 연대를 이어갔다. 중앙에 서 있는 분이 YS이고 오른쪽 대각선 아래 최기선의 모습이 보인다.

26

세계의 불평등을 깨닫고

가끔 정치인으로 살겠다는 내 의지가 언제, 어디서부터 시작되었을까 헤아려 본다. 처음으로 국회의원에 당선되었던 1988년, 김영삼 총재 곁으로 가 정치를 시작한 1979년, 대학에 들어가 민주화 투쟁 세력이 되어 한일협정 반대 시위를 벌였던 1964년, 그렇게 거슬러 올라가다보면 서울의 계동, 까까머리 중학생이 되어 친구집에 놀러가던 열여섯 살의 나가 등장한다.

나는 그때 김포 집에서 서울로 유학을 온 상황이었다. 유학이라고 하지만 사실은 거처할 곳도 변변치 않아 친척집을 전전하며 살아야 하던 때였다. 어머니는 한 달에 한번쯤 머리에 쌀을 이고 찾아오셨지만 내 생활을 돌봐줄 형편은 되지 않으셨다. 나는 아르바이트로 스스로 생활비를 벌기도 했다. 그러한 가난이 그때는 뭐 그리 특별한 것은 아니었다. 우리 세대라면 누구나 이겨내야 했던 현실이었다. 그때 친구집에 놀러갔던 나는 마당에 매여 있는 셰퍼트가 무언가를 먹고 있는 장면을 보게 되었다.

"뭘 먹니, 개가?"

"소고기. 우리 집 개는 소고기밖에 안 먹어."

셰퍼트가 먹고 있는 건 정말 붉그스름한 고기조각이었다. 친구는 대수롭지 않게 말했지만 나는 그날 세상이 뒤바뀌는 듯한 충격을 받았다. 고향 김포에서 내가 초등학교에 들어간 것은 전쟁 때였다. 전쟁 통에 문을 연 학교는 교실이랄 것도 없었고 학생들도 많게는 열 살까지 위인 아이들이 뒤섞여 있을 정도로 열악한 환경에서 운영되었다. 나중에 다 재산을 잃기는

최기선은 육군 3사단 백골부대에서 사병으로 복무했다. 재학 중 시위 전력으로 제적당한 뒤 강제징집 됐다.

했지만 그때까지만 해도 나는 김포에서 비교적 나은 환경에서 자라고 있어서 굶지는 않았다. 그렇다 해도 학교 친구들을 통해 목격하게 되는 가난의 상황이란 정말 처참하고 비극적인 것이었다.

하지만 김포에서의 유년에서는 그 가난이 어떻게 보면 모두가 참고 견뎌야 할 것으로 공유되어 있는 상황이었다. 내가 더 나은 환경에서 자라기는 했지만 우리 집 역시 고기는 명절 때나 아주 드물게 맛볼 수 있는 것이었으니 그 가난에서 벗어나 있지는 않았다. 그런데 서울로 올라오고 난 뒤 나는 그 가난이라는 것이 예외인 세상이 존재한다는 것을 깨닫게 되었다. 그날 계동 친구집에서 보았던 셰퍼트의 고기. 그것이야말로 세상의 그러한 면을 가장 강력하게 환기시킨 사건이었다.

"모든 사람이 평등하게 살아야 한다고 나는 생각했다. 그때는 아주 가난한 시절이니까 적은 음식을 나눠서 굶어죽는 사람 없이 살아야 옳은 세상이었다. 그래서 혁명가가 되겠다고 결심했다."

그때 내가 느낀 분노와 배신감은 말로 표현하기 힘들 정도였다. 그동안 학교에서 배운 것들이 모두 거짓이라고 생각했고 그 생각 때문에 화가 나고 슬퍼졌다. 학교에서는 인간이 존엄하다고 가르치지 않았나. 선생님들이 나에게 그렇게 말하지 않았나. 그런 상황에서 나와, 나를 비롯한 그 가난한 교실의 친구들이 일년 가야 한번 먹을 수도 없는 고기를 개가 먹는 세상, 무언가 잘못된 것이 아닌가.

김포에서 중학교에 진학하지 못한 채 농사일을 시작한 친구들을 떠올렸다. 그 친구들이 고된 노동에서 벗어나기란, 그렇게 해서 좀 더 풍요로운 생활을 하기란 아주 어렵거나 많은 난관을 넘어야 하는 일일 것이다. 그런데 그런 어려움과 희생이 모두에게 주어진 것이 아니라니.

그 뒤로 나는 학교에서 배우는 것을 믿지 않는 아이가 되었다. 보성고등학교에 진학하면서는 아예 마음에 맞는 일곱 명의 친구들을 불러모아 '무적 부랑당'이라는 모임을 만들었다. 그 중 나와 가장 친했던 친구는 포항에서 온 정기홍이라는 친구였고 낮에는 학교에서 공부를 하고 밤에는 서울역에서 수박 장사를 하면서 고학을 했다. 내 주위 친구들은 거의 그렇게 비슷비슷하게 가난한 생활을 하고 있었다. 또 대개가 지방 출신들이었다.

우리는 학교 공부는 거의 하지 않고, 몰려다니며 교과서 대신 문학 사상서들을 읽었다. 보카치오의 『데카메론』, 카뮈의

『페스트』, 톨스토이의 『전쟁와 평화』, 도스토옙스키의 『죄와 벌』, 『카라마조프가의 형제들』 등이다. 또한 우리의 독서목록에 마르크스, 레닌과 모택동의 사상도 빠지지 않았다. 그때 그런 책들은 구하기가 쉽지 않아서 주로 선배들을 통해 빌려서 읽었다. 그런 과정을 통해, 막연하게 세상이 잘못되어 있다는 생각은, 어떻게 잘못되어 있는가로 구체화되었고 마침내 그것을 바로잡을 수 있는 대안에 대해서까지 생각하게 되었다. 인간이 인간답게 살기 위해서는 인간의 존엄성, 인간의 권리와 평등을 되찾아야 하는 것은 아닐까. 그리고 그 방법이 혹시 혁명, 사회주의 혁명이지 않을까에도 생각이 미쳤다.

어쨌든 모든 사람이 평등하게 살아야 한다고 나는 생각했다. 그때는 아주 가난한 시절이니까 적은 음식을 나눠서 굶어죽는 사람 없이 살아야 옳은 세상이었다. 그래서 세상을 뒤집는 일이 한번은 해볼만한 일이라고 생각했다. 『삼국지』, 『수호전』, 『임꺽정』 같은 책들도 읽었는데 어쩌면 난세를 뒤바꾸는 인물들의 활약에 관심을 두었는지도 모르겠다. 학교의 교육과정에 관심이 별로 없었던 나는 대학도 진학하고 싶지 않았다. 변혁을 주도하는데 기존의 교육에 기댈 필요가 없다는 어줍잖은 한편으로는 시건방진 생각이었다. 그러던 어느 날, 어머니가 서울로 찾아왔다.

"우리 집이 이제는 완전히 망했단다, 기선아."

시골의 농토를 팔아서 정유공장을 하려던 아버지는 사기를 당해 모든 재산을 잃고 무기력에 빠졌다고 어머니는 전했다. 내 밑으로는 일곱 명의 동생들이 있었고 어머니는 내게 대학을 가서 집안을 일으켜야 한다고 당부했다.

"그래야 우리가 살 수 있다."

바닷일과 농사일로 엉망이 된 손으로 어머니는 내게 부탁했다. '우리가 잘 살 수 있다'가 아니라 '살 수 있다'였다. 그만큼 간절했다. 고등학교 2학년까지 학교 공부를 등한시하던 나는 3학년에 올라가 죽을힘을 다해 공부했다. 그리고 서울대 법대에 지원했다. 그곳이라면 뜻이 맞는 동지들을 만나 세상을 변화시켜볼 수 있으리라 생각했기 때문이었다. 그리고 1964년, 대학에 합격했다. 혁명가라는 꿈이 실현의 발판을 마련한 순간이었다.

27

6·3세대의 한일협정 반대 시위

내가 대학에 입학했을 때는 1963년 박정희가 대통령이 되고 18년간의 독재 정치가 문을 열었던 때였다. 그 당시 독재에 맞서 싸울 수 있는 세력이라고는 소수의 야당, 재야 정치인과 학생들뿐이었다. 학생 운동도 막 싹이 움트는 시기여서 일부 학생들만 참여하고 있었다. 여기서 나는 오랫동안 힘이 되는 동지들을 만나게 되는데, 외교관을 지낸 홍정표, 명지대 법대 학장이었던 조병윤, 국회의원 문희상이었다.

우리는 민족주의적이었고 애국심에 불타고 있었으며 젊은이다운 낭만도 가지고 있었다. 가난한 농촌 출신으로 여전히 부모님은 고향에서 힘들게 농사일을 하셨다. 우리는 이미 어른이 되기도 전에 너무도 많은 가난을 체험했다. 먹을 것이 없다는 단순한 사태가 삶의 가장 큰 고통이 되는 것을 생생히 경험했다. 굶주린 배를 움켜쥐고 산과 들을 헤매며 아무리 허리가 휘어져라 일을 해도 배불리 먹을 수 없는 비극적 현실은 도무지 납득할 수 없는 일이었다.

우리는 한국에서 가장 좋은 명문대학에 다니지만 우리의 출신을 잊어서는 안 된다고 생각했다. 그리고 우리가 여기서 얻는 모든 것들을 가난한 우리의 부모, 형제, 이웃을 위해 나누어야 한다고 생각했다. 가난으로부터 해방되고 민족의 자존을 찾으며 분단된 조국에 통일을 가져오는 것. 나는 내가 해야 할 일이 무엇인지를 그러한 교류를 통해 선명히 깨달았고 같은 이상을 가진 동지들이 함께한다는 것에 힘을 얻었다.

동기뿐 아니라 선배들 역시 많이 이끌어주었다. 서울 법대 63학번에는 도산 안창호의 정신을 이어받아 사회를 바로잡자는 '척사회'라는 모임이 있었다. 척사회 선배로는 김규칠, 민주당 국회의원 이협, 국민대 법정대학장을 역임한 장명봉 등이 있었다. 그때 법대에는 사회법학회와 농촌법학회 두 개의 학회가 있었는데 나는 둘 다 가입해 열성적으로 활동했다. 사회법학회에서는 도시 빈민과 노동자에 대한 법률 보호와 권익을 토론했고 사회개혁적 성향을 가지고 있었다. 농촌법학회에서는 농촌 중심의 경제형태에 대해 논의했고 농촌사회의 의식개혁과 변화를 추구했다. 서울대학신문에 들어가 기자 생활을 하기도 했는데 대학교 2학년 때 학생 운동에 좀 더 비중을 두어 활동하면서 사퇴하기도 했다.

내가 대학에 들어간 해에, 한일협정이 추진되었다. 박정희 정권이 체결하겠다는 한일협정은 일본에서 무상원조 3억달러, 유상재정차관 2억달러를 10년에 걸쳐 제공받고, 이와 별도로 상업차관 3억달러를 제공받는 내용이었는데, 어디에도 식민지배에 대한 사과나 역사적 과오에 대한 반성은 담고 있지 않았다. 박정희 정권은 자금, 기술, 자원이 없는 가운데 경제발전계획을 세워 추진하면서 일본과 국교 정상화를 조건으로 경제지원 자금을 조달하고자 했다. 결국 돈 몇 푼 때문에 민족의 자존심을 팔고 침략자에게 면죄부를 주는 잘못된 죄를 짓는 것이었다.

야당을 비롯한 학생과 시민 들은 모두 여기에 항거하여 일어났다. 모든 야당이 단합하여 '대일굴욕외교 반대 범국민투쟁위원회'를 조직했고 대학의 학생운동세력도 이에 적극적으로 호응했다. 학생들은 청와대를 향해 돌진했다. 우리의 전진을 가로막는 바리케이드 앞에서 우리는 구호를 외치며 가슴이 터져나갈 듯한 분노와 개혁의지를 맛보았다. 그때 나는 생각했다.

'저 바리케이드는 무엇을 위한, 누구를 위한 바리케이드인가?'

그것은 곧 독재를 비호하는 성곽이었고 시대의 절망을 상징하는 철벽이었다. 그 후로 나는 자유로운 소통과 왕래를 막기 위해 인위적으로 설치된 차폐물을 극도로 혐오했다. 시장이 된 이후 가장 먼저 한 것이 인천시청 앞에 데모대를 막기 위해 서

있는 바리케이드를 치우는 일이었다.

그날 시위로 많은 학생들이 체포되고 부상당했으며 계엄령이 선포되었다. 그것이 소위 6·3투쟁이고, 그 투쟁을 선도했던 우리는 6·3세대로 불린다.

서울대의 6·3투쟁은 김중태, 현승일, 최혜성 등이 주축이 되어서 문리대를 중심으로 전개되었고 법대에서도 사회법학회와 농촌법학회를 중심으로 시위에 참여했다. 4월 혁명기념일에 일어난 시위에서는 경찰과의 직접적인 충돌도 있었다. 많은 사람들이 다쳤고 학생들도 50여 명 넘게 체포되었다. 그러자 박정희 정권은 앞으로 일체의 시위를 허용하지 않고 위반자는 엄벌에 처하겠다는 경고를 발표했다.

박정희 정권이 발효한 계엄령의 위력은 실로 대단했는데, 다음날 조간신문이 검열로 인해 온통 새까맣게 칠해져 있었다. 민주주의와 민족자존의 희망마저 모두 새까맣게 칠해져 버린 것 같았다. 언론의 자유는 물론 집회와 시위의 자유도 금지되었고, 대학은 무기한 휴교에 들어갔다. 문교부는 "시위에 참가한 학생은 재판결과에 관계 없이 퇴학처분할 것이다"라는 지침을 내려보냈다. 이것으로 시위의 주동자였던 서울대 문리대는 초토화되고 중심 학생들은 모두 제적당하고 말았다.

기존의 학생운동세력이 초토화되자 서울대 학생운동은 문리대에서 법대로 중심이 옮겨졌고 나는 학생운동의 중심으로 진입하게 되었다. 우리는 체포된 학생들의 석방을 요구하며 단식 투쟁을 벌였다.

나의 학생운동 시절, 이때의 단식 투쟁의 장면은 가장 잊히지 않는 것이었다. 3학년 주도로 이루어진 그 단식 투쟁에서는 200여명의 학생이 9일 동안 물과 소금만으로 버텼다. 신부님, 목사님 들이 와서 젊은이들이 쓰러지면 안 된다, 단식을 중단하라고 안타까운 얼굴로 설득하기도 했고 이화여자대학교나 숙명 여대의 학생들이 와서 응원을 하고 가기도 했다. 그때의 단식은 나로서도 기이한 경험이었다. 몸은 텅 비어가고 기운을 점차 잃어가는데도 우리의 눈빛은 더더욱 형형해졌다. 우리는 함께 있었고 무언가와 싸우기 위해 인간으로서의 한계에 도전하고 있었다.

학생운동을 하면서 만난 사람들은 지금도 잊을 수가 없다. 재야 운동세력에서 인권 변호사로 일하다가 한창 나이에 세상을 떠난 조영래 변호사, 후에 노동부장관이 된 이영희 선배 그리고 정치인으로서의 길을 함께 걸었던 이협. 특히 조영래 변호사는 진중하고 성실했으며 개혁적이고 패기가 있는 사람이었다. 나는 조영래 변호사를 각별하게 생각했고 그가 세상을 떠난 뒤에는 말할 수 없는 슬픔을 느꼈다. 학생 운동의 중심에서서 활동하던 1965년 9월, 나와 이협 그리고 이영희 선배는 제적을 통보받았다. 우리가 주도한 전국적인 시위가 정보기관의 데이터에 포착돼 대거 검거가 자행되었던 때였다.

"나의 학생운동 시절, 이때의 단식 투쟁의 장면은 가장 잊히지 않는 것이었다. 3학년 주도로 이루어진 그 단식 투쟁에서는 200여명의 학생이 9일 동안 물과 소금만으로 버텼다." (1970.5)

나는 올 것이 왔다는 생각을 했다. 후회는 없었고 오히려 언젠가 닥쳐오리라 생각했던 일이 막상 닥치고 나자 후련한 마음까지 있었다. 그때 학생 운동에 투신했던 내 동지들은 학교에서 제적당하고 잡혀 들어가는 일을 두려워하지 않았다. 오히려 그렇게 하는 것이 역사에 기여하고 '사나이의 길'을 가는 것이라고 생각했다. 나라와 역사를 위해 자신을 헌신하고 약자들을 돕는 것. 가난한 자, 집 없는 자, 먹지 못하는 자를 위해서 그들 편에 서서 투쟁하는 것이 옳다고 생각했다. 그러니 그 투쟁에서 앞장서다가 탄압을 받는 것은 영광스러운 일이었다.

이렇듯 학생운동 1세대는 한일국교수립 회담 진행과 체결의 강행 속에서 1964년도와 65년도에 걸쳐 군사정권에 의해 온갖 박해를 받고 대학으로부터 추방 격리되었다. 당시 민족주체성과 민주주의 확보를 기본 정신으로 구축된 학생운동세력은 굴하지 않고 역경과 고난을 딛고 이론과 정신무장을 강화했다. 그 뒤 군사독재를 극복하고 민주주의국가로 나아가는 중추세력으로 성장하게 된다. 학생운동 1세대 가운데 나와 이협 씨를 비롯하여 상당한 사람들이 정치개혁에 참여하여 민주발전과 국민과 나라의 발전을 위해 노력했지만 민주주의의 길은 요원했다. 그리고 그뒤 후배세대들이 1세대를 따라 투쟁을 계속하면서, 한국은 민주주의를 이룩하는 위대한 승리의 길을 걸었다. 그러나 그 과정에서 얼마나 많은 사람들이 수난과 고통을 당했는가?

28

김영삼 총재와의 만남

대학에서 제적을 당한 뒤 백골부대에서 군복무를 하고 십년 만에 대학을 졸업했다. 인천 배다리 근처의 외환은행 인천지점에서 취직해 가정을 이루기도 했지만 노조설립문제로 회사 측과 갈등하다가 스스로 사표를 내고 말았다. 사실 내가 외환은행에 입행한 것은 그 당시 민주화 학생운동권의 지도자였던 나를 따르는 운동권 후배들로부터 나를 격리시키고자, 서울법대 당국과 정부당국에서 외환은행과 협의하여 챙겨준 것이었다.

당시 외환은행은 국책은행이라 하여 노동조합도 없었다. 고졸학력의 하위급 행원들에 대한 불리한 행정으로 젊은 하위직들의 불만이 컸다. 내가 운동권 출신이라는 것을 알게 되자 많은 행원들이 기대를 걸고 따랐다. 나는 전국에 산재해 있는 하위직원들과 연대하여 조직망을 만들고 노동조합을 추진하여 성사단계에 이르렀다. 그러자 은행 당국에서는 나를 따르거나 뜻을 같이하는 직원들을 목포 또는 포항과 같은 먼 지방으로 발령을 냈다. 결국 나는 은행지도부와 당국에 "내가 그만 은행을 사직할 테니 그들에 대한 부당하고 불이익한 탄압을 하지 말아 달라"고 협상하여 회사를 그만두고 나왔다. 그 뒤로 노동조합도 마침내 설립되었다.

그리고 동경전자를 거쳐 1978년 경남기업으로 직장을 옮겨 중동 지사장으로 해외에 나갔다. 사우디아라비아에서 일하다 귀국했을 때 국내 정치 상황은 매우 긴박하게 돌아가고 있었다. YH사건, 김영삼 총재직 가처분조치, 의원직 제명 등 굵직한 정치적 사건들이 일어났고 박정희 정권의 독재는 날로 서슬퍼래

젊은 최기선은 나라의 격변기에 경제문제로 소시민적 삶에 머물고 있는 자신을 질타했다. 이른바 6·3세대로 불리던 최기선의 동료들은 여전히 생업에 종사하거나 사태를 관망하는 수준이었다. 최기선은 깊은 고민과 토론 끝에 10·26 이후 정치 참여의 결심을 하게 됐다. 경남기업 중동지사장으로서 사우디아라비아에서(1978).

졌다. 부마사태 등 국민적 저항의 움직임도 커지고 있었다.

나는 이러한 정치의 격변기에 경제문제로 소시민적 삶에 머물러 있는 것이 괴로웠고 회의가 들었다. 깊은 고민 끝에 정치인으로의 삶을 살기로 결심했다. 그때까지 우리 6·3세대들은 정치에 참여하지 않은 상태였다. 많은 수가 나처럼 생업에 종사하면서 사태를 지켜보거나 일부 재야 운동권에서 움직이고 있었다.

우리는 정치에 대해 신뢰하지 않았다. 집권세력인 민정당에 대해서는 적대시했지만 야당 세력에도 그다지 마음이 없었다. 정치라는 건 정의와 나라를 위해 자신을 희생하는 것이 아닌가. 야당 정치인들에게서도 기회주의와 자기 출세를 위한 권모술수의 모습들이 보였다. 하지만 운동권에서도 서서히 정치세력화하여 현실을 변화시키자는 문제제기가 나오고 있었고 나는 상황 변화를 예의 주시하면서 이영희, 김규칠 같은 운동권 선배들과 자주 만나 정세에 대한 토론을 벌였다. 야당 정치인이었던 김영삼 전 대통령과 김대중 전 대통령에 대해서는 그래도 청년들의 지지가 있었다. 투사로서 어려운 길을 헤쳐나간다는 평가였다.

10·26사태로 박정희가 죽고 유신체제가 끝나면서 양심적인 청년민주세력이 정치에 참여하기 시작했다. 독재에 반대하던 우리 앞에 이제 정치를 개혁하여 정의가 실현되는 정치 및 국가를 이룩해야 하는 과제가 놓이게 되었다. 그러나 한편 정치

세력의 의식은 집권당은 물론이고, 이들에 대항하고 민주화를 제창했던 야당도 순수한 민주청년세력의 눈으로 볼 때는 미흡하거나 기회주의적 기득권에 안주하려는 점에서 비판해야 할 점이 적지 않았다. 하지만 나는 순수하지 못한 정치를 국민과 국가를 위해서 희생하는 정치로 바꾸어볼 생각이 들었다.

우리는 상황에 따라 언제라도 영합할 수 있는 그런 정치인들이 아니라 정의와 민주주의만을 위해 투쟁하는 세력이라는 자부심이 있었다. 정치 개혁이 가능할 것 같았다. 우리가 정치에 참여한다면 물론 야권세력에 동참하는 것이었다. 하지만 우리 사이에서는 찬반양론이 만만치 않다. 우리는 정치 참여의 가부를 놓고 토론과 투표를 하기도 했다. 이영희, 이협, 나, 그 외 장기표, 이신범 등을 비롯한 후배들 세대가 있었는데 이영희 형을 비롯한 몇 사람은 정치 참여에 미온적이거나 부정적이었다. 나와 이협 등은 정치를 개혁하고 변화시켜야 한다는 적극적인 논리와 의사를 폈다.

그 당시 야권 세력은 '동교동계'와 '상도동계'로 나뉘어 있었다. 동교동의 김대중 선생은 유신체제로부터 철저한 탄압을 당한 재야 지도자였고, 상도동의 김영삼 총재는 제1야당의 총재였다. 결과적으로 1979년 말과 1980년초에 걸쳐 나는 김영삼 진영에, 이협 형은 김대중 진영에 참여를 결정하게 되었고 양 진영은 청년 민주운동세력이 동참하는 것에 환영하고 기대가 큰 분위기였다.

상도동계로 들어간 최기선은 공보비서를 맡았다. 전두환의 12·12와 광주사태 등으로 민주화 운동 세력은 초토화됐다. 공천이나 받으려던 인사들은 뿔뿔이 흩어졌지만 최기선과 같은 청년 학생 운동 세력은 YS 곁을 끝내 지켰다. 민주산악회 등정을 마친 뒤 사진 중앙에 작고한 김동영 장관이 서 있고 최기선이 왼쪽 끄트머리에 있다.

내가 상도동으로 들어간 것은 결혼 전 김영삼 총재의 비서로 근무했던 아내 최영숙(1994년 작고)의 조언이 큰 역할을 했다. 상도동계로 들어가 나는 공보비서직을 맡았고 이협 선배는 김대중 선생에게 가서 공보비서가 되었다.

김영삼 총재는 YH사건, 신민당 의원 농성, 총재직 가처분, 국회의원직 제명에서 부마항쟁으로 이어진 '10·26' 전야에 가장 앞장서서 유신독재와 싸우고 대결한 인물이었다. 10·26 이후 동교동과 상도동에는 정치초년생인 학생운동 출신들을 비롯한 수많은 정치지망생들이 들끓었다. 아침이면 상도동 현관에 신발이 산처럼 쌓여 있었다. 모두 새로운 상황에 대한 희망과 기대로 들떠 있었기에 상도동은 언제나 잔칫집 분위기였다. 하지만 전두환이 12·12사태를 일으켜 육군참모총장을 몰아내고 실권을 장악하면서 1980년대는 유신시대보다 더 캄캄한 군사독재시대로 접어들었다. 그때만 해도 상도동과 동교동을 비롯한 재야 민주화운동 진영은 정치적 중립을 약속했던 군을 신뢰하고 있었기에 상상하지도 못한 충격적인 사건이었다.

5·18 광주민주화 항쟁을 기점으로 계엄령이 선포되고 정당은 해산되었으며 정치인들은 탄압을 받았다. 김영삼 총재의 자택을 300여 명의 군과 헌병이 에워싸고 노량진경찰서장이 들어와 "오늘부터 김 총재는 일체의 외부출입이 금지된다"고 통고했다. 나는 그 자리에서 암담함과 절망감을 느꼈다. 역사의 진보에 대한 믿음이 산산조각 나는 순간이었다.

김영삼 총재 곁에 있던 많은 사람들이 뿔뿔이 흩어지기 시작했다. 공천을 받아 국회의원을 하려던 사람들이 가장 먼저 자기 살길을 찾아 떠났다. 하지만 김덕룡 선배와 나 같은 청년 학생 운동세력은 민주주의와 민족주의, 반독재 이념에 투철한 사람들이었다. 우리는 김영삼 총재를 지켜야 한다고 다짐했다. 아무리 경찰들이 지키고 있어도 우리는 늘 상도동 주변을 지켰다.

김영삼 총재보다 더 가혹한 탄압을 받은 김대중 선생은 내란음모죄로 사형선고를 받는 상황에까지 이르렀다. 이협 선배도 구속되었다.

29

민주세력의 입이 되다

나는 이대로 있으면 안 된다고 결심했고 외신들에 한국의 상황을 알려야 한다고 생각했다. 그 당시 한국의 상태에 대해 세계는 우려의 시선을 지켜보고 있었다. 광주민주화항쟁에서 수백 명의 시민이 학살당한 사건은 국내에서는 언론 통제를 받아 제대로 다뤄지지 않았지만 외국에는 이미 잘 알려져 있었다. 여기다 김대중 선생은 사형선고를 받고 야당의 지도자인 김영삼 총재는 가택 연금이 되자 외신들은 한국에 더 큰 관심을 기울이기 시작했다. 언론, 정치의 자유, 모든 기본권이 다 유린되고 파괴된 상황에서 세계의 민주주의 국가들이 한국의 상황을 주시하게 되었다. 그때 한국은 공산진영과 자유진영을 잇는 다리와 같은 반도국가였다. 그러한 한국이 이렇듯 참혹한 상태가 된 것을 미국을 비롯한 자유진영에서는 안타깝게 생각했다. 하지만 국내언론은 접촉도 보도도 가능하지 않은 상황이었다. 한국을 취재하려는 외신들의 '입'이 되어줄 사람이 필요했다. 그 역할을 할 수 있는 사람이 바로 나였다.

학생운동 시절에 이미 나는 서방의 언론들과 접촉해본 적이 있었다. AP통신이나 로이터 통신, 뉴욕 타임즈 같은 외신들이 우리를 찾아와 한국의 학생운동에 대해 비밀리에 취재했던 것이다. 거기다 영어가 가능한 정치인이 나밖에 없었으므로 나는 원하든 원치 않든 그 역할을 맡을 수밖에 없었다.

가장 자주 만난 사람은 AP통신 서울 지국의 화이트(Mr. White) 지국장이었다. 그는 AP통신에서 30여 년을 근무한 베테랑 기자였다. 상당한 수준의 한국어를 했고 헌신적이고 적극적으로 군사독재 하에서 고통받은 한국의 실정을 세계에 부단히 전달했다. 그 당시 AP지국은 원남동에서 광화문으로 가는 길에 사무실이 있었다. 혜화동에서 살았던 나는 그곳까지 걸어가 화이트 지국장과 친구처럼 지냈다.

로이터 통신의 기자들과도 직접 만나 현 시국에 대한 정보를 교환했고 뉴욕타임즈의 도쿄지국장인 헨리 스캇 스톡스(Henry Scott Stokes)와도 교류했다. 그는 당시 동북아시아의 실태를 미국 및 전세계에 전달하고 큰 영향력을 행사할 수 있는 위치에 있었다. 특히 광주민주화항쟁 때의 대학살 사태를 비롯해 한국의 참담한 상황을 적나라하게 보도하며 미국 등 서방세계의 관심을 유도하는 데 사명감을 갖고 뛰었다. 나와는 은밀하게 자주 만나 정보를 교환하고 도움을 주는 친근한 관계였다. 김영삼 총재의 단식 투쟁 때에도 부산 해운대에서 만나 대화했고 그 내용은 뉴욕타임즈에 실제로 보도되었다.

헨리 스캇 스톡스와 뉴욕타임즈는 한국역사를 뒤바꾼 주요 사건에서 결정적인 역할을 하기도 했다. 김영삼 총재 제명사건의 구실이 된 것이 바로 뉴욕타임즈와의 인터뷰였기 때문이었다. 박정희 정권과 미국을 비난하는 내용을 문제 삼아 국회에서는 변칙적으로 김영삼 총재에 대한 제명안을 통과시켰고 김영삼 총재의 연고지인 부산과 마산 시민들이 격렬한 시위에 나서게 되었다. 이러한 부마 사태는 결국 10·26사태를 불러왔고 유신이 끝이 나는 계기가 되었던 것이다.

미국을 비롯한 서방세계와의 관계가 중요한 한국의 정권에 외신의 역할이 그렇듯 결정적이었다. 나는 외신기자와 외교관들을 계속 접촉하면서 서방의 분위기를 파악했고 그들에게도 우리 진영에 대한 정보를 전달했다. 김덕룡, 이원종과 함께 상도동의 김 총재와 계속 접촉했는데 주로 경찰들을 피해 시장을 보러 나온 아주머니의 장바구니 또는 총재의 가족들이 통로였다.

1980년 전두환 정권은 광주민주화항쟁에서 수많은 시민을 학살했다. 그러면서 광주사태를 내란음모로 조작했고 계엄령 아래에서 내란죄 군사재판을 열어 김대중 선생에게 사형을 선

"주한미대사관 사람들이 나를 차에 태워 비밀리에 대사관으로 데리고 가는 일도 있었다. 주한미국대사를 만나는 자리였다. 그때 대사는 한국국민들의 반대에도 불구하고 전두환 정권을 인정할 수밖에 없었던 이유에 대해 설명했다."

고하고 집행하려 했다. 그리고 야당의 총재는 자택에 감금되어 어떤 일도 할 수 있는 것이 없었다. 암울하고 답답한 시기였다. 그런 때에도 미국은 한국의 민주화에 많은 관심을 가지고 있었다. 미대사관의 공보참사관이었던 스티븐 라운즈는 나를 통해 상도동의 김영삼 총재와 자주 접촉했다. 한국이 어려운 상황을 맞고 있지만 민주화를 위해 시민과 민주 투사들이 투쟁하는 것을 보고 그는 무척 감명을 받곤 했다.

"나는 믿는다, 미스터 최."

그는 말했다.

"아무리 어려운 난관이라도 한국인들이 극복할 수 있으리라는 믿음이 생겼어."

주한미대사관 사람들이 나를 차에 태워 비밀리에 대사관으로 데리고 가는 일도 있었다. 주한미국대사와 내가 단독으로 만나는 자리였다. 그때 대사는 한국 국민들의 반대에도 불구하고 전두환 정권을 인정할 수밖에 없었던 이유에 대해 설명했다. 역시 한국이 공산화될 가능성 때문에 그런 선택을 한 것이었다. 하지만 서방측에서는 한국의 민주화를 적극적으로 지원하고 있으며 이것은 공식적인 의사라고 설명했다. 이러한 상황을 민주세력에게 전달해달라는 것이었다.

"그건 어렵지 않습니다. 하지만 지금 한국의 참혹한 상황을 보십시오. 우선 김대중 선생은 사형선고를 받고 사형이 집행될 절체절명의 위기에 처해 있고, 김영삼 총재는 야당총재임에도 가택에 연금되어, 아무도 접근할 수 없습니다. 만약 김대중 선생에 대한 사형이 집행된다면, 미국을 비롯한 서방자유진영도 전두환 살인정권과 유사한 집단으로 우리는 단정할 것입니다. 한국국민 절대 대다수도 우리와 뜻을 같이할 것이고요. 더 나아가 우리는 소련, 중공, 북한 등과 손잡고 새로운 길을 걸어가게 될 수도 있습니다. 그것을 분명히 말해두어야겠습니다."

그 당시 민주화 운동권은 전두환 정권을 인정한 미국에 대해 분노하고 있었다. 12·12사태를 일으키고 광주에서 그 많은 사람을 학살하고 체육관 선거로 집권한 세력을 어떻게 미국이 인정할 수 있는가. 미국이 인정하지 않으면 오직 군의 지지만으로 정권을 잡은 전두환 역시 오래 갈 수 없었다. 하지만 미국은 한반도의 공산화를 걱정했고 그것은 전두환 정권에 대한 인정으로 이어졌다.

그 당시 청년세력 가운데는 사회주의에 대한 생각이 적지 않았다. 나를 비롯한 상당수의 반독재 민주화 운동권은 대학 시절 사상의 배경 역시 사회주의였고 그러한 이념 아래 있는 국가를 만들어야 한다고 생각하기도 했다. 군사독재 정권 아래에서 사회주의란 탄압의 대상이었지만 변혁 운동의 주체들은 가난한 자와 함께해야 한다고 줄곧 생각했다. 그들의 반미 감정은 컸고 전두환 정권을 미국이 인정한 뒤로는 아예 미군 철수에 대한 요구로 이어지고 있었다. 김영삼, 김대중 진영에서 그러한 분노가 커지자 대사관에서 나를 부른 것이다. 미국의 의

사는 자신들이 한국의 민주화, 전두환 정권을 반대하는 세력에게 도움을 줄 것이라는 것이었다. 그것은 당시 미국측의 공식 입장이었고 이를 김영삼, 김대중 진영에 전해달라고 했다.

"김대중 선생을 죽게 해서는 안 됩니다."

나는 서방진영에 그렇게 전달하라고 분명히 말했다.

"그렇게 해야 당신들의 말을 우리가 신뢰할 수 있습니다."

면담이 끝나고 돌아오자 미국에서 손을 썼는지 자택으로 들어가 김영삼 총재를 만날 수 있었다. 아주 오랜만에 실제로 뵌 총재는 수척해진 모습이었다. 나는 미국의 대사를 만났다고 전했다.

"전두환 정권을 인정한 것은 공산화를 두려워한 어쩔 수 없는 선택이었고 한국의 민주화를 지지하겠다고 합니다. 김대중 선생의 사형 집행은 절대 안 된다고 말했습니다. 가택 연금도 해제해주어야 한다고 전했습니다. 그놈들이 우리의 민주화를 지지한다고 하네요."

"이런 나쁜 놈들."

김영삼 총재는 이렇게 일갈했고 우리는 잠시 통한과 회한이 교차해 말을 잇지 못했다. 총재는 상황을 더 지켜보자고 했다. 미국측의 설명이 본심이라면 어떠한 조치가 있을 것이었다. 그 이후 김대중 선생은 사형이 집행되지 않고 풀려났다. 그리고 미국으로 망명했고 김영삼 총재의 가택연금도 측근 몇몇은 자택에 드나들 수 있게 방침이 바뀌었다.

비극적인 광주민주화 투쟁 3주년인 1983년 5월, 김영삼 총재는 군경에 포위된 철통 같은 가택 연금 상태에서, 정치권 누구도 예상 못한 단식투쟁에 돌입했다. 가택 연금의 캄캄한 상태에서 언론 자유 보장, 정치 규제법 해제, 정치범 석방 등 5개 항의 민주화를 요구하면서 이것이 이루어질 때까지 목숨을 걸고 무기한 투쟁에 돌입한다는 처절하고 강력한 선언이었다. 나를 비롯해 뜻을 같이하는 여러 동지들이 상도동으로 찾아가 김 총재의 투쟁에 동참하려 하자 우리에 대해서도 가택 연금을 강행했다. 우리는 가택에 연금되자 동조 단식에 돌입했다. 나는 그때 회화동 전셋집에 연금된 상태에서 분노하여 "누가 시켰느냐? 전두환이가 시켰느냐? 누가 내 발로 나가고 들어오는 것을 막아?" 소리를 지르며 저항했지만 경찰들의 완력에 밀렸다.

그렇게 연금된 비참한 심정의 동지들은 70여 명에 달했다. 나는 집에 갇히자마자 외신에 전화를 걸어 김영삼 총재의 단식투쟁과 우리에 대한 연금조치를 알렸다. 그때 내 머릿속에는 각 외신의 전화번호는 물론 미국과 영국에 있는 본사 데스크의 전화번호까지 모조리 입력되어 있었다. 외신과의 전화연결은 문화공보부나 안기부가 막을 수 없는 부분이었다. 동생들마저 들락날락할 수 없게 집은 폐쇄되었고 학교 가는 두 아들만 빠져 나갈 수 있었다. 군인과 경찰이 우리의 전셋집을 완전히 포위하고 있었다.

하지만 나는 두려워하지 않았다. 대학에서 제적당했을 때

"내 머릿속에는 각 외신의 전화번호는 물론 미국과 영국에 있는 본사 데스크의 전화번호까지 모조리 입력되어 있었다. 외신과의 전화연결은 문화공보부나 안기부가 막을 수 없는 부분이었다." 최기선(오른쪽 끝)이 YS 공보비서 시절 외신기자클럽에서 함께하고 있다. (1987.11)

그랬듯 탄압은 오히려 나를 단련시켰다. 나와 함께하는 동지들은 죽음을 두려워하지 않았고 그런 탄압을 오히려 반기지 않았던가. 더 많은 고통을 겪다가 목숨을 잃은 동지들이 부지기수였다. 민청학련 사건에서 그 꽃다운 나이의 학생들이 억울한 누명을 쓰고 어떻게 되었는가. 광주에서 무고한 시민들이 얼마나 끔찍하게 살해당했는가. 그러니 그런 탄압과 위협은 공포라기보다는 오히려 위안으로 다가왔다. 살아있음으로써 그들의 희생에 동참한다는 생각이었다. 탄압을 가하고 위협을 가할수록 용기와 힘이 생기던 시간들이었다.

김영삼 총재의 단식이 7일이 넘어가던 어느 날, 김 총재의 비서인 장학로가 "놈들이 총재를 끌고 갔습니다." 하며 전화했다. 나는 수화기를 잡은 채로 울었다. 군으로 끌려갔으면 생사마저 보장할 수 없는 일이었다. 그때는 그런 일쯤은 얼마든지 일어날 수 있는 시절이었다. 어떻게 된 일인가. 알고보니 세계적인 비판여론이 들끓자 전두환 정권이 김영삼 총재를 강제로 입원시켜 단식을 중단시키려 한 것이었다.

그래도 김영삼 총재는 결연히 단식을 이어나갔는데, 단식 20일째를 넘기면서 온갖 위험한 증상들이 나타나기 시작했다. 이러다가는 영영 김영삼 총재를 잃을지도 모르겠다는 위기감이 퍼지면서 각계각층에서 김영삼 총재에게 단식을 중단할 것을 읍소해 왔다. 단식 23일째, 죽음을 코앞에 둔 상황에서 김 총재는 가느다란 팔다리와 초췌해진 모습으로 "누워서 죽기보다는 일어서서 싸우겠다"는 의지를 표명하며 단식 중단을 선언했다. 나는 외신기자들 앞에서 단식 중단의 의미와 국내 상황의 엄혹함을 설명했다. 그날 외신들은 "김영삼 총재의 단식이 공포의 벽을 무너뜨렸다"는 내용의 기사를 일제히 전 세계로 타전했다.

하지만 국내언론에는 단식 투쟁이 아니라 단식 중단 소식만이 보도되었고 그것 역시 연금을 풀어달라고 단식했다는 식으로 축소, 왜곡된 내용이었다. 안기부의 입김이 들어간 것이었다.

집권여당인 민정당과 그 밑에서 야당이라는 이름이 우스울 정도로 정권의 시녀 노릇을 하고 있는 민한당, 국민당 의원들이 운영하는 국회에서는 언론의 논조 그대로 김영삼 총재의 단식 투쟁 사실을 날조했다. 나와 김덕룡은 여기에 분노해 국회를 타도하는 성명서를 만들어 기자회견을 했고 국회에 몰래 들어가 의원사무실과 원내총무실 모든 방에 성명서를 뿌렸다. 이 사건으로 김덕룡은 100일간 구속되었고, 풀려나고 나는 열흘간 구속되었다.

누워서 죽기보다는 일어나 싸우겠다는 비장한 결의와 함께 김영삼 총재의 23일간의 단식투쟁이 끝나고 나는 이 처절한 투쟁 기록을 남기기 위해 백서 작업에 들어갔다. 각종 외신보도와 성명서를 모으고 우리의 입장과 평가에 대해 원고를 썼다. 『민주화의 깃발을 올리며』라는 책이었고 내가 원고 집필에서 자료번역, 편집, 표지까지 직접 만들었다.

하지만 그 엄혹한 시절에 그런 책을 낸다는 것은 쉬운 일이 아니었다. 나는 민주화세력을 지지하는 영세하지만 의식있는 인쇄업자를 만나 『민주화의 깃발을 올리며』의 제작에 들어갔다. 주위 시선을 피하기 위해 야간에만 작업했고 모든 과정을 비밀리에 했지만 그 와중에 정보가 새어나갔다. 아마 제본하는 쪽이 아니었을까. 결국 그 양심적인 인쇄업자와 나는 경찰에 끌려갔다.

나는 아직도 경찰에게 양팔을 겁박당한 그 선량했던 인쇄업자의 일그러진 얼굴을 기억한다. 내가 당할 고통보다 그가 당할 고초가 더 걱정되었다. 책자에는 단식투쟁 일지뿐 아니라 독재정권의 불법성과 잔학성에 대한 신랄한 폭로와 비판이 들어가 있었다. 경찰은 내게 현정권을 전복하려는 음모가 있다며 구속시키겠다고 협박했다. 하지만 시간이 흐르자 경찰 역시 내게 인간적인 호의를 보였다. 사실 그들 역시 겉으로는 권력의 하수인에 지나지 않았지만, 속으로는 모두 선의의 평범한 한국인이었다. 경찰은 내게 책을 내놓겠다는 동의서와 반성문만 써달라고 회유했다. 나는 거절했다.

이후 우리의 비난에도 불구하고, 국회의원직을 영위하던 김동영, 황낙주가 찾아와 나는 경찰서에서 나올 수 있었다. 책과 원고는 모두 압수당한 뒤였다. 하지만 인쇄를 위해 만들어놓은 인쇄 원판만은 남아 있었다. 나는 그것을 친구집에 숨겨놓았는데 경찰에는 모두 소각했다고 진술했다. 그렇게 해서 『민주화의 깃발을 올리며』는 세상에 빛을 볼 수 있었다.

8부

더 나은 민주주의를 위하여

그때 우리가 가진 것이라고는

투쟁의지와 민주화에 대한 열망뿐이었고

실질적인 가난과 어려움은 여름의 뙤약볕처럼 생생하고

아주 체감적인 것이었다.

왼쪽부터 김덕룡 국회의원, 김영삼 총재, 김창근 장관, 최기선 국회의원

30

정치 역정의 가장 큰 환희, 민추협 결성

김영삼 총재가 단식 투쟁하던 시기에 김대중 선생은 미국 백악관 앞에서의 시위를 통해 김영삼 총재의 단식을 지지하고 세계가 도와야 한다고 호소했다. 이 일을 계기로 김영삼 총재는 김대중 선생과 힘을 합쳐 투쟁해야겠다는 결심을 하게 된다. 어느 밤, 김영삼 총재는 나를 불러 김대중 선생에게 보내는 편지를 썼다. 그것은 첩보전에 가까운 비밀작전이었다. 김영삼 총재 쪽에서는 내가, 김대중 선생 쪽에서는 문익환 목사가 징검다리 역할을 맡았다. 최측근들에게도 완전히 비밀로 하고 단 네 사람만이 정보를 공유했다. 정보기관의 도청을 피하기 위해 문 목사는 전화를 걸어 "여보세요! 나 수유리 사는 미스터 문이요." 하고 말했고 그러면 나는 아, 문 목사구나, 하고 수유리로 달려가곤 했다.

그리하여 김영삼 총재와 김대중 선생 사이에 서신왕래가 이어졌고, 1984년, 광주민주화항쟁 4주기를 맞이한 5월 18일에, 민주세력이 대동단결하여 반독재 전선을 형성한다는 취지에서 민주화추진협의회, '민추협'이 결성되었다. 이 소식 또한 순식간에 외신을 통해 전 세계에 전해졌다.

민추협에서는 역사적인 공동성명을 8월 15일에 즈음해 발표하기로 합의했다. 공동성명서는 A4 6장에 해당하는 긴 분량이었는데, 그것을 인쇄하고 복사하는 일 또한 만만치 않았다. 만에 하나 정보기관에 꼬투리라도 잡히는 날이면 그동안 비밀리에 진행해 온 작업들이 물거품처럼 사라지고 말 것이기 때문이었다. 나는 제약회사의 총무부 차장으로 있는 후배에게 부탁하여 직원들이 모두 퇴근한 후 회사로 잠입해 복사했다. 성명서를 최소한 300부 정도는 배포해야 하니 총 1800매를 복사해야 했는데, 그 당시의 느려 터진 복사기로 2시간 동안 복사하는 동안 얼마나 긴장했는지 모른다. 그렇게 인쇄물을 만들어 음식보따리인 것처럼 경찰들을 속이며 상도동 자택으로 들어갔다. 내가 성명서를 여섯 장씩 추리고 김 총재가 직접 스탬플러로 성명서를 제본했다.

그리하여 마침내 8월 13일, 서울의 김영삼과 워싱턴의 김대중이 동시에 8·15공동성명을 발표했다. 살인적인 탄압 속에서 발표된 양 김 씨의 공동성명은 전 세계 언론에 대서특필된 것은 물론이고, 국내 민주화운동에도 엄청난 폭발력을 가져왔다.

"민추협 결성 이후 우리는 사무실 하나 구하는데도 힘이 들었다. 무역회사를 사칭해 사무실을 얻었고 처음의 사무실은 종로 2가 종각 뒤의 농협빌딩 13층, 30여평의 작은 공간이었다." 1987년 민주산악회 김포지부 결성식에서 최기선이 김명윤씨, 최형우와 함께 현판식을 갖고 있다.

민추협 시절, 정보기관의 탄압과 압력이 계속되는 가운데 우리는 각자 가장으로서 생활을 해결해야 했다. 생각해보라, 우리에게는 아내와 자식들이 있었고 현실적으로 생활비는 필요했다. 그런 절박한 상황 속에서 김영삼 총재를 보좌한다 하여 일체의 생계비나 활동비가 지원되는 것도 아니었다. 오로지 같은 뜻을 가진 사람들끼리 자발적으로 모여 헌신하고 투쟁하는 것뿐이었다. 민추협 결성 이후 우리는 사무실 하나 구하는 데도 힘이 들었다. 무역회사를 사칭해 사무실을 얻었고 처음의 사무실은 종로 2가 종각 뒤의 농협빌딩 13층, 30여평의 작은 공간이었다.

아무리 유령회사를 내세워도 정보원들은 늘 깔리기 마련이었다. 그들이 집기들을 다 들어내 돗자리를 깔고 회의한 적도 있었다. 그 집기들을 되찾겠다고 몰려가 안기부 정보원들과 싸움을 한 끝에 책상과 의자를 들고 나오던 광경이 눈에 선하다.

그 당시 민추협은 상도동과 동교동이 정확히 절반으로 구성되어 있었다. 공동의장은 김영삼, 김대중이었고, 대변인은 나최기선과 이협이었다. 이협 선배는 나와 함께 서울법대 동창으로 동시에 정치에 참여했고 가장 절친한 사람이었는데 이때도 민추협 대변인으로 함께 활동하게 되었다. 이협 선배와의 인연은 같은 해에 국회의원이 됨으로써 다시 이어진다.

그 시절 미국에 체류하고 있던 김대중 선생을 대신해 김상현이 공동의장대행을 했고 최형우 선배가 간사장을 맡았다.

그때 공보비서의 역할은 일주일에 한번씩 회의를 하고 성명을 내는 일이었다. 그때 나온 성명서들은 거의 내가 작성했고 전두환 정권에 대한 강경한 비판과 규탄의 내용이었다. 주로 외신들을 상대로 성명을 발표했다. 국내언론에는 거의 실리지 않았다. 우리는 직접 찾아가 민주세력의 입장을 실어달라고 매일같이 설득했다.

그때 우리에게는 차 한 대 없었다. 성명서를 이협 선배와 내가 반반씩 나누어 들고 대중교통으로 신문사를 돌아다녔다. 기자회견을 해봐야 의식 있는 몇 명을 빼고는 찾아오지 않으니 직접 갈 수밖에 없었다. 신문사를 찾아가 왜 보도를 하지 않느냐고 항의하면 편집국장들은 미안하다, 이해해달라고 우리에게 양해를 구했다.

그때 군사독재에 빌붙은 몇몇을 빼고는 아마도 다 비슷한 마음 아니었을까. 매일같이 그렇게 서울 시내를 다니다보면 우리도 지치고 힘이 들었다. 언제 끝날지 모르는 싸움이었으니 그런 막막함은 당연한 것이었다. 하루 동안 그렇게 뛰어다니다 이협 선배와 나는 저녁에서야 다시 만났다.

"우리 자전거라도 한 대 사서 돌아다닐까?"

완전히 지쳐 담배를 한 대씩 나누어 피우며 이협 씨가 했던 말은 아직도 귀에 쟁쟁하다. 그때 우리가 가진 것이라고는 투쟁의지와 민주화에 대한 열망뿐이었고 실질적인 가난과 어려움은 여름의 뙤약볕처럼 생생하고 아주 체감적인 것이었다.

처음 정계에 투신했을 때 후배들의 항의를 많이 받았다. 학생운동 세력은 기성정치에 대해 부정적이고 비판적인 입장을 가지고 있었기 때문이다. 하지만 나는 학생운동을 통한 반독재 민주화 투쟁의 과정 속에서 수많은 학생들이 구속되고 제적되는 악순환에 문제가 있다고 생각하고 있었다. 정치권 안에 들어가서 변화시키고 개혁하는 적극적인 행동이 필요하다는 것이 나의 주장이었다. 우리가 들어가서 후진들이 정치권에 들어올 발판을 마련하면 민주세력에 더 도움이 되리라고 판단했다.

현실정치에 참여하면서 나는 우리나라 정치가 늘 독재 대 민주의 투쟁전선이기에 진정 정치다운 정치의 수준으로 올라오지 못하고 늘 투쟁단계에 머문다는 생각을 했다. 나는 학생 운동에서 현실정치로 장을 옮길 때부터 비판만 하고 배격하는 차원보다 되도록 이해하고 절충하려는 입장을 취했다. 이미 정치권에 포함된 사람들에게 새로운 학생운동 세력을 받아들이게 하는 계기가 되고 싶었다. 기성정치세력들은 자신들에게 부족한 열정과 사상을 보완하고, 우리는 그들에게 현실의 정치양태를 이해시키는 것이 조화라고 생각했다.

민주세력이 민추협으로 총집결하여 투쟁의 대오를 갖추던 시절, 이런 활동에 회의적인 시각도 분명 존재했다. 쿠데타로 집권한 신군부의 막강한 힘과, 민추협의 정면투쟁 기조 사이에서 어떤 현실적인 변화가 가능한가 하는 것이었다. 정치인들의 태도도 그랬다. 민추협에 참여한다는 것은 곧 반독재투쟁으로 군사독재를 청산시키겠다는 것이었으므로 과연 군사독재가 무너질지 회의적인 정치인들은 은근히 양다리를 걸치기도 했다.

1985년 2월의 총선을 앞두고 1984년 가을부터 민추협 안에서는 격론이 벌어졌다. 총선에 참여할 것인가 참여하지 않고 장외투쟁을 벌일 것인가가 주요 쟁점이었다. 순수재야 사람들은 총선 참여를 반대했다. 지금 그나마 민주화운동이 재개되어 단체들이 결성되고 투쟁 노선이 정립되고 있는데 섣불리 총선에 참여했다가 참패하면 모든 명분을 잃는다는 것이었다. 하지만 김영삼 총재는 "선거의 장을 합법적인 민주화투쟁의 장으로 만들자"고 설득했고 "국민은 언제든 우리의 편"이라고 자신감을 나타냈다.

1985년, 2·12총선을 18일 앞둔 1월 25일, 민추협은 새로운 야당인 '신한민주당'을 창당했다. 그때 내게도 총선 출마가 예정되어 있었지만 선거를 승리로 이끌기 위해 선거대책본부 대변인을 맡았다. 그리고 2월 12일 한국 선거사에 영원히 기록될 놀라운 선거혁명을 일으켰다. 국민들도 놀라고 세계도 놀란 일이었다. 무늬만 야당이었던 민한당이 몰락하고, 참다운 민주화 세력인 신민당이 승리를 거두었던 것이다.

나는 그때 김영삼 총재가 얼마나 국민을 정확히 읽고 있는가에 놀라고 감명받았다. 하지만 독재가 완전히 사라진 것도 아니었고 민주화가 이루어진 것도 아니었다. 우리는 기뻐했지만 또다시 다가올 전두환정권의 반격을 생각하지 않을 수 없었다.

31

시민의 승리, 정치의 실패

- 6월항쟁과 그 이후

1985년 8월 우리는 김영삼 총재를 모시고 에드워드 케네디 상원의원과 카터 전 대통령의 초청을 받아 미국을 방문했다. 한달간 미국을 순방하며 워싱턴, 뉴욕, 시카고, 샌프란시스코, L. A, 애틀란타, 플로리다 등지를 돌았다. 각 도시마다 중요 상하의원과 관료 들을 만나 한국의 독재상황을 설명했고 한국 교민들과 함께 7차례에 걸쳐 대규모 집회를 열었다.

그때는 변변한 수행 기자 한명 따라오지 않아서 내가 김영삼 의장을 수행하며 모든 대화를 기록했고 밤이면 그것을 발췌, 기사화하여 텔렉스로 국내에 보냈다. 국내언론은 우리를 철저히 외면했지만 다만 한 자라도 내보내기 위해 눈물겨운 노력을 했다.

1986년에는 서독의 콜 수상과 로마 교황의 초청으로 유럽일원을 돌았다. 귀국해보니 10월 28일에 건국대에서 반외세, 반독재 농성을 벌이던 대학생들 중 1,289명이 구속된 '건국대 사태'가 일어났고 문익환 목사가 이끄는 민주 통일 민중운동연합(민통련)이 강제 해산된 상태에서 김대중 선생의 불출마 선언이 있었다. 직선제로 개헌된다면 자신은 경선에 나서지 않겠다는 내용이었다.

이러한 국내 상황은 귀국길에 오른 우리를 참담하게 만들었다. 그때 국내의 상황을 김영삼 대통령이 너무 근심한 나머지 비행기표를 조각조각 찢으며 상념에 잠겨 있던 에피소드가 떠오른다. 그런 줄도 모르고 우리는 비행기표를 찾아 모든 짐을 풀며 찾았고 결국 쓰레기통에서 찾아 이어붙여야 했다.

김영삼 총재는 도쿄를 거쳐 귀국하면서 "구속학생을 석방하고 언론의 자유를 보장하라. 직선제를 실시하라"라고 성명을 냈다. 그 뒤 신민당 주최의 개헌추진 서울대회를 개최해 전두환 정권의 강경책을 정면으로 돌파하려 했지만 다른 민주세력의 참여가 원만히 이루어지지 못했다. 경찰들이 새카맣게 신한민주당 당사를 봉쇄해 당원과 간부들도 들어가지 못했고 동교동 자택에 연금된 김대중 선생을 면회하려 했지만 거기도 경찰이 지키고 서있었다. 민추협 사무실 역시 마찬가지였다. 김영삼 총재가 호통을 치고 내가 전투경찰의 방패를 향해 발길질도 해보고 몸도 부딪쳐보았지만 그들은 철벽 같았다. 결국 우리는 강제 해산당했다.

그렇게 전두환 정권의 장기집권 음모가 노골화되어가던 시기, 박종철 군 폭행 치사 사건이 일어났다. 비극적인 일이었다. 서울대 언어학과 3학년에 재학 중이던 박종철 군을 남영동 대공분실에 연행해 폭행과 고문을 저지른 끝에 목숨까지 앗아간 천인공노할 사건이었다.

우리뿐 아니라 각계각층에서 항의 농성이 잇따랐다. 수만 명의 시민들이 일어났고 우리는 내각제 개헌 운운하며 전두환 정권에 빌붙으려던 이민우 일파와 결별하고 독자적으로 통일민주당을 창당했다. 그때가 1987년 4월 5일이었다.

그러자 전두환은 민주세력의 개헌 요구를 거부하는 4·13

“연일 계속되는 분노한 시민들의 물결, 시위와 집회, 최루탄과 투석전, 구호와 함성이 거리에 가득차는 ‘6월항쟁’의 시간 속에서 나는 심장이 터질 듯이 두근거렸다. 오랜 군사독재 의 폭정 아래 있던 국민들이 거리로 뛰쳐나왔다.” (1987.6)

호헌조치를 발표했고 그것은 거센 반대 여론을 불러일으켰다. 5월 27일 통일민주당과 민통련이 주축이 되어 광범위한 민주세력을 묶어 세운 '민주헌법쟁취 국민운동본부'가 탄생했다. 2,200명에 이르는 대규모 발기인이 있었는데 고문은 김영삼, 김대중, 함석헌, 김수환 추기경, 문익환 민통련 의장 등 5인이 맡았다.

연일 계속되는 분노한 시민들의 물결, 시위와 집회, 최루탄과 투석전, 구호와 함성이 거리에 가득차는 '6월항쟁'의 시간 속에서 나는 심장이 터질 듯이 두근거렸다. 오랜 군사독재의 폭정 아래 있던 국민들이 거리로 뛰쳐나왔다. 학생뿐 아니라 넥타이를 맨 화이트 칼라들, 주부와 어린 학생, 다방에서 일하는 아가씨들까지 모두 시위에 참여해 '호헌 철폐, 독재타도'를 외쳤다. 이러한 국민의 투쟁 열기에 밀려 전두환 정권이 내놓은 고육지책이 바로 직선제를 수용한 6·29선언이었다.

이후의 안타까운 역사에 대해서는 잘 알 것이다. 야권은 분열했고 대통령으로는 노태우 후보가 선출되었다. 불출마 선언을 했던 김대중 선생이 국민의 뜻이라며 번복했고 김영삼 총재와의 단일화 협상은 실패로 돌아갔다.

대선이 끝나고 두 달 넘게 나는 술에만 빠져 살았다. 부끄러웠다. 민주세력을 지지해주었던 그 많은 시민들에게, 억울하게 숨을 거두어야 했던 나의 동기들, 선후배들, 꽃으로 피어보지도 못하고 스러져야 했던 거리의 학생들에게. 과연 정치에 희망이 있는가 하는 자괴감에 빠지기도 했다. 어쩌면 청년 시절의 내가 의심하고 믿지 못했던 것처럼, 정치라는 것은 내가 지키고 싶은 사상을 현실에서 구현하는 것이 아니라 그저 권력을 나누고 차지하려는 자들의 세계일 뿐인가, 하는 생각이 들어 괴로웠다.

하지만 시간이 지난 지금은 그러한 뼈아픈 시간 역시 역사의 흐름 속에서 불가피한 일이었을지도 모른다고 생각한다. 그때 직선제로 군 출신의 후보가 당선이 된 것은 군사독재에서 문민정부로 급격하게 이동하는 데서 발생했을지도 모를 위험을 절충시키는 역할도 해주었을 것이다. 하지만 그렇다 해도 6월항쟁의 뜻을 살려 정권교체를 이루지 못한 것은 명백한 비극이었다. 그렇게 좌절과 절망의 시간을 지나는 동안 더 이상 무기력한 채로 있어서는 안 된다는 생각이 들었다. 국민들이 지켜보고 있었다, 실망한 채. 어떻게든 용서를 구해야 했고 그러자면 다시 뛰는 수밖에 없었다.

32

영광과 질곡의 13대 국회

1988년 4월 26일 나는 13대 총선에 부천 지역 후보로 출마해 당선됐다. 나는 선거에 쓸 돈이라고는 전혀 없는 가난한 후보였고 대부분 자원봉사나 기부금으로 선거 운동을 운영했다. 월급 봉투를 들고 온 친구들도 있었다. 이성로, 조병윤, 강상훈, 임순천, 김상철, 김인호 같은 친구들에 대한 고마움은 영영 잊지 못할 것이다. 국회 진출과 함께 나는 통일민주당 비서실장이 되었고 그렇게 해서 국회의원으로, 지구당 위원장으로 1인 3역의 역할을 했다. 여기다 부천 시민들의 고충을 듣고 처리하기 위해 '지역문제연구소'라는 작은 사무실도 냈다. 후배 변호사를 상담으로 위촉해 무료 변론도 하고 법률상담도 했다.

대선이 끝난 뒤 13대 초기는 구시대의 부정과 비리가 폭로되고 억압되었던 국민들의 요구가 봇물처럼 터져나오는 시기

"1988년 4월 26일 13대 총선에 부천 지역 후보로 출마해 당선됐다. 선거에 쓸 돈이라고는 전혀 없는 가난한 후보였고 대부분 자원봉사나 기부금으로 선거 운동을 벌였다."

였다. 전교조, 노동조합, 철거민 등 각 영역의 민원인들이 야당을 찾아와 호소하고 농성을 벌였고 부천 지구당은 그런 사람들로 늘 발 디딜 틈이 없었다. 나는 그들과 함께 토론하고 위로하며 밤을 새웠다.

특히 부천 지역에는 노사분규가 많았다. 노동자는 사용자를 불신하고 사용자는 노동자를 불신하다보니 노사협의가 어려웠다. 그렇게 강경하게 대립하다보면 사용자는 폐업을 해버려 노동자들이 갈 곳을 잃어버리기도 했다. 우리 사무실에 찾아와 밤새 농성하는 그들을 위해 우리는 라면도 끓여주고 설득하면서 화해를 주선했다. 그때만 해도 정치개혁법이 제정되기 전이라서 사람들은 돈으로 정치를 했다. 나는 지역구민들의 경조사에도 화환 하나 보낼 돈이 없었다. 지역 지구당을 운영하는 자금조차 조달이 쉽지 않았던 나는 그렇게 듣고 말하고 뛰는 수밖에 없었다.

13대 국회의 성과는 대단했다. 야당인 통일민주당, 평화민주당, 민주공화당의 의석을 합치면 집권당인 민정당보다 수적으로 많아서 우리는 청문회 등을 통해 광주학살과 5공비리 등을 공개적으로 다룰 수 있었다. 나는 내무위원회에서 활동했다. 이때 익힌 행정 감각과 현실 인식은 이후 인천시장이 되어 정치가에서 행정가로 변신할 때 도움이 되었다.

1980년대가 끝나고 1990년대가 시작되던 1월, 내 정치 인생

"나는 김영삼 총재를 신뢰했다. 이번 3당합당은 완전히 잘못된 결단이지만 늘 사심 없이 정치에 임했기에 이번에도 그런 판단 아래 결심했으리라는 생각이 들었다. 그는 지금 또 다시 죽을지도 모르는 길로 가고 있다. 어떻게 할 것인가. 그저 버려둔 채 외면할 것인가, 어렵더라도 어떻게 해서든 함께 가면서 도울 것인가."

에서 가장 고통스럽고 힘들었던 사건이 일어났다. 3당 합당이었다. 노태우의 민정당, 김영삼의 민주당, 김종필의 공화당, 3당이 합당하여 '민주자유당'을 결성하기로 했다는 것이었다. 나는 그 사실을 미리 알지 못했고 처음 소식을 들었을 때에도 '오보'일 것이라고 생각했다. 말이 되는가. 하지만 사실이었고 당내에서는 김영삼 총재를 비롯해 김동영 전 장관, 김덕룡 의원 정도가 알며 추진했다.

그 당시 노태우 대통령은, 지지층이 적고 국회마저 여소야대라 어느 쪽이든 야권과 손을 잡지 않고는 국정을 운영해 나가기 어려운 상황이었다. 그래서 한편으로는 김영삼, 김종필 측과,

다른 한편으로는 김대중 측과 극비리에 협상을 타진했던 것이다. 김대중 측은 광주 민주화투쟁 주범들과 손잡을 수 없는 상황에서 거부했고, 김영삼, 김종필 측은 받아들였다.

김영삼 총재는 단식투쟁, 민추협 결성, 6월 항쟁, 개헌 등의 험난한 과정 속에서 얻은 문민정부 수립의 기회를 야권분열에 의해 실패한 뼈아픈 경험을 겪은 입장에서 과거의 여야개념, 과거의 정치방법으로는 군사독재를 청산할 수 없다고 판단한 것 같았다. 야권은 여전히 분열이고 여권은 하나인데 다음 선거에도 같은 비극이 되풀이되지 않으리라는 보장이 없었지만, 우리가 여태껏 투쟁하던 적대세력과 손을 잡는 것은 나 역시 받아들이기 힘든 일이었다. 나는 김영삼 총재에게 달려가 3당합당을 철회해달라고 부탁했다.

"이제는 돌이킬 수 없다. 나는 합당의 방향으로 간다."

김영삼 총재는 괴로운 듯 한마디하고는 우리를 뒤로 한 채 사무실로 들어갔다.

운동권 출신으로 정치에 입문해 그때까지 나는 험난한 투쟁의 길을 걸어왔다. 군사독재의 지배세력이자 유신시대의 잔존세력인 그들과 손을 잡으려고 여태껏 정치를 한 게 아니었다. 하지만 그렇다고 김영삼 총재의 손을 여기서 뿌리칠 수도 없었다. 김영삼이라는 한 인간이자 대선배이자 정치 스승이 판단한 길이기 때문이었다.

나는 김영삼 총재를 신뢰했다. 이번 3당합당은 완전히 잘못된 결단이지만 늘 사심없이 정치에 임했기에 이번에도 그런 판단 아래 결심했으리라는 생각이 들었다. 그는 지금 또다시 죽을지도 모르는 길로 가고 있다. 어떻게 할 것인가. 그저 버려둔 채 외면할 것인가, 어렵더라도 어떻게 해서든 함께 가면서 도울 것인가.

나는 그동안의 동지애와 의리를 떠올렸고 끝내 3당합당에 합류했다. 이기택, 장석화, 김정길, 노무현, 김광일, 이철 의원은 합당에 반대하며 탈당해 평민당으로 갔다.

그렇게 해서 여당이 된 민자당에서의 의원 생활은 불편하고 괴로웠다. 늘 반대편에 서있던 의원들이 모여 있으니 융합은커녕 감정의 앙금까지 남은 사이들이 흔했다. 시민들은 배신감과 분노감에 차서 우리를 비난했다. 부천은 대대로 야당지역이라서 내게 퍼붓는 비난은 매일 계속됐다. 나는 돌을 맞는 심정으로 그 비난을 고스란히 들었다. 당명도 바꾸고 당사도 새롭게 마련했지만 나는 그 당사에는 단 한번도 가지 않았다.

합당이 이루어지자 노태우 쪽에서는 본색을 드러내 김영삼 총재를 흠집 내고 우리 세력을 고사시키려고 술책을 꾸몄다. 박철언이 가장 앞장서서 그 역할을 맡았다. 땅을 치고 통곡할 만한 일이었지만 어떻게 하겠는가. 진퇴양난, 사면초가의 상황이었다. 명분을 이미 잃은 상황에서 군사독재 종식이라는 실리마저 빼앗길 수는 없었다.

"3당합당을 통해 김영삼 총재는 도리어 무척 외롭고 어려운 처지에 놓였다. 명분도 잃고 차기 대권주자가 될 수 있을지도 불명확해졌으며 나 같은 아랫사람들은 늘 탈당을 바라고 있었다. 그런 가운데 치러진 14대 총선에서 나를 포함한 민주계는 모두 희생되었다."

하지만 집권세력의 민주계 고사 시도는 계속됐고 이른바 '내각제 각서 파동'이 일어났다. 3당합당을 하면서 합당의 주역 3인이 후에 내각제로 개헌하겠다는 각서를 썼는데 노태우 대통령측이 이것을 〈중앙일보〉를 통해 유출시킨 것이었다. 김영삼 총재는 내각제에 대한 반대를 분명히 하고 이런 식으로는 노태우 정권과 일할 수 없다며 마산으로 내려갔다. 나와 서청원, 강삼재 의원은 마산으로 함께 내려가 탈당하자고 설득했다.

문제가 심각해지자 청와대 사신격으로 김윤환이 내려왔고 마산으로 온 지 3일 만에 노태우—김영삼 회동이 이루어졌다. 하지만 나를 비롯한 9인의 소장파 의원들은 탈당을 결심하고 있었다. 우리가 나가면 김영삼 총재도 그 수렁에서 빠져나올 수 있으리라 생각했다. 그 당시 아내 최영숙도 나의 의지를 지지했다. 하지만 탈당을 발표하기로 한 날, 김영삼 총재가 직접 와서 만류했다. 김영삼 대표는 "한 번만 참아다오"라는 말로 우리를 설득했다. 나는 김영삼 총재의 눈을 똑바로 바라볼 수 없었다. 아닌 것은 아니라고 생각했다.

그 시절 3당합당을 통해 김영삼 총재는 도리어 무척 외롭고 어려운 처지에 놓였다. 명분도 잃고 차기 대권주자가 될 수 있을지도 불명확해졌으며 나 같은 아랫사람들은 늘 탈당을 바라고 있었다. 그런 가운데 치러진 14대 총선에서 나를 포함한 민주계는 모두 희생되었다. 김영삼 총재를 고사시키려는 작전을 폈던 세력에서는 총선기간에 선별적으로 민주계의 자금줄을 막았고 기존 여권 조직도 가동되지 않았다. 3당합당으로 과반석이던 의석이 무너지자 다시 민정계에서는 김 총재 흠집 내기에 나섰고 퇴진시키려는 음모까지 진행되었다. 그러자 김영삼 총재는 "이 모든 것이 노태우 대통령의 책임이다. 내게는 공천권도 자금도 없었다."라고 강하게 나왔다. 역설적으로 나는 그때 김영삼 총재가 역사 속으로 스러져갈 인물이 아님을 알았다.

14대 대선을 눈앞에 두고 당내 경선을 치를 때는 순간순간이 어렵고 괴로웠다. 나는 대의원 확보를 위해 사방으로 뛰었는데 그 와중에 이종찬 등 9인은 후보단일화를 선언하고 김영삼 대표를 끌어내리겠다는 모임을 만들었다. 이종찬만 보아도 과거에 안기부 공작정치를 담당한 전력이 있는 사람이니 그 세력이 어떤지는 뻔한 일이었다. 실질적인 결정권을 가지고 있던 노태우 대통령마저 책임지지 않기 위해 민주자유당에서 탈당하고 모든 상황이 불투명했다. 이윽고 김영삼 대통령이 대선후보로 결정되었을 때 나는 슬프지도 기쁘지도 않았다. 그동안의 모든 고뇌와 좌절, 오욕과 수모가 한번에 떠밀려 내려와서 다만 비감했다.

그리고 겨울, 김영삼 대통령이 당선되자 나는 기쁨과 동시에 또다시 비감함을 느꼈다. 가족처럼 드나들던 상도동 집에 당선 확정 후 보름 동안이나 찾아가지 않았다. 경호를 위해 경찰이 지키고 있다고 했다. 신분을 일일이 확인하고 금속탐지기를 통과해야 집안으로 들어갈 수 있다고 했다. 엄청난 사람들이 모여들어 축하인사를 하고 있다고 했다. 나는 대통령이 나를 부를 때까지 가지 않았다. 군사독재가 총칼과 몽둥이와 공작정치로 막아섰던 시간, 3당합당을 통해 자존심과 긍지를 잃은 채 수모를 겪어야 했던 시간들을 떠올리며 이제 막 열린 문민정부를 어떻게 맞아야 할까 생각했다. 기대도 있었고 의지도 있었지만 회한도 없지는 않았다.

33

만절필동(萬折必東)의 50년

지금 생각해보면 정치인으로서의 내 삶이란 실패한 적이 없는 시간들이었다. 물론 실제적으로는 실패한 적이 많았다. 학생운동의 선봉에 섰던 시기, 나는 경찰에 붙잡혀 제적되었고 군대에 끌려 갔다. 서울 법대생이라면 누구나 꿈꿀 고시 공부에도 관심을 두지 않았다. 유신헌법이 국민의 기본권을 박탈한 상황에서 그런 헌법을 공부하는 것은 무의미하다고 생각했기 때문이다. 그렇게 해서 내 모든 청춘의 시간은 세상을 바꾸리라, 변혁을 이루리라는 의지에 소용되었지만 세상은 아주 더디게만 바뀌었고 변화는 좀처럼 일어나지 않았다.

정치에 뛰어든 뒤에도 안락하고 영광스러운 순간보다는 어렵고 가난하고 버텨야 하는 시간들이 많았다. 군사독재의 엄혹한 시기에, 우리는 늘 죽음의 위협과 싸우면서 공권력에 포위되고 잡혀가고 감금되는, 자기가 만든 당사에도 자기가 들어가지 못하는, 나중에는 정말 어쩌지 못해 무기력해지는 시간을 버텨내야 했다. 그리고 우리의 투쟁의 대상이던 사람들과 같은 당에 들어가 그 속에서 살아남기 위해 싸워야 했던 그 치욕적이던 시간들은 이전의 어려움은 차라리 가볍게 느껴질 정도로 무거운 형벌이었다.

하지만 우리는 문민정부를 열었다. 그러니까 우리는 최후에 실패하지 않은 것이다.

어렸을 적 내 기억에는 4·19혁명이 자리잡고 있다. 그때 나는 친구들과 종로 2가에 졸업앨범을 찍으러 나갔다가 광화문 네거리 국제 극장 앞에서 시위군중들과 마주치게 되었다. 부패정권 퇴진, 민주주의 수호를 외치는 사람들은 화려하고 멋진 옷차림의 엘리트들이 아니라 내가 고향에서 늘 살 부비며 살았던 가족과 이웃, 가건물로 세운 교실에서 공부하던 키가 껑충 크고 늘 배고파하던 반친구들처럼 평범하고 가난한 사람들이었다. 자유당 정부와 특별 봉사단 건물이 불타고 자유를 염원하는 사람들의 외침은 거리에 가득찼다. 분노한 군중에게 포위된 파출소에서 경찰들이 어쩌지 못해 쩔쩔 매고 있었다.

그때 사람들의 행렬에서 느껴지던 힘과 변화에 대한 갈망, 나는 어렸지만 그것의 무게와 위대함을 어렴풋하게나마 느꼈다. 어쩌면 친구집에서 소고기를 먹는 개를 보며 느꼈던 참담함, 분노, 슬픔도 이렇게 사람들을 만나면 사람들과 함께하면 그것이 일회적인 감정에 그치는 것이 아니라 세상을 바꿀 수도 있겠구나, 나는 어쩌면 그 생각을 바로 그때 했는지도 모른다.

그리고 그 소년으로부터 진화하여 아주 오랫동안 정치인으로 살았다. 성취도 있고 실패도 있었다. 민추협을 통해 민주화 세력의 힘을 모으고 김영삼 총재를 도와 문민정부를 이룩한 것은 성취였지만 3당합당이나 그 이후의 선거에서 이기지 못한 것은 분명 표면상으로는 실패의 기록이다.

인천의 관선시장과 민선시장 십여 년 가운데 전반기 5년은 김영삼 총재와, 후반기 5년은 당적을 바꿔 김대중 전 대통령과 함께했다. 민주화 운동 시절, 김영삼, 김대중 모두 민주화 세력을 대표하는 분들이었고 그 진영에 있는 사람들 역시 모두 나의 동지, 선후배 들이었다. 1998년에 자유민주연합으로 옮겨 인천시장에 출마한 것은 김대중 전 대통령이 그 당시 김종필 총재와 연대하고 있었고 인천의 공천권이 김종필 총재 측에 있었기 때문이었다. 이것을 두고 당적을 바꿨다 하여 비난도 많이 들었다. 하지만 그것은 내 개인적인 영달을 위해서가 아니었다. 정치인으로서의 최기선은 그런 사람이 아니다.

2006년에는 열린우리당 후보로 나와서 낙선의 쓴잔을 마셨다. 실패의 기록이지만 나는 실패라고 생각하지 않았다. 그때 나는 당선되리라고 생각하고 출마하지 않았다. 인천시장에 출마하겠다는 사람이 없다고 고(故) 김근태, 정동영, 문희상 등이 부탁해 이루어진 것이었다. 여당 후보가 없는 인천시장 선거를 생각해보라. 그것만큼 인천의 소외성을 말해주는 것이 있을까. 나는 2002년을 기해서 정치를 하지 않겠다고 결심했고 개인적으로는 선거에 나가서 내가 얻을 것이 없었다. 하지만 명백한 실패의 길이라도 그것이 정의를 위한 것이라면, 명분 있는 일이라면 피하지 않는 것이 나였다. 50년 가까이 민주화세력의 편에 서있던 정치인이 아니었던가.

9부

나, 최기선

나와 동시대에 태어난 한국인들 모두
그 가난이라는 굴레와 맞서 싸우며 시간을 보냈고,
그리고 이렇게 인생의 석양을 맞게 되었다.

34

해방동이와 한국전쟁

내 인생을 돌아보건대 '가난'이라는 단어가 잊히지 않는다. 서울대를 졸업하고 유력 정치인과 함께 민주화의 길을 걷다 국회의원, 시장까지 한 사람이 가난이라니, 하고 생각할지도 모른다. 하지만 애석하게도 지금 이 순간까지 나를 덮는 건 가난의 무게, 가난에 대한 응시, 가난에 대한 안타까움, 가난에 대한 분노다. 그런가 하면 가난에 대한 분석, 가난에 대한 투쟁의식, 가난과 맞서고자 행했던 숱한 행정과 정치적 경험도 있다. 싫어할 사람들이 있을지도 모르겠다. 국민소득 2만불이 넘고 세계와 어깨를 겨누기 위해 달려가는 이때에 가난이라니. 하지만 내 세대의 사람들에게 가난은 천형과 같다. 그것은 잊거나 피한다고 없는 것이 되지 않는다. 우리는 그만큼 만만치 않은 가난의 굴레 속에서 삶을 보내왔기 때문이다.

경기도 김포(통진)에서 1945년 5월 15일에 태어난 나는 8남매의 장남이었다. 아버지 최중돈은 수백 년간 김포에서 살아온 해주 최씨 집안의 청년이었고 어머니 권순일은 지금은 북한 땅이 된 개풍군 풍덕에서 김포까지 시집오신 분이었다. 내가 성장한 마을은 해주 최씨 현감공파 반촌으로 인천 천주교의 제2대 고(故) 최기산 주교도 이곳 출신이다.

1925년생인 아버지는 일제시대 김포에서 제일가는 소학교에서 학교 성적 우등을 받을 만큼 명석했다. 청년 시절에 그 능력을 발휘하여 농토와 임야 등 많은 재산을 확보했고 김포에서 제일가는 부자가 되었다.

한국전쟁 때는 그 당시 군부의 최고 권력기관인 육군특무대

대학에서 제적을 당한 뒤 백골부대에서 군복무를 하고 10년 만에 대학을 졸업했다.

"경기도 김포의 해주 최씨 현감공파 반촌에서 성장해 한학자의 가풍을 받아 어린 나이에도 의젓했고 정의감에 불타는 아이였다."

에서 근무했는데 그 뒤 사회로 돌아와 연이은 사업 실패를 맞았다. 가장 처음 벌인 사업은 정유회사를 만드는 것이었다. 호남정유와 유공이 생기기도 전에 의욕 있게 추진한 사업이었지만 결국 사기를 당했고 거의 전재산을 탕진하게 된다.

그러니 나는 초등학교에 들어가던 시절부터 그렇게 우리 가족의 삶을 잠식해 들어오는 가난의 그림자를 지켜보며 시간을 보내야 했다. 김포의 유지로 세를 떨치던 가문이 그렇게 조용히 몰락해가는 과정은, 그 과정에서 구성원들이 느끼는 분노와 박탈감 등은 아주 집요하고 무거운 것이었다. 내가 평생을 가난과 빈곤에 대해 생각하고 공적인 위치에서 그것을 해결하기 위해 애썼던 것은 어쩌면 그러한 경험 때문이 아닐까.

그렇게 생각하면 어머니에게 더욱 존경스러운 마음이다. 아버지가 연이은 사업 실패로 절망하고 술로 시간을 보내고 있을 때 어머니가 우리 8남매를 먹여 살리고 공부시켰기 때문이었다. 그때 어머니는 여러 호구지책을 전전했는데 바다에 나가 조개를 채취하시기도 했다. 그런 어머니가 세상을 떠난 지가 오래 되었다.

가세는 기울었지만 해주최씨 현감공파 우리 집안이 가지고 있던 명망은 맥맥했다. 큰조부인 최양섭은 고향인 김포군은 물론이고 한국 한학계에서 저명한 한학자로서 성균관 중앙의원까지 역임하신 분이었다. 큰조부는 김포 통진 향교의 전교(典校)를 맡아 수많은 후진을 교육하셨는데 나도 다섯 살부터 그곳에 들어가 천자문을 공부했다.

1945년에 태어난 사람들을 가리켜 '해방동이'라 부르는데, 우리 해방동이들은 어린 시절에 한국전쟁이라는 참혹한 비극을 겪어야 했다. 아버지는 군대에 징집되어 없는 사이 할머니와 어머니를 따라 짐보따리를 들고 피난 갔던 기억이 생생하다. "뛰어라" "숨어라" "나와라" 하고 외치던 할머니의 목소리 사이로, 비참하게 죽어간 사람들, 파괴된 건물들, 짐을 이고지고 어디론가 하염없이 걸어가는 사람들의 행렬들이 떠오를 때면 나는 이제 일흔을 넘은 사람이 아니라 김포에서 인천까지 정신없이 뛰어가던 여섯살 남짓의 소년이 된다. 그 소년은 총알이 쏟아지기 전에 얼른 뛰어가라는 할머니의 다급한 외침을 들으며 뛴다. 팔이 나무에 긁혀 생채기가 나는 것을 모른 채, 땀과 두려운 눈물로 젖은 얼굴을 닦지도 못하고 뛴다.

폐허와 같은 도시들, 납빛 같은 얼굴로 무거운 발걸음을 옮기는 낯선 사람들을 통과해 질주한다. 그렇게 해서 식구들과 떨어져버린 나는 김포에서 인천으로 가는 길목인 '깔딱고개'까지 가서야 외톨이가 된 것을 알았다. 누군가가 이제 인천이다, 라는 소리를 듣고는 공포에 휩싸였다. 김포에서 살던 내게 인천은 아주 먼 섬나라 같은 곳이었다. 가족을 잃었구나, 하는 생각이 들자 무릎이 꺾였고 온몸에 힘이 빠졌다.

피난길에 나는 비참하고 절망적인 상태에 놓인 전쟁고아들을 많이 보았다. 먼지투성이가 되어 울고 있는 그 아이들을 애써 외면하며 걸을 수밖에 없었다. 그런 아이들 중에는 아직 말도 못하는 아기들도 있었다. 그들은 다 어떻게 되었을까.

나는 천만다행으로 이웃아저씨를 만나 가족들과 재회했다. 할머니는 나를 데려가 얼굴을 씻겨주었고 너무 놀랐던 어머니는 아무 말도 없이 눈물만 흘렸다. 전쟁은 이전의 모든 일상을 뒤흔드는 비극이다. 그러한 비극 아래에서는 국가도 적에 맞설 뿐 국가의 개개인을 보호해주지 못한다. 그 전쟁 아래에서 소중한 생명을 잃은 자, 가족과 헤어진 자, 집을 잃고 재산을 잃은 자 들 모두 특별히 무언가를 잘못해서가 아니라 삶의 우연한 순간들이 그런 비극으로 이끌어간 것이다. 비극은 체제에서 발생하고 피해는 개인이 감당해야 하는 것. 내가 경험한 전쟁은 그렇게 끔찍한 것이었다.

하지만 그러한 전쟁 상황 속에서도 우리는 학교를 다니고 공부했다. 1952년에 서암초등학교에 입학한 나는 전쟁으로 피난 나온 타지역의 아이들과 함께 생활했다. 나보다 서너 살 많은 아이들이었지만 공부하려는 의지가 대단했다. 미군이 지어준 가건물에서 우리는 1학년부터 6학년까지 교실 하나에 모여 수업했다. 전쟁은 우리의 일상을 짓밟고 파괴했지만 그 파괴를 감당하는 것은 그렇게 개인들의 몫이었다. 여기서 주저앉을 것인가, 다른 내일을 설계할 것인가. 우리 세대는 후자를 선택했고 그 가난의 시절을 지금과 같은 성장의 오늘로 만들기 위해 노력했다.

도시락을 싸오지 못해 굶는 아이들이 대부분이었던 시기, 먹는 것이 그렇게 어렵고 중요한 일이던 시절의 기억은 지금도 잊혀지지 않는다. (비교적 나은 형편이었던) 나는 가끔 도시락을 싸가면 같은 반 아이들과 나누어 먹기도 했다. 그때 김포 통진에는 미 해병대가 주둔해 있어 구호물자를 보내줬는데 우리는 그 딱딱하고 오래된 우유를 부수어 물을 많이 부어 타먹기도 했다. 허기진 아이들에게는 그만한 끼니가 없었다. 다만 나는 그렇게 누군가에게 얻어먹어야 하는 현실에 서글픔을 갖기도 했다. 한학자의 가풍을 받은 나는 어린 나이에도 의젓했고 정의감에 불타는 아이였다.

그런 나에게 6학년 담임선생이었던 조경호 선생은 각별한 분이셨다. 비루한 현실에서 잠시라도 벗어날 수 있는 이야기를 들려주셨는데 위인들, 특히 나폴레옹이나 워싱턴 같은 영웅들에게 매혹되었다. 내가 좀 특별한 삶을 살게 된 근원에 조경호

선생님의 위인전이 있을지도 모른다는 점에서 선생께 감사하는 마음 그지없다.

35
가난과의 투쟁

초등학교를 졸업하고 나는 유일하게 서울로 유학을 갔다. 74명 졸업생 가운데 절반이 통진중학교로 진학했다. 중학교를 가지 못하는 아이들은 집을 도와 농사를 지어야 했다. 여자아이들은 식구를 줄이기 위해서라도 빨리 시집을 보냈다. 식구(食口), 먹는 입, 그때는 그것만큼 무섭고 무거운 것도 없었다.

중앙중학교에 입학해 서울로 와보니 이곳은 그전과 다른 세계였다. 낯설었고 달랐다. 나는 시골에서 부쳐온 쌀 한 말을 친척에게 월세 대신 내고 지냈는데 눈칫밥을 먹다보니 늘 배가 고프고 허기질 수밖에 없었다. 하지만 어린 마음에도 군식구라는 생각이 있어서 밥을 더 달라거나 많이 먹을 수가 없었다. 이렇게 어려운 가운데에서도 나는 활달하고 명랑하게 자라났다. 나는 애초부터 마음속에 근심과 비밀을 숨기고 혼자 키우는 성

"나는 정치가, 행정이 근원적으로는 가난과 비참에서 인간을 구하는 일이라고 생각한다. 인천에 송도 신도시를 건설해 외국의 자본과 기업들이 들어오는 것, 중소기업의 무역활로를 뚫는 것, 부패의 상징이던 사학을 시민의 품에 내어주는 것, 지하철과 도로를 건설하는 것 모두 궁극적인 지향은 그곳에 있었다."
최시장이 남동구 장수동 만의골에서 모내기를 하고 있다.(1994. 5)

격이 아니었다. 그런 낙천성이 내가 희망이라곤 보이지 않는 어둡고 험난한 시대를 헤쳐나올 때 결정적인 힘이 되었다.

다만 서울 생활에서 견딜 수 없었던 것은 고향에 대한 향수였다. 특히 나를 감싸고 위해주시던 할머니, 부모님과 떨어져 산다는 것은 고통이었다. 나는 친척들 몰래 이불깃을 적시며 할머니가 그리워 울기도 했고 중학교 1학년 때에는 서울에서 김포까지 멀기도 한 비포장도로를 토요일마다 허위허위 찾아가기도 했다. 그 향수병이 고쳐진 것은 중학교 2학년이 된 이후였다. 나는 내 문제를 혼자 해결하는 것에 익숙해졌고 더 넓은 세상에 눈뜨기 시작했다.

그 세상은 가난으로 고통받는 세상이었다. 가난의 질곡은 끈질겨서 개인의 힘만으로 극복할 수 있는 것이 아닌 것처럼 보였다. 그 무렵 읽었던 많은 역사·철학서들에서는 이러한 인간의 근원적인 문제들을 해결하기 위한 인류의 여정을 그리고 있었다. 나는 그 여정에 내 인생을 던지고 싶었고 결과적으로 그런 삶을 살게 되었다. 이것은 비단 나만이 아니다. 나와 동시대에 태어난 한국인들 모두 그 가난이라는 굴레와 맞서 싸우며 시간을 보냈고 그리고 이렇게 인생의 석양을 맞게 되었다.

나는 미래를 내다볼 수 있는 정치가, 변화를 수용할 수 있는 행정이 근원적으로는 가난과 비참에서 인간을 구하는 일이라고 생각한다. 인천에 송도 신도시를 건설해 외국의 자본과 기업들이 들어오는 것, 중소기업의 무역활로를 뚫는 것, 부패의 상징이던 사학을 시민의 품에 내어주는 것, 지하철과 도로를 건설하는 것 모두 궁극적인 지향은 그곳에 있었다. 경제성장을 통해 얻은 이득을 되도록 공평하게 나누어야 한다고 생각했고 그래서 내 재임기간에 택시 파업이 일어났을 때 사측의 주장을 들어 회사의 이윤을 높이는 대신, 개인면허를 늘려 개인이 개인의 힘으로 삶을 윤택하게 만들 수 있도록 하는 방법을 택했다.

그런 면에서 정치란 체제와 공동체의 단위에서 목표를 설정하지만 결국 개인의 구체적이고 실질적인 삶을 통해 실현하는

"경제성장을 통해 얻은 이득을 되도록 공평하게 나누어야 한다고 생각했고 그래서 내 재임기간에 택시 파업이 일어났을 때 사측의 주장을 들어 회사의 이윤을 높이는 대신, 개인면허를 늘려 개인이 개인의 힘으로 삶을 윤택하게 만들 수 있도록 하는 방법을 택했다."
최시장이 김우중 대우그룹 회장과 부평 대우자동차공장에서 열린 '어린이날' 행사에서 아이들과 함께 걷고 있다.(1994. 5)

것이라고 생각해왔다. 그러므로 행정가로서나 정치가로서의 내 삶에서는 이순신이나 워싱턴 같은 역사의 위인들도 지표였지만 나와 같은 해방동이의 얼굴들, 김포 통진의 한칸짜리 교실에서 수업을 받던 남루한 옷차림의 내 친구들, 가장의 빈자리를 채우기 위해 새카맣게 타버린 얼굴로 갯벌에 나가던 내 어머니의 얼굴이, 그 구체적인 실감이 더 중요한 기준이 되었던 것이다.

"마치 만조를 맞은 인천의 바다처럼. 만조의 끝에는 고즈넉한 썰물의 시간이 있겠지만 그렇다고 바다가 사라지는 것은 아니다. 그렇게 나는 인천의 시민을 영원히 기억하고 싶다."

36
인천 시민이여!

민주화 학생운동시절까지 포함한다면 40여 년간 정의와 민주주의를 위해 투쟁하고 이루어냈다. 그뿐 아니라 나는 실제 현장에서 실천함으로써 정치가와 행정가로서 충만한 삶을 살았다. 그리고 마침내 2002년 6월 30일을 기하여 파란만장하고 감격스러웠던 공적 삶에서 퇴임했다. 2002년 6월 30일 인천시청 대강당에서 퇴임식이 열렸다. 나는 이 나라의 변화기에 정의와 민주주의에 강력한 의지를 가지고 그 전위대로서 핵심적이고 결정적인 역할을 수행했다. 당시 나의 나이는 인생의 황금기인 30~40대였다.

1984년 민추협(민주화추진협의회)이 결성되었을 때는 대변인으로, 1987년 6.29선언으로 민주화가 이루어졌을 때는 그러한 국민의 열망에 힘입어 13대 국회의원 선거에 당선되었다. 그리

2002년 6월 최기선 인천광역시장의 마지막 결재 장면. 최시장 주변으로 오제세 당시 행정부시장과 시 간부들이 서있다. 비서실 직원들도 자리를 함께해 최시장의 10년 임기 마무리를 지켰다. (사진 오른쪽)

고 마침내 1992년 12월 대선에서 민주세력이 승리하여 1993년 2월 김영삼 총재가 문민정부 대통령에 취임했다. 그리고 1993년 3월 1일 부로 정치인으로서는 처음으로 지방정부의 장, 인천직할시장에 취임했다. 이렇듯 내 삶은 언제나 한국 민주주의의 중요한 전환의 기점을 함께했다. 그리고 관선, 민선시장을 두루 거치며 장장 10년간의 3선 연임을 한 지방정부의 장이라는 전무후무한 역사적 책무를 마치고 퇴임했다. 퇴임식을 마치고 인천시청을 떠날 때 공무원과 시민들은 눈물로 작별인사를 보냈고 시청을 떠나 연수동 자택에 이르렀을 때도 많은 인파들이 격려의 박수를 보내주었다.

시장에서 물러난 뒤에도 나는 인천을 떠나지 않았다. 내 모든 열정을 쏟았던 도시의 시민으로서 남들처럼 실패도 하고 성공도 하면서 인천에서 살고 있다. 나는 모든 물길들은 만번이

꺾여서라도 기어코 바다로 간다는 말을 믿는 사람이었기에 작은 실패나 성취에 그리 연연하지 않는다. 2천년대 중반, 하버드대학에서 공부하기 위해 떠나려 했지만 몸에 이상이 있는 것을 알게 되면서 계획을 접었다. 하느님이 내가 한번 더 굽이쳐서 흘러가게 하려나보다고 생각했다. 인천에 그대로 남아야 한다는 뜻일지도 몰랐다. 그때는 시장이 바뀌면서 송도 신도시 계획이 어떤 방향으로 흘러갈지도 모르는 상황이었고 그 밖에 내가 십년간 만들어놓은 정책들도 마찬가지였다. 나는 떠나지 않았고 여전히 나는 인천에, 인천 시민 곁에 있다.

최초의 민선시장으로서의 내 책임감은 임기가 끝났다고 사라지지 않았다. 시민의 힘에 의해, 시민의 선택에 의해 시의 수장에 오른 사람이니 내려오고 나서도 더욱 그 선택됨을 존중해야 한다고 생각했다. 물론 개인으로서의 나는 한계가 많은 사람이다. 늘 공적인 자리에 있다 보니 마음만큼 가정을 살뜰히 보살피지 못했다. 그러다 보니 가족을 잃는 슬픈 비극도 겪었다. 술이 지나쳐 병을 얻기도 했고 어렵게 되찾은 건강을 지키지 못하기도 했다. 하지만 삶이란 혼자만의 힘과 방향으로 흘러가는 것이 아니다. 내가 일일이 살펴주지 못했어도 나의 아들 최강수와 최강국은 누구보다 신실한 사람으로 성장했고 내가 건강문제로 어려움을 겪고 있을 때는 내 아내 김영애 베로니카가 곁을 지켜주었다. 아내 베로니카는 독실한 가톨릭 신자이어서 어려서부터 가난한 소외계층을 돕는 데 앞장서 왔다.

2002년 퇴임 후 연수동 자택으로 돌아와 혼자 살고 있는 내게 지인과 동지들이 찾아와 대화도 하고 의논도 나누면서 '모종의 계획'을 추진했다. 김영애 베로니카와의 재혼이었다. 공무원들과 나의 민주동지들, 천주교, 개신교, 불교 등 종교계, 여러 지도급 인사들이 여기에 뜻을 같이했다. 그렇게 해서 나와 김영애 베로니카는 많은 이들의 관심과 사랑 속에 2002년 11월 30일 답동성당에서 결혼했다. 서울, 인천을 비롯한 수도권 인사들뿐만 아니라 전국 각지에서 축하객들이 찾아왔다. 결혼 뒤 김영애 베로니카는 바로 나를 통제하고 변화시키고자 철저하게 관리했다. 그것은 40년 이상 생활화했던 술, 담배를 격리시키는 일이었다. 그러던 중 나는 암이 발생하여 병원에서 10

김영애 베로니카와의 결혼식. 최기산 주교님, 오경환 신부님, 김차규 신부님, 노영환 신부님께서 주례를 서셨다.(2002.11.30)

시간의 대수술을 받고 죽음의 길을 오가는 신세가 되었다. 그 때 암세포가 나의 몸을 좀먹고 있는 것을 확인하게 된 데는 베로니카의 사랑과 노력이 그 바탕을 이룬다. 그리고 현재 암세포를 이기고 살아남게 된 데도 베로니카의 헌신이 있었다. 만일 사랑하는 아내 김영애 베로니카가 아니었다면 나는 지금 저세상 사람이 되어 있을 것이다.

김영애, 베로니카!!

아내는 영광의 뒤안길에서 이제는 돌아앉은 나를 위해 살았으며 아무런 연고가 없는 인천에서 나를 믿고 의지했다. 병마에 시달리던 나의 투정마저도 참고 또 참아내며 이겨내준 그런 아내이다. 수도원 등을 다니며 요양중인 나를 아내가 감금하고 있다라는 소문이 나기도 했다. 술을 입에 못대게 하느라고 술친구들이 찾아오면 그들을 말리느라 심지어 악처라는 온갖 비난을 감수한 것은 온전히 아내 혼자의 몫이었다. 나는 지금도 여전히 힘겨운 일상을 반복하고 있지만 이젠 나머지 삶을 나의 아내 베로니카를 마음으로는 행복하며 기쁘고 편안하게 해주는 데 최선을 다하며 살고 싶다.

나는 가톨릭 신자로서 '아우구스티노'라는 세례명을 가지고 있다. 위대한 수도자이자 목자 그리고 신학자인 아우구스티노처럼 내 인생도 인간의 존엄을 실현하기 위한 사상과 헌신, 민중의 뜻을 실현하는 정치가 그리고 하느님을 섬기는 한 인간으로 흘러왔다고 생각한다. 아내와 함께하면서 가톨릭 신자로서의 내 삶은 하느님께로 향하는 마음이 더욱 간절해지며 충만해져갔다. 병마에 지친 몸을 다독일 때나 영혼의 쉼이 필요할 때 내 곁에는 언제나 아내와 하느님이 계셨다. 아내 베로니카는 내가 최기선으로 끝까지 품위 있게 살 수 있게 힘을 준 버팀목이다.

회고록 간행 역시 아내 베로니카의 적극적인 주선이 없었다면 불가능했을 것이다. 베로니카는 이번 회고록 출간을 위해 물심양면으로 뛰어다니며 여러분들을 끌어들이고 참여시켜 단순한 선거용, 홍보용 책자가 아닌 제대로 된 나의 회고록을 완성할 수 있게 했다. 아내이지만 반려자이자 동지로서 참으로 무한한 신뢰와 감사를 보낸다.

정의와 민주주의, 그리고 인간의 존엄성이라는 가치를 추구하며 인생을 살아온 내가 인천시라는 역사적으로 지정학적으로 절대적으로 중요한 위치에 있는 지역의 통치를 책임지고 있던 기간 동안 실로 위대한 책무를 수행할 수 있도록 도와준 여러분들에게, 특별히 이 책이 훌륭한 내용으로 나올 수 있도록 도와준 사랑하는 나의 아내와 친근한 측근 동지들과 지인 여러분들께 감사드린다.

모든 영광이 기억의 저편으로, 이렇듯 회고의 형식으로만 남아 있는 이 시간에도 변하지 않는 사실은 내가 인천 사람으로서 여기에 남아 있다는 것이다. 시민의 선택을 받은 시장이 이후에 어떤 삶의 방향을 선택하는가?

시장이라는 직책이 주는 권한이나 떠들썩한 주목이 사라진 뒤에도 나는 여기 인천에 있다. 내가 잠시 무기력과 혼란에 빠져 있을 때에도 이 도시는 시민의 힘으로 변화를 계속 추진했고 지금 이렇게까지 발전해 있다. 나는 그것으로 충분했다. 인천이 나아가고 있다면 성장하고 있다면 난 그저 행복한 마음뿐이다.

고희를 지난 나이이지만 나는 내 기억들을 회고의 형식으로 가두어놓고 싶지는 않다. 해방동이, 민주투사, 야당정치인, 지방정부의 장, 그리고 인천 시민으로 살았던 내 인생은 나만의 것이 아니라 바로 시민의 역사이기도 하다. 그리고 우리의 인생은 지금도 고요한 물결이 되어 흘러가고 있다. 마치 만조를 맞은 인천의 바다처럼. 만조의 끝에는 고즈넉한 썰물의 시간이 있겠지만 그렇다고 바다가 사라지는 것은 아니다. 그렇게 나는 인천의 시민을 영원히 기억하고 영원히 사랑한다고 고백하고 싶다. 시민은 인천의 오늘을 이끈 주인공들이자 나 최기선의 삶을 지지해준 가장 선하고 존엄한 지지자들이기 때문이다.

부록

기고문

최기선 연보

하루, 한철, 일 년, 우리의 선택은

<인천일보> (1993년 12월 2일)

석양 무렵에는 하루살이 한 마리가 황혼이 지는 시간을 아쉬워하며 옆을 지나는 메뚜기에게 말을 건다. 술을 한잔하자고 말하자 메뚜기는 오늘은 바쁘니 내일 한잔하자며 뛰어간다. 내일이라는 건 무엇인가 하고 하루살이가 물었지만 메뚜기의 대답은 없다. 그저 미소로 대답하고 황혼 속으로 멀어져 간다. 다음 날도 황혼이 찾아와 술 한잔하자던 하루살이를 떠올리며 그를 찾아간 메뚜기에게 보이는 것은 한 줌의 흙뿐. 하는 수 없이 강남 가는 제비에게 술 한잔하자고 제의해보지만 제비는 올해는 바쁘니 내년에 하자며 힘찬 날개를 접지 않는다. 하루살이는 하루만 알고, 메뚜기는 한철만 안다. 우리는 어디에 목표를 두고 살고 있는가.

사람 '人'변에 '木'자를 쓰면 '休'자가 된다. 뜻 그대로 사람이

나무그늘에서 쉬고 있는 모습을 표현한 글이다. 불법위장취업한 외국인 근로자들이 귀국하면 이른바 3D직종의 업무가 마비되리라는 언론의 지적이 있다. 혹시 우리는 너무 쉬는 것에 열중하고 있는 것은 아닌가. 냉전체제가 붕괴했고 각종 미디어와 정보통신이 발달하고 있다. 이제 세계는 국경이 없는 치열한 '경제전쟁시대'에 돌입한 것이다. 세계 각국은 군사우위에서 경제우위로 바뀌고 있으며, 어떠한 군사무기가 있는가보다 국민경제소득이 얼마인가가 더 중요한 지표가 되고 있다. 그 변화는 무척 급속히 이루어지고 있다.

최근 일년 동안은 지난 한 세기와 비교 될 수 있으리만큼 모든 것이 급속히 변모했다. 그것을 발전이라고도 할 수 있으나 어쩌면 그건 흡사 하루살이의 생을 보는 것 같아 안타까워지기도 한다. 내일이 어떻게 다가오든 오늘 하루만 편하게 살면 된다는 적당주의. 그것이 사회 각계각층에 만연되어 국가경제는 물론 국민 개개인의 미래까지 불투명하게 만들고 있는 것이다. 일단 우리는 나무를 심고 그 곁에 누워야 한다. 나무를 심지도 않고 먼저 누워버리는 잘못된 행태는 사라져야 할 것이다.

우리가 하루를 쉬면 후손은 1년을 힘들게 살아야 할 것이며, 우리가 1년을 쉬면 우리의 후손은 1백년을 고생하며 살게 된다. 변변한 자원 없이 전쟁으로 폐허가 된 손바닥만 한 외로운 반도에서 이나마 국가 위상을 지켜낼 수 있었던 것은 피땀 흘리며 일했던 우리 윗세대들 덕분이다. 그들은 이 땅의 후손들이 좀 더 나은 삶을 영위하길 기원하며 살아왔다.

그러나 그런 바탕에서 일어선 우리 세대는 혹시 이미 충족된 여건들을 활용해 더 높은 단계의 성취를 이루지는 못할망정 흥청망청한 소비와, 어떤 패배주의에 젖어 있지는 않은가. 냉철히 반성해봐야 할 때가 왔다.

한국인은 우수하고 강한 민족이다. 세계 각국에 나가 있는 우리 동포들을 보라. 그들이 강한 집념으로 일구어낸 성공은 선진국들이 우리의 발전가능성을 인정하는 중요한 지표가 되고 있다. 생활환경이 쾌적해지고 경제부흥으로 풍요로운 삶이 보장되며 자유로우면서도 사회기강이 확립되어 있는 나라, 그것이 우리가 추구해 나갈 '신한국'의 참모습이다. 정통성 있는 문민정부 출범으로 민주화를 이룩한 우리는 이제 한 차원 더 높은 국제적인 안목으로 '21세기 아시아 시대'에 대비한 '신한국 창조'에 총매진해야 할 것이다.

아무런 얻는 것도 없이 소슬한 늦가을 바람에 휘청거리는 하루살이의 의식을 버리고 새로운 각오와 진정한 주인의식으로 맡은 바 각 분야에서 분발해 주길 간절히 기대해 본다.

환경에의 도전

<경기일보> (1994년 1월 26일)

흑당(黑糖)은 흰 설탕을 만들기 전의 검은 설탕이 아니라 검은엿〔黑飴〕을 일컫는다. 달콤하기는 하지만 장기적으로 과용하면 당뇨병의 원인이 되는 것으로 알려져 있다. 새해 벽두부터 국민건강을 위협하고 있는 물 파동이 계속되면서 '안심하고 마실 수 있는 깨끗한 물'을 위한 논의가 백화제방(百花齊放)으로 이루어지고 있다. 만시지탄(晩時之歎)의 감이 없지 않으나 이번 낙동강 물 파동으로 환경에 대한 중요성 인식된다면, 그래서 물뿐만 아닌 모든 자연환경이 되살아나는 계기가 조성된다면 그 얼마나 기쁜 일인가.

우리 사회의 급격한 산업화는 마치 흑당처럼 현대인들에게 물질 풍요와 편리라는 달콤함은 주었지만 매연과 먼지, 폐수라는 심각한 환경문제를 낳았다. 지구를 둘러싼 오존층 문제와 열대우림 파괴에 따른 지구의 온난화, 사막화, 공장과 자동차의 배기가스로 인한 산성비 문제 등 세계 모든 나라가 심각한 환경문제에 직면해 있는 것이다. 이렇듯 급속한 환경파괴는 불과 20여 년 동안 발생했는데, 여기에 대한 개선노력을 게을리한다면 인류의 생존에 가장 무서운 위협으로 다가올 것이다.

인간이 살아가는 데 가장 필수적인 물은 그나마 그 중요성이 다루어져 왔지만 눈에 보이지 않는 공기 또한 그 못지않게 중요하다. 지난날 좁은 땅덩어리에 자원 하나 없이, 많은 인구가 허기진 배를 채우기 위해서 모든 정책을 경제성장에만 초점을 맞출 수밖에 없었을 때는 모르겠지만 세계 10대 교역국으로 성장해 어느 정도 생활에 안정을 되찾은 우리는 '환경문제를 해결하기 위한 도전'을 회피해서는 안 될 것이다.

3년 전, 나 역시 폐놀로 인한 심각한 환경파괴 현장에 직접 있었던 적이 있다. 나는 거기서 깊은 충격을 받았다. 지방행정 책임자로 첫 부임한 곳은 무허가 공장까지 합쳐 4천 8백여 개의 공장이 산재되어 있는 인천직할시였다. 인천은 '공해도시'라는 오명을 뒤집어 쓰고 있었는데 여기로 부임하면서 나는 부담도 있었지만 이 환경문제를 해결하는 선구자로 나서고 싶은 승부욕을 느끼기도 했다. 그러한 결과가 지난해 4월부터 추진된 '깨끗한 인천 만들기 운동'이다. 이 운동은 길지 않은 기간 동안 이루어졌지만 아황산가스와 비산먼지가 통계적으로도 줄어들어 환경개선에 대한 가능성을 확산할 수 있었다.

낙동강 물 파동으로 이제 우리는 환경보전의 중요성을 애써 강조할 필요는 없게 되었다. 그러니 시민들의 협조가 중요한 '환경보전 중기종합계획'의 추진이 순조롭게 진행되리라는 기대를 갖게 된다. '깨끗한 인천 만들기'와 함께 실시되는 이번 '환경보존 중기종합계획'을 간단히 소개하면 대기, 수질, 폐기물, 녹지, 해양, 환경관리 등 총 6개 분야로 구성되어 있으며, 총 1조원의 예산을 들여 공해감시센터의 설치, 하수종말처리시설 확충, 도시녹화사업을 벌이는 내용이다. 올해부터 오는 1998년까지 5개년 계획으로 추진하는 사업이다.

삶에서 가장 중요한 것은 쾌적함(Amenity)이다. 선진국 국민이 대개 그렇듯 이제 우리도 시멘트로 둘러싸인 도시보다는 울창한 숲으로 인한 맑은 공기와 깨끗한 물을 마실 수 있는 생활을 동경하고 추구한다. 인천이 그러한 쾌적함을 주는 도시가 될 수 있도록 온힘을 기울여 나갈 것이다. 하지만 환경보전은 시정부의 시책 추진보다도 시민들의 노력이 보다 중요하다. "국민은 건강하고 쾌적한 환경에서 생활할 권리를 갖는다"는 헌법 제35조의 규정을 잊지 말자. 이러한 권리와 함께 국민은 환경오염의 원인을 최소화시킬 의무를 동시에 지니고 있다.

한편 기업은 환경보전을 새로운 기업윤리의 하나로 확립해야 할 것이다. 환경오염 방지를 위한 과감한 시설투자와 적극적인 기술개발을 통해 환경보전에 스스로 노력하는 것이 이 시대 기업의 당연한 사회적 책임이며, 그렇지 못한 기업은 많은 불이익을 감수해야 할 것이다. 각 가정 내에서는 물자와 에너지를 절약해야 한다. 마구 버린 쓰레기와 오물, 흥청망청 쓰는 물들이 수많은 이웃뿐만 아니라 자기 자신의 건강을 해치고 목숨까지도 위협한다는 사실을 자각해야 한다. 우리 모두는 환경오염의 가해자인 동시에 피해자다.

'푸르름'은 쾌적함을 제공하는 가장 중요한 요소이다. 숲은 깨끗한 공기를 제공할 뿐만 아니라 풍요로운 마음의 안식처가 아닌가. 그러므로 우리는 한 뼘의 땅이라도 나무를 심는 사람의 자세를 지녀야 한다. 우리보다 기후상으로나 지질상으로 좋다고 할 수 없는 유럽에도 '슈바르츠발트'나 '볼로뉴의 숲' 등 도시곳곳에 아름답고 풍성한 숲이 우거져 있다는 걸 알아야 한다.

환경오염은 순식간이지만 그 개선에는 많은 시간과 돈이 소요된다. 지난 1972년 스톡홀름에서 1백13개국 대표들이 모여 '유엔인간환경선언'을 한 이래 세계 각국은 환경개선에 지대한 관심을 쏟고 있으며, 최근에는 관세장벽을 만드는 '그린라운드'가 추진되고 있다. 환경문제를 해결하지 않고서는 상품의 수출길마저 잃게 되는 심각한 상황에 직면하는 것이다.

이제는 시작해야 한다. 늦었다고 생각할 때가 가장 빠른 때라는 말이 있듯이, 우리는 이미 그 가능성을 지난해 연말 엿볼 수 있었으며, 해낼 수 있는 역량도 충분히 가지고 있다. 후손들에게 공해에 찌든 산천을 물려줄 것인지 아니면 쾌적하고 아름다운 금수강산을 물려줄 것인지 지금 우리의 선택에 달려 있다.

대학교육 개혁의 당위성(當爲性)

<경인일보> (1994년 7월 15일)

최근 일년은 지난 한 세기와 맞먹을 만큼 모든 것이 빠른 변모를 보였다. 특히 인천에서는 하나의 사립대학이 시립대학으로 전환되는 큰 변화가 있었다. 시민여론조사에서 96.5퍼센트의 찬성이 나올 만큼 시립화에 대한 인천 시민들의 지지는 절대적이었다. 그리고 그 결과 지난 3월부터 인천대학은 시립대학으로 출범했다.

모두가 주지하고 있는 바와 같이 UR협상타결로 세계는 '하나의 시장'이 되었다. 이제 무한 경제전쟁 시대에 돌입했으며, 자원과 자본·첨단기술이 부족한 우리가 그 전쟁에서 살아남기 위해서는 무엇보다도 인재양성이 중요해졌다. 그런 측면에서 인천대 시립화는 단지 사립에서 시립으로 바뀌었다는 의미에서 벗어나 새로운 시대변화에 능동적으로 대응하며 이겨나갈 수 있는 국제적인 전문 인력 양성이 가능해졌다는 의의를 지닌다. 그리고 이 점이 나에게 가슴 뿌듯한 긍지를 느끼게 한다.

세계는 급변하고 있다. 변화에 적절히 대처하지 못하면 낙오될 수밖에 없는 것이 '세계의 흐름'이다. 즉 정치가나 기업가만이 아닌 모든 국민은 이와 같은 현실을 직시해야 하며 교육 또한 새로운 변화에 새롭게 대응하는 개혁을 추진해야 한다.

지난 4월 1일 노동부가 발표한 바에 따르면 1993년도 대학생 중 1993년 말까지 취업을 못한 인원이 지난 1992년보다 30%가 늘어난 14만 1천여 명에 달하는 등 대졸 실업자가 증가하고 있다고 한다. 물론 그동안 민주화의 열망 등 정치·사회적 여건이 충족되지는 않았지만, 대학교육은 창조하고 연구하며 지식을 채우기보다 비워 버리려는 면학분위기가 주종을 이루었고, 사회에 진출해 자신 있게 사회와 자신의 삶을 주도하는 인재양성을 하기보다는 오히려 사회를 두려워하는 고급 실업자를 배출하는데 급급하지 않았는가 생각해본다.

문민정부는 우리에게 '신한국창조'라는 새로운 비전을 제시하고 있다. 이 비전의 성공을 위해서는 그 어떤 분야보다도 교육개혁으로 이어져야 할 것이며, 냉엄한 국제현실은 대학인이 거리가 아닌 도서관을 찾고, 교직자 또한 연구하여 새로운 학문과 기술을 전수하지 않으면 견디기 어려운 시기가 도래한 것임을 시사하고 있다.

국가경쟁력과 대학은 상당히 밀접한 관계를 갖고 있다. 민족의 장래가 교육에 달려있다고 해도 모자람이 없는 현실임을 확신할 때 대학에 종사하는 교육자는 현실에 안주하는 평범자를 배출하기보다는 새로운 시대에 도전하고 이겨나가는 승자를 양성시키는 의지를 지녀야 할 것이다.

이런 측면에서 오늘의 대학교육은 원점에서 다시 재조명해야 한다. 그러한 전제 아래 몇 가지 개선되어야 할 점을 제안한다.

첫째는 각 대학들이 천편일률적인 학과와 교육과정을 탈피해야 한다는 점이다. 각 나라와 지방, 개인의 능력이 서로 다르며, 장점과 단점이 서로 틀린 데도 불구하고 우리의 대학들은 특성이 없는 비슷한 교육과 기술을 갖고 있는 인력만을 배출해 사회의 일꾼으로서 최대한의 능력을 발휘할 수 없게 한다. 이는 또 고급 실업자를 양산하는 결과를 낳았다. 따라서 어떤 특정분야이든 곧바로 적응할 수 있는 각 분야의 전문가를 육성하는 대학교육으로 일대 전환되어야 할 것이며, 이것이 바로 오늘의 '세계흐름'에 적절히 대응하는 하나의 전략이 될 것이다.

둘째는 대학생들이 공부에 매진할 수 있는 면학분위기의 조성이다. 우리 대학생 학습량은 선진국 대학생의 3분의 1에도 못 미친다고 알려져 있다. 입학만 하면 적당히 때워도 졸업이 별 어려움 없이 되는 경쟁 없는 대학교육은 다시금 냉정히 되돌아보아야 한다. 선진국의 대학처럼 입학보다 졸업이 힘든 좁은 문의 교육과정으로 변환되어야 인재를 쓰는 기업이 믿고 채

용함을 물론 대학졸업자가 사회의 인정을 받고 자신감과 긍지를 갖게 된다.

끝으로 교육자들의 끊임없는 새로운 지식연구와 정보습득이다. 컴퓨터가 발명된 것이 불과 40년 전인데도 그동안 컴퓨터의 발전 속도는 약 백만 배나 될 정도로 기술발전 속도가 빨라지는데 비해 대학교육의 질과 양은 제자리에 맴돈다. 그래서 대학을 졸업하고 기업에 입사한 후 대학에서 쌓은 실력을 발휘해 성취감을 느끼기보다는 오히려 다시 시작한다는 느낌으로 새로 배워야 하는 작금의 현실은 시정되어야 한다.

행정이 기업의 운영방식을 도입할 정도로 '경쟁' 시스템은 우리 사회에서 중요시되고 있다. 그리고 세계 모든 나라가 공통적으로 초점을 맞추고 있는 국제 경쟁적 강화의 주역은 실질적으로 사람이다. 좋은 재목(材木)이라도 방치하면 땔감이나 폐목이 되고 다듬으면 훌륭한 기둥이 되는 바와 같이 학문의 본산(本山)인 우리의 대학은 높은 지식과 첨단정보를 갖고 있는 전문가를 양성하는 수련장(修鍊場)으로 완전히 탈바꿈되어야 한다.

다가오는 21세기에 힘없는 나라, 비전 없는 나라로 전락되느냐 아니면 아·태평양 시대의 주역으로서 세계사를 주도하는 경제대국으로 도약하느냐는 교육자와 대학인의 몫이 적지 않음을 결코 잊어서는 안 되는 것이다.

지방의 세계화

<경인일보> (1994년 4월 26일)

개방화의 거센 파도가 밀려오고 있다. 정치 · 경제 · 언론인은 물론 일반시민들의 대화에서도 세계가 '하나의 경제시장'으로 바뀌는 개방화에 대한 관심이 높아지고 있다. '국경 없는 사회(Borderless society)'라는 말이 널리 알려진 지 한 세대가 지난 오늘에서야 우리는 개방화, 세계화란 절박한 당면과제에 허겁지겁 매달리고 있는 것이다. 지금 와서 무한경쟁시대의 도래에 대한 우리의 준비가 미흡했다고 논쟁하는 것보다는 여기에 대한 대응책을 다각도로 강구하는 편이 더 바람직하다고 믿는다.

그동안 지방행정 책임자로서 인천의 '국제화 2011 선언'과 함께 인천의 기술과 톈진의 노동, 다롄의 자원을 하나의 고리로 연결, 도시 간 경제협력방안을 모색하는 'INTIDE구상'을 추진했다. 결과로 최근 인천상품 상설전시장 개관과 무역센터의 건립추진 등 소기의 성과를 거두었으며 여기에 높은 긍지를 가지고 있다.

UR협상타결로 인한 개방화와 세계화는 이미 국제경쟁력을 갖춘 선진국들이 스스로 규정한 국제기준에 맞추도록 압력을 가하는 무기로서의 측면이 없지 않다. 하지만 그렇다 해도 글로벌화 된 새로운 시대를 능동적이면서도 적극적으로 적응해 나가야 할 현실을 회피해서도 안 된다.

우리는 이미 지난 1백여 년 전 '세계사의 흐름'에 적절히 대처하지 못해 나라까지 잃어버린 아픈 경험을 갖고 있다. 지금도 대내외적으로 비슷한 상황이 전개되고 있다. 오히려 나라가 분단된 상태에서의 오늘이 더욱 어려운 여건일지도 모른다. 그렇다면 과연 그 거센 개방 압력을 어떻게 대응해 나가야 될 것인가. 그것은 한마디로 '힘', 즉 국가경쟁력의 강화뿐이다. 민주주의 정치, 경제 활력, 첨단과학기술 등 국가경쟁력을 가늠할 수 있는 것들이 바로 힘이며 앞으로는 이를 갖춘 나라들끼리 서로 연대하며 새로운 세계질서를 구축할 것이다. 영국, 프랑스, 독일을 중심으로 한 EU의 단합과 미국을 위주로 한 NAFTA(북미자유무역협정) 등이 이를 증명한다. 동북아시아 또한 한국, 중국, 일본이 연대하는 방안이 모색되고 있다. 이는 불가피한 생존전략이다.

물론 '세계사의 흐름'에 적절히 대응해나가는 데는 앞에 열거한 국가경쟁력의 강화가 무엇보다 중요하겠지만 지방의 국제화, 세계화 역시 중요한 선결과제다. 몸집이 큰 육중한 삶에 비해 작은 사람이 민첩하고 빠르게 움직이듯 '세계사의 흐름'에 능동적이면서 신속히 대처해 나갈 수 있는 곳이 바로 지방이다. 국가와 국가 간의 경제협력이나 연대교류는 국민정서와 국력의 차이 및 경쟁국가 간의 견제 등 여러가지 제약요소가 많지만 지방과 지방간의 연대는 이를 뛰어 넘을 수 있다.

또한 지방은 지방 고유의 장점과 특성을 갖고 있다. 인천에 항만과 대단위 산업공단이 있듯이 강원도에는 수려한 자연경관이, 전라도에는 넓은 평야 등 나름대로 세계의 변화에 능동적으로 대처해 나갈 수 있는 자생능력을 갖추고 있다. 그러므로 지방은 '스위스의 시계'처럼 특정한 분야만큼은 손꼽히는 세계의 모델로 육성시켜 나간다는 각오를 가져야 할 것이다.

이러한 '지방의 세계화'는 몇 가지 측면에서 개선되어야 할 점이 있다. 첫째, 중앙권한을 최대한 지방으로 이양하는 일이다. 지방특성을 무시한 일률적인 조직규칙, 법 적용 그리고 국가정책의 추진은 적지 않은 부작용을 초래하고 있으며 그 물질적 손실 또한 표현하기 어려울 만큼 크다. 주유소를 어디에 둘 것인가부터 정수장을 어디에 건설하고 적재적소에 필요한 인력을 배치하는 등 극히 지역적인 일조차 중앙통제를 받는 상황에서 독창적이고 지역특성에 부합되는 장기발전계획의 수립 및 추진은 한마디로 도끼 한 자루만을 주고 나무를 잘라 장롱을 만들라고 하는 것과 마찬가지다.

극히 필요하고 중요한 사업계획도 승인을 못 받아 예산만 낭비한 채 중간에서 사장(死藏)되거나 1년이면 마무리 될 사업이 10년쯤 지속되어 시기를 놓치는 경우가 비일비재한 것이 오늘의 지방 현실이기 때문이다.

둘째, 중앙에만 몰려있는 재원의 지방 분산이다. 모든 재원이 중앙에 집중되어 지방이 황폐화되며 고령인구만 늘고 있다. 서울 역시 지나치게 비대화되어 스스로도 주체 못하는 기형적인 모습이 되었다. 의식주 등 생활여건이 충족되고 활력이 넘친다면 울창한 수림과 맑은 공기의 쾌적한 생활공간이 기다리는 지방을 사람들이 외면하지는 않을 것이다.

또한 지방행정의 국제화도 매우 중요한 문제이다. 지방행정 공무원이 국제적인 안목을 갖지 못하면 행정서비스 측면에서 중소기업이나 주민에게 정보와 대처능력, 비전을 제시할 지원자로서의 역할이 불가능하기 때문이다. 세계는 열리고 있다. 열린 세계를 품 안에 안느냐 아니면 놓쳐 낙오자가 되느냐는 바로 우리 스스로에게 달려 있다.

2000년대 인천시의 청사진

<경은조사> (1993년 7월호)

Ⅰ. 본론

우리 시회는 과거 약 30년에 걸친 근대화·공업화의 과정을 거쳐 국제적 역할의 증대, 가치관이나 생활양식의 변화, 기술혁신의 진전, 산업구조의 변화, 지방자치제의 실시 및 문민정부의 탄생에 이르기까지 급속한 변화와 함께 역사적으로 커다란 전환점을 맞고 있다. 이런 상황 하에서 인천시는 서해안 시대 개막이라는 대명제를 앞두고 그동안 축적된 성장 잠재력을 바탕으로 "제2의 개항"이라고 일컬을 정도로 엄청난 발전을 거듭할 것으로 예상되고 있으며, 미래지향적인 동북아시아의 중심도시로서 각광받을 것으로 판단되고 있다.

인천시는 해방 이후 인천부에서 인천시로 개칭되었으며, 직할시 승격을 계기로 지속적인 시세의 성장을 거듭한 결과 1993년 7월 현재 3백 38.3㎢의 광활한 면적과 6개의 자치구, 4천8백여 개 공장 및 2백 7만 명의 인구를 수용하고 있는 서해안의 중핵 관리 도시로 도약의 발판을 마련하게 되었다. 특히 연간 물동량이 7천 8백 톤에 이르는 서해안 제1의 항구도시인 인천은 신공항건설과 서해안 고속도로 및 지하철 건설 등으로 인해 하늘과 바다와 육지가 이곳을 통해 사통팔달(四通八達)로 이어져 서해안 시대의 교통·무역·정보 기점 도시로 육성될 것이 확실시되고 있다.

거시적인 면에서 보면, 기존의 도시 외에 바다를 끼고 있어 국제관광지로서의 가능성을 내포하고 있으며 신 국제공항의 유치로 인해 육·해·공 교통의 요충지가 됨은 물론, 2차 산업의 입지적인 우위를 점유하게 됨에 따라 국제적인 교역도시로서의 도시기능을 충족하게 된다. 이와 함께 풍부한 매립가능지의 보유로 국토확장의 가능성이 높고, 자족도시의 기능을 완비하고 있는 등 2천 년대를 향한 발전 잠재력은 국내 어느 도시에 비할 수 없을 정도로 매우 높은 것으로 평가받고 있다.

이에 따라 인천시는 이런 잠재력을 최대한 활용해 2000년대 2백 70만 인구를 수용하는 국제무역, 금융, 정보중심도시기능을 완비한 국제도시 및 대규모 관광 위락 중심의 관광도시, 그리고 서해안개발의 거점지역 도시로 발전시켜 나간다는 장기 발전 계획을 수립해 추진하고 있는 것이다.

더욱이 한·중·러 수교로 인한 지리학적인 이점으로 하루가 틀리게 발전하는 "꿈의 도시"인 동북아 중심도시로서의 가능성이 점차 높아지고 있다.

인천시는 이에 따라 장기발전 구상으로 도시의 주인인 모든 시민이 풍요롭고 개성적인 생활을 추구할 수 있는 인간중심의 도시로서 국제화시대에 대비함은 물론, 지방적(地方的), 문화적(文化的) 특성에 기인한 내재적 성장 잠재력을 최대한 발휘하고, 시민이 다양하고 폭넓은 도시생활을 원활히 할 수 있도록 종합적인 편의시설을 대폭 확충하는 데 역점을 둘 것이다.

II. 대단위 장기발전 사업을 통해 본 2000년대의 인천

최근 1년이 지난 한 세기와 비교될 수 있을 만큼 빠른 변모를 보이고 있지만, 이미 구상되어 추진되고 있는 장기발전사업을 살펴보면 현재로서도 2000년대 인천시의 청사진을 그려 볼 수 있다. 이에 따라 인천에서 추진되고 있는 대단위 장기발전사업을 토대로 2천 년대의 인천시 모습을 그려본다.

1. 송도 해상 신도시

국제교역과 정보중심 기능을 확보하고, 부족 택지수요의 충족과 저소득층 주거문제 해결 및 지방재정의 자주적 확보를 위한 송도해상신도시 조성사업은 인천시 남구 동춘동 앞바다에 준설토를 이용하여 5백35만평(17.7㎢)을 조성하는 대단위 매립사업이다. 수용인구만 24만 명(7만1천4백30가구)에 이르게 될 이 사업에는 1조8천억 원(매립비 6천86억원 포함)의 사업비가 소요될 것으로 전망되고 있는데 광범위한 숲속에 고층화된 시가지가 조화 있게 배치되고, 중소규모의 운하와 호수 등의 미적 관광요소를 충분히 도입하며, 교통 공급처리시설 등 도시기반시설은 물론 레저, 스포츠, 문화시설 등을 완벽하게 구축시켜 쾌적한 산업 신도시로 건설된다.

특히 21세기 국제화에 대비한 이 사업은 국제공항과 항만을 이용한 동북아(對 중·러) 국제업무교역기능을 유치함과 아울러 육·해·공을 연결하는 입체산업 요충지로서 산업, 정보, 체신, 교역 등과 연계기능이 복합된 신도시로 건설될 것이다.

이 밖에도 신공항과 인천항의 물동량 증가에 대비한 21세기 국제적인 업무 서비스 시설을 지원하게 될 것이고, 바다와 접해있는 인천의 특성을 최대한 살린 친수시설(親水施設)과 녹지공간을 확보해 국제교역능력을 완비한 자족도시로 오는 2001년까지 육성시킨다는 계획이다.

2.국제해양 종합관광단지

수도권 2천만시민과 외국관광객 수용을 위한 국제적 규모의 종합관광지를 개발하기 위한 이 사업은 서해안시대와 국제화

시대에 부응하고, 신 국제공항의 배후기능과 균형 있는 도시발전을 도모하는 동시에 주민의 소득증대 및 생활 기반의 개선을 위해 추진하게 된 것이다.

인천시 중구 영종, 용유 일원에 위치하게 될 인천 국제해양종합관광단지의 면적은 10개 지구 5백 82만평에 이르며, 약 2조 5천억 원의 사업비를 투자하여 3단계에 걸쳐 추진하게 되는데, 1993년부터 오는 1997년까지는 1단계로 19만평의 왕산유원지를 조성하고, 2단계인 '98년부터 2006년까지는 97만평 규모의 용유유원지를, 3단계인 2007년 이후에는 고려촌 등 8개 지구의 해양종합관광단지(4백66만평 규모)를 각각 조성할 계획이다. 신 국제공항과 연계하여 건설되는 이 해양종합관광단지를 시민 전 계층의 이용이 가능하도록 프로그램을 다양화하고, 세계수준으로서의 개발 및 완벽한 관광단지 내의 교통체계를 구축하며, 기존 취락지 · 농경지의 자연환경을 최대한 보존한다는 기본전제하에 추진하게 될 것이다.

디즈니월드 바다를 소재로 한 인천해양단지에는 해양박물관과 해양 동물원을 비롯하여 세계관, 첨단과학센터, 요술의 왕국 등 휴식 및 오락시설이 들어서게 되고, 인천해전 역사기념공원, 마리나 시설, 해양연구소 등의 시설도 설치된다. 또한 청소년을 위한 다원적 교육의 장으로 교육, 위락, 오락놀이 문화 활동이 복합된 새로운 단지로 심신수련장, 자연학습원, 유스호스텔, 전시관람관, 경마시설, 자동차 경주장, 야영장 등이 유치된다.

이밖에도 연중 이용이 가능한 전천후 유양지로 물을 주제로 한 '노랑 해양공원'의 조성과 함께 우리나라의 역사, 문화, 풍물과 송 원나라와의 문물교류를 주제로 한 '고려촌', 세계 대화합의 장소로 이용할 수 있는 만국도시, 수상연계 이용 체계를 갖추어 스포츠와 건강 및 휴양생활 창출을 위한 해변종합휴양단지 등도 설치된다.

한편 이 사업이 마무리되는 2천 년대에는 연간 10조원이 넘는 관광수입과 11만 명의 고용효과를 얻을 수 있으며, 무엇보다도 외국관광객에게 관광 한국의 가치를 느끼고 갈 수 있게 해주어 명실 공히 국가관광산업진흥의 획기적인 전환을 해줄 환상의 섬으로 각광 받을 수 있게 될 것이다.

3. 인천 신 국제공항 도시

태평양 시대를 맞이해 항공수요의 급증으로 처리능력의 한계에 도달한 김포공항에 대처하여 2천 년대 수도권지역의 항공수용처리를 목표로 건설되는 수도권 신 국제공항은 동북아의 중추공항 역할을 담당하는 지구촌 일일생활권시대를 주도해 갈 미래형 공항으로의 역할을 감당하게 될 것이다.

인천시 영종도, 용유도, 삼목도, 신불도 일대의 간석지상에 건설되는 이 신 국제공항은 총 면적이 1천6백99만평(공유수면 1천4백7만평)으로 이 중 공항시설면적만 1천4백만 평에 이르게 되는데, 이용 항공기 및 승객에게 최고의 효율성과 편리함을 제공함은 물론 세계 최고 수준을 자랑하게 된다.

특히 이 사업으로 인해 간척지 매립에 의한 공항부지 조성으로 효율적인 국토이용과 함께 내륙공항의 난제인 소음 문제 해결로 24시간 운영이 가능한 동북아 HUB공항 지위를 구축하게 되며, HUB공항으로서의 편리함에 따른 이용객의 증가로 국내 항공 산업발전에 획기적인 기여를 할 것으로 전망되고 있다.

또한 임공항 산업의 발달과 대규모 인적, 물적 유통에 따른 대량의 고용기회가 창출되고, 기술 정보 지식 등 무역자산의 교역 활성화로 산업의 고도화가 촉진되며, 극초음속기 및 미래의 초대형 항공기 수용 가능성과 아울러 항공화물 처리능력 제고에 의한 수송시간단축 및 수송비용절감으로 고부가가치 상품교역이 증대되어 인천시가 항공 및 해운 교통 중심의 활발한 국제 무역도시로 부상되리라 기대하는 것이다.

이 밖에도 연간 1억 명의 국제 및 국내 여객처리를 담당할 여객터미널을 비롯하여 동북아 최상의 국제교류 거점으로서의 국제업무지역, 공항기능극대화를 위한 공항 배후지원 단지 및 전국 어디로나 신속하게 연결되는 편리한 교통체계 구축으로 인천시의 발전에 큰 받침대가 될 것으로 생각된다.

4. 지하철 시대의 도시

2000년대 인천시의 모습을 그려보는 데 빼놓을 수 없는 것이 인천에도 지하철 시대가 열린다는 점이다.

1993년부터 2007년까지 3조 2천억 원이 투자될 인천 지하철 건설은 3개 노선 78.87㎞ 규모로 건설되는데, 북구 귤현동에서 남구 동춘역으로 이어지는 23.17㎞의 1호선은 오는 1997년까지 완공되며, 검암동에서 남동공단까지의 24.4㎞의 2호선은 2002년까지, 인천대공원에서 온수까지 31.3㎞의 3호선은 오는 2007년에 각각 완공시킨다는 계획이다.

이번에 추진되는 인천지하철은 수송 부담률이 45.2%에 이르는 등 교통수송체계의 개선으로 교통난 해소는 물론 지역 간 균형개발 촉진으로 도심기능 및 인구의 적정분산이 이루어지고, 도로교통 혼잡완화 및 도시환경 개선에도 크게 기여하게 될 것이다. 지금 한국은 국제화로 나가는 제2의 개국을 맞고 있다. 인천항이나 국제신공항 서해안 고속도로 등은 전국 세계각지로 사통팔달 이어지는 동맥이다.

아·태평양 지역의 도쿄, 베이징, 서울 등은 이미 한 나라의 수도이기 전에 세계의 수도다. 인천은 이들 세계 도시의 네트워크를 넓히고 서로의 끈을 이어주는 데 없어서는 안 될 도시다. 이제 시 공무원들은 세계의 흐름을 민감하게 파악하고 행정서비스의 질을 강화함은 물론 인천 시민 또한 지방시민이 아닌 국제시민으로서의 자질과 시각을 가져야만 한다.

행정은 모든 시책과 정책을 국제화에 맞춰 바꾸어야 하고 인천이 나아가야 할 비전을 정확히 제시해야만 한다.

또한 인천이 비상하는 '꿈의 도시'로서 세계의 모델도시가 되는 데 '피와 땀'을 아끼지 않아야 한다. 세계가 '하나의 시장'이 되어 전세계가 국제화, 개방화가 되는 것을 우리는 두려워하면 안 된다. 모든 지방은 풍부한 로컬컬러(Local color)를 지니고 있다. 지방의 특성을 제대로 살린 지방은 도약될 것이며 그렇지 못한 지방은 도태될 것이다. 타 문화권으로부터 타의로 침입을 당했던 일본은 타 문화권을 적절히 활용해 경제적인 측면에서는 오히려 활력이 넘치는 나라가 되었다. 우리는 오는 것을 막지 말고 우리에게 유용하게 확대, 재생산하여 세계로 되돌려주어야 한다. 인천은 그것을 분명하게 보여주는 모델도시가 될 것이다.

IMF시대 공직자의 자세

<서울신문> (1998년 1월 8일)

우리는 언제부터인가 지방화시대라는 말을 자주 쓰게 되었다. 그런 와중에 지난 1995년 6월에는 전국 시·도 및 시·군구 자치단체장과 지방의원들이 선출됐다. 그러나 지방자치체는 유감스럽게도 주변의 축복을 받고 출생한 것이 아니라 눈총과 냉대 속에 태어났다. 이는 각 정파들 간의 이해타산에 따른 타협의 산물로 갖출 것을 제대로 갖추지 못한 상태에서 선거가 실시됐기 때문이다.

이제는 공직사회도 자신의 지식과 창의를 바탕으로 할 말하고, 할 일을 하는 자율과 창의, 장인정신이 필요할 때다. 특히 오랜 권위주의적 사회분위기속에서 팽배해 온 관존민비(官尊民卑), 관 우월 주의적 사고방식을 떨쳐버리고 모든 업무처리를 국민에게 투명하게 공개하고 국민의 불편 부담을 덜어주며 국민의 행복에 기여하려는 봉사적 자세가 그 어느 때보다도 중요한 시점이다. 또 공직자는 혈연·지연·학연 등을 중시하는 연고주의 풍토에서 벗어나 공론(公論)과 공리(公利)에 순응하고, 보편성과 정당성에 따라 행동하는 자세를 가다듬어야 한다.

아울러 공직에 입문한 이상 금전이 아니라 명예에 승부를 거는 청교도정신이 전환기적인 우리사회에서는 매우 중요한 가치이다. 공직자가 존경받고 명예로운 자리라는 생각보다는 국민 위에 군림하고 자신의 이익을 위해서라면 서슴없이 부정을 저지르는 사람으로 일반에게 비쳐진 오늘의 세태가 이를 잘 말해준다.

국민 모두가 너나없이 허리띠를 졸라매고 IMF시대에 적응해야 하는 어려운 시기에는 장인정신, 민본의식, 청교도정신 등을 두루 갖춘 공직자가 늘어나야 한다. 따라서 지방행정을 개혁하고, 주민에게 인정받는 지방자치를 앞당기기 위해서는 지방공직자 각자가 자신의 자세를 가다듬고 역량을 키워나가는 노력이 수반되어야 할 것이다. 엄청난 시련을 요구하는 IMF시대, 여야가 뒤바뀐 정권교체 등 모든 변화요소가 지방의 공직자들에게 새로운 자세와 의식을 요구하고 있기 때문이다.

여기에 능동적으로 대처하고 준비하는 일만이 지방이 살고 공직자가 살 수 있는 유일한 길임을 우리 모두는 자각하지 않으면 안 된다.

국민의 결집된 힘 슬기롭게 이끌어야

<인천일보> (1998년 1월 16일)

다소 쌀쌀하긴 하지만 올해는 유난이 따뜻한 겨울인 것 같다. 오랜만에 IMF의 금융지원으로 움츠러진 마음을 달래며 도심 외곽인 강화로 나가보니 눈 덮인 산야가 파란 하늘과 어우러져 잘 그려진 한 폭의 풍경화를 연상하게 한다. 여느 해보다 조금 따뜻한 겨울 날씨가 얼어붙은 시민들의 추운 마음을 달래려는 듯 해 왠지 고마움을 느끼게 만든다. 차창을 스쳐 지나가는 자연을 느끼며 문득 외국(호주)의 수상선거에 나선 어느 후보가 선거기간 중 학생들과 한 이야기가 떠오른다.

학생 한명이 "나는 당신을 지지하는데 무엇을 도와주면 되겠느냐"라고 묻자 그 후보는 여러분들 각자가 제 할 일을 하는 것이 바로 나를 돕는 일이라는 말을 해 화제가 된 적이 있었다. 기업인과 직장인은 회사를, 공직자는 국가를, 가정주부는 살림을,

학생은 공부를 하는 것이 제 할 일인데, 각자에게 주어진 제 역할을 잊고 제자리를 벗어나면 문제가 뒤따른다.

최근 국내외 모든 시각이 '오늘의 한국'을 난국으로 평가하고 있다. 필자가 생각하기엔 이 모든 위기가 제 할 일을 잊고 뭐가 어떻게 되던지 나 하나만 잘 살면 된다는 이기주의와 무조건 네 탓으로 돌리는 고질적인 네 탓 주의가 오늘의 난국을 만들었다는 생각이다. 그동안 우리 국민은 3D업종을 기피해 외국인을 고용해야 할 정도로 정신적으로 오만했고, 물론 일부지만 시도 때도 없이 해외관광을 하며 몸에 좋다는 외국의 약재는 한국인이 싹쓸이 한다는 비아냥을 받을 정도로 퇴폐적이며 무절제한 생활을 해왔다.

지난해 발생한 경부고속철도의 부실 등 끊임없이 이어지는 부실공사와 사사건건 첨예하게 대립되는 이해집단과의 갈등, 차마 글로 표현하기조차 부끄러운 어린이 유괴 살인 등 대부분의 사회문제가 이 범주에 속한다고 볼 수 있다.

특히 화장품, 의류 등 외제품이 국산품을 밀어내고 주요 유통체계를 점령하고 있는 비상 경제상황에서 외상이면 소도 잡아먹는다는 속담처럼 분별없이 외화를 차입해 대책 없이 일부 재벌과 동남아 후진국을 상대로 홍청망청 운용한 금융기관들의 책임은 도저히 간과할 수 없는 문제다. 남이 하면 나도 한다는 방식으로 업종을 가리지 않고 뛰어들어 타 기업의 경쟁력을 떨어뜨리며, 무리하게 사업규모만을 확장해 방만한 경영으로 고비용 저효율이라는 비효율적인 경영을 하다 끝내 부도로 온 국민에게 고통을 분담시킨 일부 대기업의 문제는 급기야 IMF 한파에 따른 금융위기와 더불어 국가신용의 끝없는 추락으로 이어져 한국은 대망의 2000년대를 앞두고 선진국 도약은커녕 세계로부터 조롱 받는 망신을 당하고 말았다.

향후 한국경제는 극심한 혼란과 변화를 겪을 것이다. 한국의 외환위기를 틈타 유리한 조건으로 들어온 해외자본이 순수하게 투자되어 경제회생에 도움만 주고 빠져나갈 리 없으며, 간혹 시세 차만을 챙겨 빠져나가면서 금융위기에 이어 시장개방에 따른 유통체계까지 흔들리게 될 우려가 높기 때문이다.

자전거는 앞으로 나아가야 넘어지지 않는다. 한국이란 자전거는 지금 전진하지 못하고 멈춰있다. 사회지도층은 물론 온 국민모두가 힘을 합쳐 힘차게 앞으로 전진하도록 힘을 모으는 것이 절대적으로 필요하다. 최근 필자는 IMF한파에 따른 참담한 가운데서도 나라를 되살리자는 각종 국민운동에 적극 동참하는 국민의 저력을 엿보며, 위대한 한국인의 힘과 아울러 가슴 뿌듯한 긍지를 느낄 수 있었다.

장롱 속 깊은 곳에 잠자고 있던 백일, 돌 반지를 비롯해 결혼예물이 은행 창구로 쏟아지고, 나라를 살리는 데 보태 쓰라고 노인 틀니까지 기증하는 나라가 어떻게 무너질 수 있을 것인가. 하지만 보다 중요한 것은 제 할 일을 철저히 하겠다는 마음 자세와 이와 같은 전 국민의 힘과 의지를 올바르게 이끄는 사회지도층의 분발이 동반되어야 할 것이다.

오늘의 난국이 빚어지게 된 이유가 일부 정책입안자 및 결정자의 오판(誤判)과 정치 · 경제 · 사회지도층 인사들의 오류(誤謬)가 가장 큰 원인이기 때문이다.

1백여 년 전에 패망했던 치욕이 민초에 의한 것이 아니라 소수의 위정자(爲政者)에게 있었음을 오늘의 위정자와 사회지도층은 간과하면 안 될 것이며, 온 국민의 결집된 힘을 슬기롭게 이끌어 역사에 오점을 남지 않도록 노력하는 자세가 절실히 요청되는 시기이다.

최기선 연보

백골부대 식당에서

사우디 사막에서

1945. 5. 15 경기도 김포군 통진면에서 아버지 최중돈(崔重敦), 어머니 권순일(權順一)의 사이에서 태어나다.

1958 서암국민학교 졸업하다.

1961 서울로 유학해 중앙중학교를 졸업하다.

1964 보성고등학교를 졸업하고 서울대학교 법학대학에 입학하다.

1964. 6. 3 한일협정에 반대하는 6·3투쟁에 가담하다.

1965. 9 시위 주동을 문제 삼아 학교측으로부터 제적을 통보받다.

1965. 10 강제 징집되어 강원도 철원 백골부대에서 복무하다.

1969 제적생들의 복적을 요구하는 서울대 법학과생들의 서명 운동이 일어나다. 제대 후 2학년 2학기로 복적되다.

1973 서울대학교 법학대학을 졸업하다. 외환은행에 입사해 인천에서 근무하다.

1975 노조 설립을 추진하다 서울 지점으로 전보 조치되다. 최영숙(崔英淑)과 혼인, 슬하에 강수와 강국을 두다.

1976 노조 설립으로 타 직원들이 불이익당하는 것을 막기 위해 외환은행을 자진 퇴사하다.

1977 동양전자를 거쳐 경남기업으로 이직해 사우디아라비아에서 근무하다.

1979 신민당 총재 공보비서로 정계에 입문하다.

민주산악회 회원들과 함께

YS와 미국 순방길에서

1982. 4 김영삼 총재의 뉴욕 타임즈 인터뷰를 성사시키다. 김영삼 총재가 다시 연금 조치되다.

1983. 5. 18 김영삼 총재의 단식 성명서를 번역해 외신에 제공하다 자택에 연금 조치되다.

1983. 5. 25 김영삼 총재를 지지하는 동조 단식에 들어가다.

1983. 6. 13 김영삼 총재의 단식 투쟁 사실을 날조하는 국회, 언론에 대한 항의 성명을 배포한 사건으로 구류(10일)를 살다.

1983. 7 단식 투쟁 과정의 일지, 성명서와 외신보도를 종합한 백서 집필에 나섰으나 경찰에 발각돼 연행되다.

1984. 5. 18 민주화추진협의회가 출범하고 부대변인을 맡다. 『민주화의 깃발을 올리며—23일간의 단식투쟁을 중심으로』를 출간하다.

1985. 1 신한민주당이 창당하다. 신한민주당 부대변인, 선거대책본부 대변인, 당보 편집위원, 정책위원을 맡다.

1985. 8. 31 김영삼 총재와 함께 한달간 미국 순방에 나서다. 워싱턴, 뉴욕, 시카고, 샌프란시스코, L. A., 애틀란타, 플로리다 등을 방문하다.

1986. 10. 31 서독에서 열리는 '정치지도자회의' 참석을 위해 김영삼 총재와 출국하다. 로마에서 교황 요한 바오로 2세와 면담하다.

1987. 4. 5 신한민주당 내 전두환정권 우호 세력과 결별해 통일민주당 창당에 참여하다. 국제위원회 위원

민주산악회 김포지부 결성식에서

13대 국회의원 부천남 후보로 나선 최기선

직을 맡다.

1987. 5. 27 통일민주당과 민주화추진협의회 주축으로 '민주헌법쟁취 국민운동본부'를 발족하다. 6월 항쟁에 참여하다.

1987. 10 부천과 김포 지역에 '민주산악회'를 결성하고 선거대책위원장으로 12대 대통령 선거 운동을 하다. 김영삼 총재가 낙선하다.

1988. 4. 26 13대 국회의원 선거에서 부천남 후보로 출마해 당선하다.

1988. 5. 13 통일민주당 총재 비서실장으로 임명되다.

1988. 6. 17 내무위원회에 배정되다. 국회7개특위 중 통일정책위원으로 임명되다.

1988. 7. 5 국군작전통제권 환수, 자주적 한미 관계 수립, 보안사의 하나회 수사자료 공개, 남북간 평화협정 체결 등에 관해 국회본회의에서 대정부 질의하다.

1988. 8. 29 일본 도쿄에서 열린 APPU(아시아·태평양 지역 의원연맹) 제43차 이사회에 한국측 대표로 파견되다.

1988. 10. 6 내무위 지방감사 2반에서 활동하며 5공화국 권력핵심인물들의 전횡, 비리 등에 관해 감사를 실시하다.

1988. 10. 8 전북도 감사에서 '오송회 사건' 수사 과정에서의 경찰의 고문 여부 등을 집중 추궁하다.

1988. 10. 19 내무부 감사에서 김근태 전 민청련 의장을 증인으로 채택해 남영동 치안본부 대공수사단 고

통일민주당 김영삼 총재
비서실장 시절

17대 국회 내무위원회 위원으로 질의

문 사건을 공론화하다. 김근태가 직접 감사장에 나와 고문 과정을 증언하다.

1989. 1. 30 일본 사회당 초청으로 김영삼 총재를 수행해 방일하다.

1989. 3. 21 통일민주당 정책심의회 부의장에 임명되다.

1989. 4. 30 중국 사회과학원 초청으로 베이징을 방문해 베이징대, 옌벤대 세미나에 참석하다.

1989. 6. 3 부천의 구양홍업 노동자 50명이 민주당 부천 중구 지구당사로 쫓겨와 농성하다.

1989. 7. 22 부천시 남구 소사동에 지역발전연구소를 열다.

1989. 8. 31 국회 통일특별위원회 주최 '통일 정책 방향에 관한 공청회'에서 민주당을 대표해 상호 인정을 통한 통일의 중요성을 강조하다.

1989. 9. 2 프리드리히 나우만 재단 초청으로 서독을 방문하다.

1989. 9. 23 국회 내무위 감사에서 민중봉기인 제주도 4·3 사건의 진상을 규명하고 위령비 건립 등을 통해 제주도민의 명예를 회복시켜야 한다고 주장하다.

1989. 10. 30 서울에서 열린 APPU(아시아·태평양 지역 의원연맹) 총회에 참석하다.

1990. 2. 27 민주자유당 부대변인으로 임명되다.

1990. 3. 25 미국 국무부 초청으로 한달간 미국을 방문하다.

국회 대정부질의에서 금융실명제 도입 촉구

인천시 국정감사장에서
답변하고 있는 최시장

관선 인천시장으로 민원 현장에서

1990. 9. 17 국회내무위원회에서 선인학원 축대 매몰 사고를 조사하고 백인엽의 처벌을 건의하다.

1991. 10. 12 국회 대정부질의에서 금융 실명제의 도입을 촉구하다.

1992. 3. 24 14대 총선에서 부천남 민자당 후보로 출마해 낙선하다.

1992. 12. 18 원외지구당위원장으로 14대 대통령 선거를 치르다. 김영삼 총재 당선하다.

1993. 2. 16 부친 최중돈 옹 별세하다.

1993. 3. 4 제7대 인천직할시 시장으로 임명되다.

1993. 6. 10 선인학원 산하 인천대 등 14개 학교의 시립화 계획을 발표하다.

1993. 7. 5 인천지하철 1호선 기공식을 열다.

1993. 8. 16 수도국산 주변 주거환경개선사업 계획을 발표하다.

1993. 12. 7 장리창 톈진 시장이 인천을 방문해 톈진-인천 자매결연을 체결하다.

1994. 3. 1 시립 인천대학교, 시립 인천전문대학교, 12개 공립 초중고교가 출범하다.

1994. 3. 29 베이징, 톈진, 다롄을 방문해 대중국 투자 및 무역 상담을 하고 톈진, 다롄 시와 우호교류협정을 체결하다.

1994. 9. 10 송도 신도시 매립공사 기공식이 열리다.

1994. 9. 19 북구청 세무비리에 도의적 책임을 지고 시장직을 사퇴하다. 천주교 '꾸르실료' 과정을 수료

천주교 입교, 세례명 아우구스티누스를 받았다.

동북아중심도시 인천을 위해 중국과의 교류에 앞장서

하다. 세례명은 아우구스티누스(1987년 영세).

1994. 12. 6 부인 최영숙 여사 별세하다. 조의금 전액을 인천대 등에 기부하다.

1994. 4. 20 저서 『혼자 된 약속』을 문예당에서 출간하다.

1995. 6. 27 제1기 지방자치단체장선거에 민자당 후보로 출마해 인천광역시 시장에 당선되다.

1995. 7. 1 민선 제1기 인천광역시 시장에 취임하다.

1995. 9. 20 중국을 방문해 칭다오, 단둥과 우호교류협정을 맺다. 인천무역센터 건립 합의각서를 톈진과 체결하다.

1996. 1. 17 '도시기본계획안'을 발표하다. 송도 신도시 면적을 5백35만평에서 2천9백만평으로 확대하는 안을 포함하다.

1996. 5. 23 인천공항 여객 터미널 기공식이 열리다. 김영삼 대통령이 참석하다.

1996. 11. 26 톈진에서 한중 합작법인인 '천진인천개발유한공사' 설립 조인식을 열다.

1997. 2. 21 재외공관장 초청 경제·통상 간담회를 열어 인천 투자 활성화를 도모하다.

1997. 2. 30 월드컵 경기의 인천 유치를 위한 총회를 열다.

1997. 5. 18 중국 단둥시 금천 공업구 인천산업단지 건설을 위한 기공식에 참석하다.

1997. 6. 9 송도미디어밸리 조성을 위한 기본합의서 체

부산에서 열린
환항해권도시 시장회의에서

자유민주연합 인천시장
후보로 나서서

연평해전 다음날 연평도에서

결식을 열다.

1997. 7. 25 베트남 하이퐁을 방문해 인천–하이퐁 간 자매결연을 체결하다.

1997. 9. 24 송도 신도시 투자 유치를 위해 영국과 프랑스 방문하다. 런던, 웨일스, 파리, 그르노블 등지의 현지업체를 대상으로 설명회를 열다.

1997. 10. 1 인천방송(iTV) 개국식에 참석하다.

1998. 6. 4 제2회 지방자치단체장선거에 자유민주연합 후보로 출마해 인천시장에 재선하다.

1998. 11. 3 다롄에서 열린 동아시아(환황해) 도시회의에 참석해 기조연설하다.

1998. 12. 17 인천시장 관사의 시민 환원을 발표하다. 이후 역사자료관으로 개방되다(2001년).

1999. 5. 8 미국 뉴욕과 네덜란드 암스테르담 방문을 위해 출국하다. 미국의 뉴욕에서 투자유치설명회를 열고 암스테르담에서 경제, 환경 등 상호교류를 위한 양해각서를 체결하다.

1999. 6. 16 연평해전 다음 날, 연평도를 방문해 주민안전을 점검하다.

1999. 7. 28 경기은행 대출사건으로 검찰 조사를 받다. 이와 관련해 제기한 헌법소원에서 헌법불일치 판결을 받다(2001년).

1999. 10. 6 인천 남구 관교동 인천터미널역에서 인천지하철 1호선 개통식을 열다.

1999. 10. 11 인천에서 열린 제80회 전국체육대회 개막식에 참석하다.

일본 기타큐슈
2001 박람제에서

인천 문학월드컵축구장에서

인천시장 이임식장에서

2000. 3. 16 인천시청에서 인천—파나마 자매결연을 체결하다.

2000. 5. 17 알렉산드리아주 초청으로 이집트를 방문해 자매결연을 체결하다.

2001. 3. 22 인천국제공항 개항식을 열다.

2001. 7. 1 자매결연도시 기타큐슈가 주최하는 'Japan Expo 기타큐슈 박람제2001'에 참석하다.

2001. 7. 11 중국 웨이하이시 쑨쇼우푸 당서기 등 9명의 예방을 받다. 투자 환경 방안을 논의하다.

2001. 7. 27 국내 항만개발사업 사상 첫 외자사업인 인천남항 컨테이너 터미널 개발사업 착공식을 열다.

2001. 11. 29 김대중 대통령에게 '송도 정보화 신도시 추진계획'을 보고하고 관세자유지역 지정을 약속받다. 인천에서 오찬을 함께하다.

2001. 12. 2 인천 문학월드컵구장 개장식에 참석하다.

2002. 3. 20 뉴욕에서 G&W(Gale & WentWorth)와 송도 신도시 내 '동북아 비즈니스센터 단지 건설을 위한 기본계약'을 체결하다. 127억달러의 투자를 유치하다.

2002. 6. 29 시청 대강당에서 이임식을 갖다. 8년간의 민선시장직을 마치다.

2002. 11. 30 김영애(金英愛) 베로니카와 혼인하다.

2004. 3. 31 인천대에서 명예경제학박사 학위를 받다. 석좌교수로 임용되다.(2016년 2월 28일까지 재임)

2005. 4. 1 해주최씨대종회장 임명(2011년 3월 퇴임)

시민과 함께 도심을 걷으면서 인천의 미래를 설계하다.

2006. 5. 31 제4회 지방자치단체장선거에 열린우리당 인천시장 후보로 출마해 낙선하다.

2009. 6. 27 어머니 권순일 여사 별세하다.

2010 송도국제도시개발유한회사 고문을 맡다.

2012. 5. 29 UN 녹색기후기금(GCF) 사무국의 송도 유치를 위한 범시민 자문위원회 공동 대표를 맡다.

2012. 10. 20 UN 녹색기후기금(GCF) 사무국의 송도 유치가 확정되다.

2014. 4. 9 민주와 평화를 위한 인천국민동행 고문을 맡다.

2015. 11. 26 김영삼 전 대통령 국가장례위원회 위원으로 영결식에 참석하다.

최기선, 인천 시대를 열다

초판 1쇄 발행 | 2016년 6월 20일

지은이 | 최기선
발행인 | 윤미경
발행처 | 도서출판 다인아트
출판등록1996년 3월 8일 제87호
인천광역시 남동구 구월3동 1096-19
전화 032·431·0268 전송032·431·0269
이메일 dainartbook@naver.com

인쇄 | 새한문화사
제본 | 과성제책

값 20,000원
ISBN 978-89-6750-033-7